U0619387

肖坦

论企业文化

肖　坦◎著

The Company Culture View
from Xiaotan

经济管理出版社
ECONOMY & MANAGEMENT PUBLISHING HOUSE

图书在版编目（CIP）数据

肖坦论企业文化/肖坦著 . —北京：经济管理出版社，2017.10
ISBN 978 - 7 - 5096 - 5337 - 1

Ⅰ. ①肖… Ⅱ. ①肖… Ⅲ. ①企业文化—研究 Ⅳ. ①F272 - 05

中国版本图书馆 CIP 数据核字（2017）第 220634 号

组稿编辑：丁慧敏
责任编辑：丁慧敏
责任印制：黄章平
责任校对：雨　千

出版发行：经济管理出版社
　　　　　（北京市海淀区北蜂窝 8 号中雅大厦 A 座 11 层　100038）
网　　　址：www. E - mp. com. cn
电　　　话：（010）51915602
印　　　刷：北京玺诚印务有限公司
经　　　销：新华书店
开　　　本：720mm × 1000mm/16
印　　　张：16. 5
字　　　数：270 千字
版　　　次：2017 年 11 月第 1 版　2017 年 11 月第 1 次印刷
书　　　号：ISBN 978 - 7 - 5096 - 5337 - 1
定　　　价：59. 00 元

献给

我的母亲、我的父亲和我的姐姐

前　言

本书收录的是我自着意于企业文化以来所写的主要文章，算是对我这 10 余年来从事企业文化学习与实践的一个小结。

这些文章，大体上可以分为两个主题：其一，什么是企业文化；其二，怎样建设企业文化。这也应该是企业文化研究的两大课题。对这两个问题，我做了一些个人的探索和概括，其中较成系统的几篇如《论企业文化是一种意识形式和生活方式》、《企业文化的"三化一统"》、《企业文化的核心概念是什么》、《驳企业文化"总和"说和"精神文化"说》、《变"起飞落地式"为"无声一体化"》等代表了我对企业文化几个突出问题的基本观点。这些基本观点可以概括为"一二三四五"，这便是一个核心概念、双式论、三化一统、"四层次"驳论、无声一体化，大体体现了从什么是企业文化到怎样建设企业文化的简单结构。我希望这些思考（包括其他几篇讨论文章）能为中国企业、中国企业文化提供一些考虑问题的观点和视角，更热切地期盼能够得到大家的批评和指正。

在层次的编排上，不是按发表的先后安排的，而是试图显示一个结构：以人性观为逻辑起点，中间基本上以立论和驳论或立驳相间的方法，围绕什么是企业文化和怎样建设企业文化两大主题，在内容上作相近安排，最后以"变起飞落地式为无声一体化"作结。这样的安排，是试图给读者展示我关于企业文化的初级层次的理论架构。

把《企业文化与"复杂的自主人"假设》放在第一篇，意在说明，任何管理理论、管理方法、管理方式都是以人性观为理论基础和逻辑起点的。然而在现实中，在企业文化建设的实践中，对人性的分析还处于弱项和被忽视的地位。《再论"复杂的自主人"》是对这一命题的进一步探究。人性问题属于哲学范畴。我以为，我们除了要重视和遵循自然规律、社会规律和思维规律，还应当注意人性规律的研究，在这方面，马克思主义作家尤当关注一些。

研究这个问题，对于管理新一代劳动者非常重要。

后六篇文章都不是专门论企业文化的，而主要是管理方面的，如基础管理、资源整合等。但其中多少也涉及了一些企业文化的内容，且包含了我对于企业文化的一些思想观点，比如，把企业文化纳入企业基础管理、资源整合、企业兼并中的文化融合问题等。我认为，这几篇文章对现在的中国管理和中国管理理论的研究也许会有一些帮助。通过这一编排，我希望，搞企业文化的应该尽可能地深入企业管理的诸多方面。

《春联 家庭教育 企业文化》是我发表最早的一篇有关企业文化的文章。那时候对企业文化还没有明确的概念，只有凭自己的实践和体验所获得的一点朦胧的意识，文章的幼稚也就可见了。但那却是我在企业文化道路上迈出的第一步，虽然步子小，步履浅，但那毕竟是自己留下的脚印，它是我的一个开端，就像初恋，终生难忘，所以把它收在这里。

这些文章绝大多数是议论文，只有两篇纪实文字，一篇是《从企业家文化到企业文化》，另一篇便是《招工难，招工难，杰克为什么不难？》。这两篇文章发表的时候，都产生了一点儿影响，不少刊物和网站都进行了转载，甚至今天还在流传。考虑到这两篇文章里面的一些提法也是我做的提炼和概括，也有理论成分，并包含了我对企业文化的一些理论观点，所以也收入这本论文集。当然，今日之杰克已非昔日之杰克了，其声名、规模、绩效已经跃居行业排头了，但文中所总结的"文化之法"，我认为在今天仍然具有普遍性意义。

《以科学发展观统领企业资源整合》是应《企业文明》杂志社郝幸田主任的约请而作的。他给我打电话，希望写一篇关于企业资源整合的理论文章。写的时候，正值母亲病重住院，完稿的第二天，母亲去世了，我守在母亲的身边，没有时间发稿，叫女儿替我把稿子发了。看到这篇文章，我就想起母亲，想起母亲的死，悲伤又涌上心头。收在这里，也是对母亲的一种纪念。

几篇和王成荣、贾春峰、刘光明等先生商榷的文章，是在《中外企业文化》肖利平副社长和他们总编的建议下改写的。本来是一篇17000多字的文章，肖副社长和总编看过后给我来信，建议择其中几篇单独成篇，分期发表，于是才成了现在的样子。在这里，一并向他们表示感谢，正是因为他们的邀约、建议和鞭策，才使我对这些问题有了更系统和深入的研究。其中几篇引起了编辑部的注意，并加了编者按。《企业管理》杂志号召读者参与对《企业文化是核心竞争力吗?》的讨论,《中外企业文化》还把王成荣先生答复我的文章一并发表出来,读者如有兴趣可找来一读。据说,《中外企业文化》自创刊以来,还没有发表过此类争鸣文章,我认为这是一个进步,可惜没能引起进一步的讨论。与张维迎先生商榷的文章,没有得到发表。不过,我一直认为,他作为一个著名学府的管理学院院长,说"管理没有新问题"是有害的。今天,有这种思想和观念的还大有人在,我认为这不利于中国管理思想的创新、挖掘和发展,所以把这篇旧文也翻出来。我认为应百花齐放、百家争鸣,沉默只能掩盖错误,争论才能揭示真理。廓清企业管理和企业文化理论上的一些错误认知,是每一位严肃作者的责任。我希望这些文章的结集出版,能够继续引起读者的兴趣,继续加以讨论,这对中国企业文化和管理理论的建设无疑是有益的。

《企业文化随想录》是我关于企业文化的一些思想片断,没有发表过。收在这里,有些是为了抛砖引玉,有些是对我前面文章的补充和深化,也想使"论企业文化"更全面些。

《论"自我观"》是本书最后完成的一篇文章。2016 年,我在《经营管理者》2016 年第 1 期发表的《再论"复杂的自主人"(初稿)》中首次论及"自我观",但只是一提,没有展开。过后我觉得有必要就"自我观"写一篇系统化的论文,现已六稿,还要再改。之所以执着于此,是因为我觉得"自我观"跟包括企业文化在内的整个文化建设和国民性改造实在是太有关系了。文章完成后,我在几个群里征求修改意见。北京的退休老干部韦锡新先生、连云港企业文化学会的李万来会长和群友牟歌先生等,给了我许多具体而微的指正和热情洋溢的鼓励!在此向他们表示诚挚的谢意!而《再论"复杂的自主人"》在收入本书时,也做了一些新的阐述和补充。

人们常讲"理论是灰色的,生活之树常青",我要说,生活之树常青,理论之果也应该常新。中国特色的企业文化,应该"以我为主,博采众长,融合提炼,自成一家",包括中国理论、中国途径、中国方式、中国语汇、中国概念等中国人创造的东西,以无愧于我们伟大的国家,无愧于这个伟大的时代。中国引进了企业文化,中国企业文化也要走向世界。

企业文化是中国文化最集中、最鲜明的表现和体现,必将成为中国新文化建设的核心部位和示范基地。随着中国经济在世界的崛起,一个文化建设高潮必将到来。在建设中国特色社会主义新文化中,企业文化担负着举足轻重的角色，我们任重而道远。当今，没有人怀疑中国终将成为世界第一经济强国，然而一个人光有钱还不足以受人尊重和信任，还要有德、有文化。中国的复兴绝不仅是经济，而是文明。中华民族独有富国强兵，没有文化再造是实现不了伟大复兴的！今天，在西方价值观念的浸染面前，我们有些人正在失去传统和信仰。面向未来，我们需要跨世纪的文化思考：中国究竟应该以一个什么样的民族性格、气质、精神、心态、风习和形象来面对世界！在这个伟大征途上，我们面临着传播中华文化、建设精神文明、改造国民性格、提升国民素质和新的思想体系、新的商业文化的重建等任务，这些都是企业文化的用武之地。我坚信，融合了世界先进文化的中国特色社会主义、共产主义的新文化和新的思想体系，必将以它独有的精神特质和普世价值出现于世界，如朝霞一样辉煌，海洋一样深广，大地一样厚重，山河一样久长！

肖坦

2015 年 12 月 21 日成稿于南京

2017 年 8 月 18 日增改于赣榆

目　录

企业文化与"复杂的自主人"假设①

  人性观是管理理论的依据，也是构建管理理论的逻辑起点。因为管理的对象是人，企业建立什么样的组织结构，制定什么样的管理制度，采用什么样的管理方法，都与他们对人性的看法有关。近代管理思想的发展，"经济人"——"社会人"——"自我实现人"——"复杂人"——"道德人"，清晰地展示了人性假设与管理模式之间的必然联系。

  "经济人"假设是早期的管理思想，泰勒的科学管理和麦格雷戈的 X 理论便建立在"经济人"假设的基础之上。这种假设认为，企业中人的行为的主要目的是追求经济利益，工作的动机是为了获取经济报酬。因此，管理者只要采取正确的方法进行经济刺激，管理就会发挥出最大的效能。应当说，这个理论与当时的生产力发展水平以及当时工人的素质水平是相适应的，也的确发挥了巨大的作用。但是这种假设对人的认识过于浅薄，单纯注重人"经济性"的一面，而忽视了人的主动性和能动性，在实践中导致了管理者对工人地位和作用的贬低和忽视，造成管理对象的反感和抵触心理，甚至是强烈的排斥和逆反情绪。随着生产力的发展和工人教育水平的提高，"经济人"假设终于走向了反面。

  梅奥从霍桑实验中得出的"社会人"假设，强调了人的社会性需要，认为人绝不完全是受金钱驱使的"经济人"，社会和心理需求、人际关系对其行为方式起着决定性的作用。从"经济人"到"社会人"的转变，无疑是管理思想和管理方式的一大进步。但是，"社会人"假设过分强调人际关系的作用，而忽视了科学管理的合理因素，并且，笔者认为，作为企业的员工先应该是"企业人"，社会价值观不等于企业价值观，任何企业都不会以社会

  ① 原载《中国企业文化研究》2008 年第 5 辑，发表时题目被改为《企业文化要探究〈复杂的自主人〉》。同年，被收入《改革开放三十年中国企业文化成果大典》；2010 年被收入《中国企业文化年鉴（2009～2010）》。

价值观来直接代替自己的企业价值观。所以，"社会人"假设不能作为企业管理的理论基础。

继而，马斯洛基于社会中人的自尊与自我实现等高层次需要，提出了"自我实现人"。认为人都希望发挥自己的潜力，表现自己的才能，只有人的潜力充分发挥出来，才会感到最大的满足，麦格雷戈的 Y 理论与这种理论相似。这种假设认为，人的需要从低级向高级发展，低级需要满足后，便追求高级需要，自我实现便是人的最高级需要。马斯洛的需要层次理论虽为企业管理者调动员工的积极性提供了有益的借鉴和启发，但其所述个体需要是顺着需要层次阶梯而前进的理论太过绝对化了。它的效用对我们来说仅可作为一种思考的工具。

沙因等在综合"经济人"、"社会人"和"自我实现人"的基础上，提出了"复杂人"，强调了社会中人的需要的复杂性和多样性，必须进行因时、因地、因人的多样性模式管理。然而，"复杂人"假设只强调人们之间的差异性，在一定程度上忽视了人们的共性和人的本质。

随着社会的发展和人类的进步，"道德人"假设又应运而生。该理论认为，随着人类文明的进步，人们除了利己等特性外，在做出经济行为时，会有道德的自我约束，越来越考虑或顾及社会的整体利益和他人的利益。显然，该理论也是偏于一执。

通过对上述管理思想中人性假设的演变过程的考察，我们可以发现，无论是"经济人"、"社会人"、"自我实现人"，还是"复杂人"、"道德人"假设，虽然各有其合理性，但并不适用于一切人，更不适合变化了的现代。基于以上考察和思考，笔者提出"复杂的自主人"假设，笔者认为这更符合当今的管理实践，比之其他人性假设，其涵盖面和总括性更宽一些，有广泛的适用性，可以作为我们进行管理理论建设和构建新的管理模式的理论基础和逻辑起点。

"复杂的自主人"假设是一个复合概念，其一是说人是复杂的。人的复杂性一是表现在人的需求是多样性的，也就是说，身上既有物质的需求，也有社会的、情感的需求；既有知识的需求，也有地位、自我实现的需求，等等；这些需求有时在有些人身上呈现出层次性，有时在有些人身上却同时呈现多种需求。因此绝不能以单纯的"经济人"、"社会人"、"道德人"或"自我实现人"来概括。二是指人性是复杂的，有的人忠厚，有的人奸佞，有的人勤勉，有的人懒惰，有的人诚实，有的人虚伪；同一个人可能有时候诚实，有时候、有些事上虚伪，绝不能简单地以"性恶论"、"性善论"来认定，人是会变的，所谓彼亦一是非，此亦一是非。三是指人的个性是复杂的，有的人刚直，有的人圆滑，有的人勇敢，有的人怯懦；勇敢的人有时也会表现出怯懦，怯懦的人有时也会表现出勇敢。如此种种，不一而足，都是说人的复杂性。

其二是说人又是自主的。随着社会的发展和人类的进步，随着人的教育水平和知识水平的提高，现代人的民主意识越来越强，自尊、自由与自主的倾向和意识越来越强，表现为有主见，不依附，不盲从，不迷信，当家做主、自我实现的愿望很高；人有自动自发的能力，人因学习和工作而变得成熟，能够自我控制；随着劳动力素质的提高，员工不再满足于从事单调、简单的工作，对分享决策权的要求也日趋强烈，表达自我观点和表现自我能力的要求也越来越强烈。人在各不相同的"复杂性"上，又呈现出"自主性"的共性一面，这也是"复杂人"假设所忽视的一面。当前，许多民营企业家众口一词地抱怨缺乏好员工，甚至认为没有好员工，从这种抱怨中我们也可窥见人的复杂性和自主性。人与生俱来总是要为自己打算的（或者说主观为自己，客观为别人），为自己打算就是一种自主性；但是，"自主"绝非自私自利，而主要是指做自己的主，达到自我实现成就的需要；"复杂"是说个性，"自主"是指共性，自主性是"复杂的自主人"的共性，是人的本质，也是"复杂的自主人"假设的本质。

"复杂的自主人"是由我们这个复杂的、多元的、速变的现实世界所产生、所决定的。随着全球化浪潮的不断推进，世界正朝着多元化的方向发展，现代社会呈现出产品个性化、生产复杂化、企业经营多元化的特点；脑力劳动逐渐代替体力劳动，人们的思想更加活跃，价值取向更加多元，管理活动更具有多样性和不确定性；就业观念的转变和自我实现的需要使人员流动加剧，员工有更多的选择机会和更大的选择空间。我们所面临的环境日益复杂多变，无论是"经济人"、"社会人"还是"自我实现人"、"复杂人"都不能概括现代人。面对"复杂的自主人"群体，任何单纯管理手段的作用都将大减，任何违背人性的管理将更容易流失人才，"胡萝卜加大棒"的政策必然招致强烈抵制和反抗，软性管理因素的竞争优势越来越强，而由社会历史、文化传统等融合而成的"企业文化"的管理思维将占主导地位。然而，我国当前的企业文化乃至整个企业管理理论的研究与实践，对于人性的研究与关注应当说还很薄弱，这在很大程度上影响了理论研究的深度和实践的深入发展，也是造成企业文化与企业管理"两张皮"现象的一个深层次原因。因此，企业文化——大而言之整个管理——的人性观不能不提到研究者和实践者的面前。而笔者认为，"复杂的自主人"假设，尤应成为企业文化人性观研究的重点。

"复杂的自主人"假设与企业文化具有一种天然的契合性和适应性。首先，企业文化是一种全面管理的理论，它的统驭性和整合作用适用复杂的企业系统和"复杂的自主人"群体。

文化是一种客观存在，无论你是否意识到，无论你是否承认，它都以一种无形的力量，有力地影响着整个组织甚至每件事，企业文化是以培育企业共同的价值理念作为基本手段的管理方式，它像水、像胶、像磁、像线，将企业的管理对象、管理工具、管理过程天然地联结在一起，这就是文化的整合优势和统驭性优势。

企业是一个包括多要素、多部门、多重活动、多种管理的复杂系统，唯有企业文化具有把人的思想和行为融为一体的功能和价值，能够将这多种因素、多种活动、多种管理黏合在一起，共同发挥系统作用。文化管理并不排斥硬性约束，而是强调着眼于以文化的视角和观点，以企业文化管理的思想为武器来统驭和指导一切管理手段、管理方法、管理措施、管理方式和管理过程。通过向员工宣传企业信念，建立与员工共享的集体价值观，以细致入微的同化过程来团结员工，以文化的微妙暗示来激励和管理员工，以平等、信任和亲密性来团结和凝聚员工，以坦诚、开放、沟通为基本原则来实行民主管理；既要运用统计报表、数字信息等清晰鲜明的控制手段，又要注重运用文化的非正式控制，还要注重对人的经验和潜能进行积极的激发和引导；既要突出和强调集体价值观和整体观念，又要引导和帮助员工在为企业共同愿景而努力工作的过程中，实现个人价值。核心是以人为本，以文化人，凝聚和激发员工以真诚的态度对待企业，化精神为物质，产生最高生产率，形成最高生产力。

我们说统驭，绝不是说用文化管理代替其他一切管理方式和管理方法，绝不是要舍弃其他一切管理工具和管理理论，企业文化不是万能的，而只是强调文化的统驭作用、整合作用、凝聚作用、指导作用，是指一切对企业有用的管理理论、管理方法在企业文化的旗帜下联合起来、结合起来、整合起来、黏合起来，在企业文化这根贯穿线上串联起来。在人员的聘用与解雇、决策的制定与执行、各个环节的组织与控制等一切工作中，都要养成从文化中寻找答案的思维习惯和管理习惯，通过支持和塑造文化对企业实行领导。以文化维系企业，默契就会增加，凝聚力和向心力便会增强，企业的竞争力自然会上升。

复杂的企业系统和"复杂的自主人"群体也唯有用文化才能统合起来。企业中每一个群体和每一个员工都有自己的价值评判标准和行为准则，都有自己的物质和精神方面的需求，并由此表现出不同的特征。要想把这些"复杂的自主人"凝聚成一个整体，只有依靠共同的价值观、共同的信念追求。美国学者凯兹·卡思认为，在社会系统中，将个体凝聚起来的主要是一种心理力量，而非生物的力量。社会系统的基础，是人类的态度、知觉、信念、动机、习惯及期望等。企业文化独特的管理手段、管理技巧、管理方法及其营造的独特的管理功效，正在于以文化的微妙暗示、环境熏陶、团队感染、氛围影响等来沟通和激励企业内部人们的思想，使企业成员在统一的思想指导下，产生对企业目标、观念的"认同感"和作为企业一员的"使命感"，形成统一的价值观、经营哲学、精神支柱、道德伦理等意识形态，从而把这些"复杂的自主人"凝聚成一个整体。

面对一群"复杂的自主人"，仅有精神上的激励和物质的诱惑是不够的，还要靠约束，激励与约束是凝聚力的一体两面。企业文化除了通过企业制度、程序、规则等硬约束外，更重要的是通过精神、理念、传统、道德规范、行为准则等无形因素，包括舆论、理智、感情等方面，对企业成员形成一种无形的压力，对企业成员形成文化上的软约束，引导、规范和约束企业成员的行为；另外，在企业文化的长期影响和熏陶下，依靠企业成员的内在目标、信念、兴趣和偏好等因素去强化人们的工作动机，使企业成员保持高度的自觉和主动，由对企业目标、理念、宗旨的理解和认可，产生心理共鸣、心理约束，从而产生对行为的自我控制，将个体行为从众化，自觉地使自己的思想、感情、行为与企业整体保持相同的取向，而这种文化约束最具有持久性和影响力。

当前干部员工思想日趋活跃，各种矛盾冲突日益凸显，如果不解决我们现有的不和谐问题，是否会导致更严重的不和谐？实际上近年来已经普遍出现了"招工难"和"人难管"的问题，如何进一步处理各种矛盾，理顺思想情绪，融洽人际关系，迫切需要以"复杂的自主人"假设作为理论基础来构建自己的企业文化。

任何人性假设都是围绕怎样才能有效地调动人的积极性和创造性，又如何规范与约束人的行为而展开的。一定的文化基于一定的人性假设，一定的人性假设预设了一定的文化。然而，企业文化毕竟是一种超越个性的群体意识，我们不可能因为"百人百性"就要建设一百种文化。"复杂的自主人"假设为我们构建企业文化提供的是这样一个基本思路：把人的复杂性和自主性、个性和共性结合起来思考。因为人性是复杂的，所以因时、因地、因人、因事施加管理是正确的，所谓"一把钥匙开一把锁"；因为人性中都有自主性，企业文化必须处理好个体价值与共同价值的关系，企业共有价值观必须在整合个体价值观的基础上形成，努力达到个体价值与共同价值的统一，个人生涯规划与企业发展规划的统一，管理与人性的统一；积极探索用核心价值体系引领"复杂的自主人"的有效途径，既尊重差异、包容多样，又要有力抵制各种极端个人主义和有害共有价值体系的错误思想的影响，强化促进企业文化发展的积极因素，限制、取消腐蚀、削弱企业文化的消极因素，着力提高劳动者素质，充分利用人的自私、自利、自主、自我成就意识，将其转化到自动、自觉、自我、自主管理的境界，以建立一个适合于你这一群"复杂的自主人"的企业文化。

我们一些民营企业家之所以会产生"没有一个好员工"的哀叹，是因为他们的理想模式、理想人格与现实的"复杂的自主人"发生矛盾，他们在用自己的模式来套现实，希望每一位员工都放弃自我，像他们一样忘我为企，这怎么可能呢？在"复杂的自主人"假设面前，我们宁可假设没有一个人完全与你同心同德，而不能假设他们跟你都是一样的，更不能要求他们都得跟你一样。不要说我国的劳动者素质水平与先进国家相比还是存在差距的，就是在发达国家的任何企业，"复杂的自主人"都是一种普遍存在，这种普同性是人性的现实。期望人人都是王进喜，个个都是罗文，是不现实的。同样，希望每一位员工都像企业家本人一样，或者说都能达到理想模式，也是不现实的。这一点，企业家只要从人性的角度推己及人地想想就会明白。面对现实，面对这一群"复杂的自主人"，笔者认为有三点值得我们的企业去做。

首先，要化抱怨为尊重，从加强内部情感联系入手，加强企业对员工的吸引力和企业内部人际关系的吸引力，这就一定要尊重每一个人、关心每一个人，要和员工交朋友，尤其要注意培养人，培养人是最大的激励，培养员工是人本管理的精髓和根本。期望理论认为，假如一个人把自己行为目标的价值看得越大，或者自我估计实现目标的可能性越大，那么这种目标对他的行为的激励作用就越大。企业文化的激励功能并不主要依靠外部力量，如恐惧的压力和物质的诱惑去强化人们的工作动机，而是依靠员工的内在目标、信念、兴趣和偏好等因素去强化他们的工作动机，激励他们的干劲。这种激励不需要事事都刺激，它使员工保持高度的自觉和主动，如在企业内部营造一种相互尊重、平等、民主、和谐的气氛等，激发员工追求出色工作的愿望和在出色企业中工作的要求。使人产生一种内在动力，朝着所期望的目标前进。在激励上，要以最大限度地满足人的自尊和自我实现的需要为主，比如实行工作扩大化，工作内容丰富化，多多提供培训机会和晋升通道等，以利于员工的发展和自我实现。

其次，要着力树立良好的企业形象，以增强对内对外的吸引力，使企业员工产生在这个企业工作的自豪感、荣誉感、价值感，从而激发员工的归属感和献身精神。人多少都有一点虚荣心，常以能够服务于某一个有社会影响的、有良好企业形象的企业而炫耀于人，甚至待遇差一点也在所不惜，这就是企业形象的吸引力和凝聚力，而塑造良好的企业形象正是企业文化的重要职能之一。企业文化通过对企业内外部形象的文化改造，通过导入 CI、6S，通过文化传播，以良好的企业形象吸引外界的注意力，增强内部的凝聚力，这一切也都是人性的共同需要。

最后，要强化全体成员对企业愿景目标的共享意识，把企业的持续成长和员工的全面发展融合在一起，从而把员工行为吸引到实现企业目标的轨道上来。企业文化不仅要引导员工为企业的目标努力奋斗，还要广泛容纳员工的利益要求，只有当员工的个人价值观和企业价值观融为一体时，企业员工才会感到自己不仅是为企业工作，也是为自己工作，这样就能最大限度地激发企业员工为实现企业的崇高目标而勤奋工作，积极进取，而这也正是"复杂的自主人"的最大需求。

"复杂的自主人"假设是人本主义管理思想的深化，它为我们探求人们变幻莫测的精神世界和行为追求，解决"理性"与"人性"的矛盾，从而为因人利导地施加管理指明了方向，应该是以人为本的文化管理的理论依据和构建企业文化的逻辑起点。我们也相信，今后管理学的发展也必将沿着人性假设的深入思考而不断深化与完善。

为什么会是"两张皮"？[①]

——企业文化与企业管理"两张皮"问题初探

企业文化与企业管理"两张皮"，是一个普遍存在的问题，是一个长期困扰广大企业和企业文化工作者的问题，然而理论界至今仍没有对此问题展开深入讨论。笔者不才，觉得这是一个无法绕过的问题，是理论界和企业界应该共同探讨并切实加以解决的问题，所以不揣浅陋，仅就笔者的认识，对这一问题的历史、现实原因作一个大纲式的初探，算是抛砖引玉。概括地说，"两张皮"问题的存在，既有历史的原因，也有现实的原因；既有理论宣传上的原因，也有操作实践上的原因。

一、导入期理论介绍的粗疏和谬传，一上来即在不少人心里造成了"虚、空、高、远"等社会心理恶果，许多人士对企业文化究竟是什么都没有真正弄明白，自然导演、扮演不好对应的内涵

20 世纪 80 年代初，企业文化刚刚传入我国的时候，由于缺乏足够的信息，理论研究很难深入，更缺乏实践经验，理论介绍难免流于粗浅，甚至有错误。先驱们一上来就认为现代企业管理已进入文化管理新阶段，企业文化是企业管理的最高境界；企业文化就是价值理念；也来不及搞清企业文化与思想政治工作的区别与异同；忽视或者说没有强化企业文化的管理学属性，没有充分揭示企业文化与企业管理的一致性，企业文化作用于企业管理的原理和方式；也没有阐明企业文化对于企业管理和企业发展究竟有哪些实际功能与作用，以致到现在也还有许多圈内圈外的人都说不清，道不明……这种

---

① 原载《中国企业文化研究》2009 年第 2 辑，发表时多有删节。同年，被收入《2007～2008 中国企业文化年鉴》，亦多有删节。后全文发表于《时代经济论坛》2009 年第 11 期。《企业管理》杂志 2011 年第 10 期转载了此文，亦有删节。

种情况导致人们从一开始就没有深刻认识和把握住企业文化管理学的属性，偏离了管理学的方向，削弱了其本来的管理功能。不少人认为企业文化就是思想政治工作那一套，是形式的东西，是"团结奋斗、开拓进取、厂兴我荣、厂衰我耻"之类的东西；或者认为企业文化层次太高，我离那个阶段还太远，搞企业文化是我以后的事。从源头上分析，由于展开方式的严重失度，从一开始就造成了企业文化"虚、高、空、远"等社会心理恶果，这就很难打动实用主义的企业家们。一开始就高高在上，捉摸不透，令人敬而远之，又怎能落地呢？

先驱们的开创之功不可没，企业文化在我国的深入发展也有目共睹。但我们要把先驱们所开创的事业向前推进，就必须总结这些经验教训。事实上，直至今天，许多人对企业文化的本质、属性、功能、实施的理解仍然背离企业文化的真谛，在研究上、宣传上、实践上仍然在背离唯物论、实践论和企业实际，甚至许多人到现在连企业文化的概念还都认识不清，自然搞不清对应的内涵。这一切都严重影响企业文化的实践和深入发展。笔者认为，我们现在一方面需要从理论上正本清源，另一方面需要在实践上一手抓普及，一手抓提高。

二、思想政治工作与经济工作"两张皮"，转移到企业文化与企业管理"两张皮"

在企业文化传入我国以前，因为跟不上经济形势的迅猛发展和形式主义泛滥，实际上传统的思想政治工作已经出现了与经济工作的"两张皮"问题。而当初相当多从事企业文化工作的人正是思想政治工作的传人，特别是第一代、第二代搞企业文化的人，受思想政治工作的传统影响较深，有着思想政治工作的传统思维、传统作风、传统方法，导致企业文化沿着思想政治工作的传统轨道运行。概念化、标语口号式、运动式、说教式、形式主义等一些老习惯、老观念、老方法导致企业文化走入老套套，跳不出旧的窠臼，结果重蹈覆辙。

三、学术界、咨询界和宣传战线的理论误导，把实的变成了虚的，致使企业文化偏离了实践的轨道

比如，"四阶段说和最高阶段说"：把文化管理称为管理的第四个阶段，以区别于前三个阶段，即古典管理阶段、行为科学管理阶段和管理丛林阶段。这种划分抹杀了前三个阶段客观存在着的文化管理，把文化管理和其他管理理论、管理手段和管理方式人为地割裂开来，分化出来，独立出来，实际上是把企业文化从企业管理中游离出来。说企业文化是管理的第四阶段，是迄今为止企业管理的最高阶段，导致许多企业认为企业文化只是第四阶段才有的，企业文化是我以后的研究方向，我现在的研究方向是科学管理，还没有到文化管理阶段，所以不忙搞。这是目前企业文化落地难的重要原因之一。理论上的误导造成认识上和实践上的混乱，许多人甚至错误地认为任何管理都不如文化管理，到了文化管理阶段就可以取代其他管理。其实，文化管理客观地贯穿于四个阶段，只是人们当初还没有认识罢了，已有作者提出文化管理阶段论可以休矣！

"文化导向层次说"：认为创新型文化导向比规则导向、业绩导向、和谐导向要高一层次，企业文化的发展是遵循着一种螺旋式上升的状态，即由创业时的目标导向开始，然后向规则导向，再向支持导向，最后向高层次的创新导向发展的。它把有着内在联系的这些导向人为地分割开来，对立起来，孤立起来，本身就制造了文化导向上的混乱，使企业无所适从，使文化无法落地。

"文化理念说"：认为企业文化就是企业的价值理念，导致许多企业认为企业文化就是理念、标语口号等。企业文化焉能说只有价值理念？人呢？传统、习惯、风气、氛围、制度、行为方式呢？这些难道都不是企业文化？把企业文化简单地归结为企业价值理念，只能导致人们简单地认为企业文化就是标语口号。有多少人又能分得清理念和口号呢？

四、从事企业文化研究宣传咨询业务的人员，大多没有企业管理的实践和在企业的工作经验，队伍结构缺乏实践型人才，导致理论脱离实际

我国第一代、第二代从事企业文化研究宣传的人员多是学院式、行政型、政治型的领导和人员，没有或缺乏企业实践，知识结构和能力结构上的实践缺陷，导致从理论到理论的空对空传导，必然造成企业文化"虚化"。新加入企业文化理论宣传和咨询队伍的人员，也大都是纸上谈兵。据笔者调查，当前在理论宣传和咨询领域从事企业文化工作的人员，有企业管理实践和企业工作经验的人员还不到10%，由于缺少企业管理的实践，所以对企业文化理论的理解和宣传就容易空泛、概念化。这样一支严重缺乏实践经验的队伍，如何指导企业文化落地？

这种人员结构的不合理，在许多企业大量存在。在这些企业里，具体从事企业文化工作的人员，有许多既没有生产、营销等业务实践，也没有管理实践，理论界和实业界这种上下双层缺乏实践经验的人员构成加剧了企业文化与企业管理的"两张皮"。因此，要有效指导企业文化建设，改变"两张皮"现象，这些机构和企业必须进行人员结构的调整，充实实践型人才。

经常听到理论界慨叹进行企业文化建设缺少工具和方法。缺少工具和方法是缺少企业管理实践的结果。因为没有实践，所以总结不出切实有效的经验和理论，由于总结不出切实有效的经验和理论，所以实践就缺乏正确的指导，因而就容易出现偏差。这是理论与实践没有很好结合所造成的恶性循环。

五、人们对老一套思想政治工作的逆反心理迁移到企业文化，造成企业文化入心难，落地难

由于我们的一些有关人士，没有弄清和把握企业文化与思想政治工作的根本差异，加之两者在内容和方法手段上有诸多相同或相似之处，导致许多企业人士误认为企业文化就是思想政治工作，或者差不多，而传统的、影响深重的思想政治工作的老一套，又使得员工（尤其是基层员工）望而生厌，对这些所谓"虚"的东西有一种不屑一顾的心态。这种对传统思想政治工作的逆反心理和偏见直接危害到了企业文化，使企业文化蒙上了"虚、假、空"的不白之冤，造成企业文化深入人心难，落到人头难，化到实处难。因此，廓清企业文化与思想政治工作的异同，把握企业文化和思想政治工作的联系与区别，要从理论上、宣传上、体制上、工作机制和操作方法上，细心处理好思想政治工作与企业文化的关系，我们的理论工作者和实践工作者还须下一番功夫。笔者认为，思想政治工作与企业文化的根本性区别在于：思想政治工作具有鲜明的党性和政治色彩，必须为社会主义政治服务，而企业文化在不背离社会主流文化的基础上，还可以有所拓展。比如，双星集团可以在厂区塑一尊大佛，利用人们信佛向善的心理，进行质量意识的灌输，这是双星的企业文化。企业文化可以吸收儒、道、佛诸家文化而加以运用，而思想政治工作却必须以党的主张和理论为宗旨。

六、CI 论加剧了对企业文化错误的、狭隘的理解，加剧了企业文化与企业管理"两张皮"和相脱离

企业形象策划是指为了达到树立良好企业形象之目的，对企业总体形象战略和具体塑造企业形象的活动进行谋划和设计的运作。而企业文化则是企业员工在长期经营管理活动中形成的共同的理想信念、价值观和行为准则，是企业员工自觉遵从的做人做事的信条、原则、理念、方式、传统与习惯，包括很难用语言准确表述的心理默契、心理认可、心理共鸣、管理技巧、风气与氛围等。

CI 设计和企业文化都是运用文化手段经营管理企业的一种方法，但 CI 不等于企业文化。企业文化重在内在精神塑造，是企业管理的贯穿线，CI 则重在外部的形象识别，仅是企业形象策划的一种技术方法，就内涵来说，两者差距较大，不可同日而语。由于企业文化有塑造企业形象的职责和功能，而 CI 又有理念识别和行为识别的内容，所以两者在这些方面有交叉。于是，一些对企业文化没有深入理解的人就认为 CI 就是企业文化，企业文化就是 CI。许多策划公司出于种种原因，也直接以 CI 设计代替企业文化设计，这些都加剧了人们对企业文化狭隘的、错误的理解，加剧了企业文化与企业管理的"两张皮"和相脱离。

七、在"化"字上下的功夫不深不细，"化"的方法不多不力，从而使文化悬在半空，没有落地

在运用文化管理的方式方法上，不是靠团队感染、心理暗示、文化熏陶等潜移默化的方法和技巧，而是运动式、形式化、口号化，不是润物无声，而是揠苗助长；不是靠积淀，而是一味靠打造；不是当作水，而是当作药；不是靠行为，而是靠形式，说起来重要，忙起来不要，搞搞停停，停停搞搞，在如何以文化人的"化"字上下的功夫不深不细，"化"的方法不多不力，工作上没有脚踏实地，文化上自然就难以落地。

即以文化理念的转化为例，其一，员工对理念的不认同，当然也就"化"不下去了。其二，理念的宣传贯彻不深入、不持久、不全面，没有"化"到，没有"化"透，没有"化"起来，甚至许多员工根本不知道有这个那个理念，连理念灌输的全员化都没有做到，更不要说落地了。其三，不会做转化，与企业管理相脱离，表现在文化没转化为制度，制度未体现文化，制度文化未化为实际措施，没有贯彻落实在具体的管理操作中，导致在管理实践中皮是皮，毛是毛。其四，不是用文化理念来统驭管理过程和管理措施，没有把它化为真正的企业精神，甚至连过去思想政治工作的力度和效果都没有。其五，以上都没有化到，当然也就不可能化为大家的行为了。

八、无限拔高企业文化，有意无意地渲染文化归因论和精神至上，适得其反

考察一下日本、欧美企业，并没有像我们这样搞企业文化，它们没有文化师，没有这么多研究、策划、设计企业文化的机构，没有把企业文化作为一个独立的范畴，仅把它当作诸多管理理论的一种，自然地、不着痕迹地运用于日常管理中，紧紧地与管理融合在一起，并没有出现"两张皮"现象。而我们的一些宣传却把企业文化说成"有生于无"、"一生二，二生三，三生万物"，企业文化的专门机构到处都是，我们这种把企业文化独立出来并无限拔高的做法是否科学和"文化"？是一种什么样的思维和文化导致目前这种"强化"反而"弱化"、"恶化"的结果？这些都值得我们去反省和重新思考。我们经历的宣传太多了，本当细雨润无声，却搞得电闪雷鸣，人们本

能地产生逆反心理，结果适得其反。许多人一方面窄化企业文化，仅把它理解为理念、宗旨、口号；另一方面又无限放大企业文化的作用，有意无意地渲染文化归因论和精神至上，因此让人反感。"文化管理阶段论"和"最高管理境界说"及种种文化归因论、精神至上论，就是这种强化虚化的根源。这是一种理论的误导、实践的误导，也是一种文化的误导。事实上，任何一个基业长青、可持续发展的企业，一定是多种因素综合作用的结果，至少我们还没有看到一家仅靠企业文化而独步天下的企业，文化归因论和精神至上论，只能削弱企业管理，走向企业文化的反面。

九、某些企业领导的糊涂认识导致对企业文化的错误的指导，从而造成在实施中的"两张皮"

有些企业领导和企业主管对到底什么是企业文化，什么是文化管理认识不清楚、不正确，导致对实际操作的错误的指导，从而造成实施中的"两张皮"。诸如 CI 论、唱歌跳舞论、标语口号论、形象工程论等，至今仍是某些企业领导对企业文化的认识。同样，由于他们的文化管理意识不强，搞企业文化纯粹是为了应景，企业文化在他们那里仅仅是装点门面的形象工程。本来是一种管理理论，却根本没有运用于管理过程，本来是一门实践的科学，却根本就没有在实践中运用，自然也就无从体现企业文化在企业管理中的功能与效用。

十、企业管理团队中的不同态度和"中梗阻"的存在，致使企业文化沦为"两张皮"

文化学有一个重要概念叫"一致"，是指团体所有成员的同意或默认。显然，任何一种新的管理理论的成功实施，最重要的是管理层思想观念的转化和认识的一致。如果管理团队中存在对待企业文化截然不同的态度，那么企业文化只能沦为"两张皮"。据笔者调查，目前这方面的问题主要在中层，由于具体任务重、生产指标压力大等主客观原因，中层干部普遍对企业文化重视不足，执行不力，缺乏文化自觉，处于应付状态。因此，解决"中梗阻"问题，可以大大解决企业文化与企业管理"两张皮"问题。

十一、某些咨询公司纸上谈兵式的策划和外行式的指导与运作，不仅不能使文化落地，更败坏了企业文化的声誉

他们用千企一面的模块来套企业各不相同的现实，用一些到处都能用一用的口号、理念和漂亮的图表、报告拿给企业交差了事。没有跟踪，没有验证，没有实际指导，除了墙上、纸上多了一些条条和图形外，管理没有一点起色和效果，这种纸上谈兵、隔靴搔痒和外行运作，加剧了企业对企业文化是"虚"的和"无用论"的认识。企业认为他们是专家，其实是一群"企业外行"，而企业文化咨询比之其他管理咨询，更有其特殊性。这种特殊性先表现在企业文化管理不像其他管理方法和管理手段那样精确、可直观、可定量、可验证，它往往操之于施者与受者之间的交流沟通、心理互动、行为影响、团队感染与环境熏陶之中，运用之妙，往往存乎一心；又因为企业文化不是一种主观随意的产物，它是主体（企业人）与客体（企业环境）在生产、经营、管理实践中的统一物，如果咨询师本身没有经验背景和管理实践，没有身临其境的观察与体验，或者只是蜻蜓点水，浅尝辄止，那只能是"虚来虚去"，不可能使文化入心落地。

十二、中国传统文化承续的中断，使得大陆企业家在运用文化管理上变得生硬和不习惯

由于"文化大革命"对中国传统文化的全面批判和否定，造成优秀传统文化的承续在大陆中断，使得素以文化立国为传统的中国大陆企业在改革开放之初，反而忘却和不习惯文化管理的传统和手法，这与中国台湾、中国香港以及东南亚华裔区企业的文化管理传统形成鲜明对比。它们没有中断，所以吸收、运用企业文化自然、顺手、不生硬，没有"两张皮"现象。这是"文化大革命"的恶果，是"文化大革命"的结果。时下，国学的热潮正涌动于大、中、小学乃至幼儿园的诵经声中，也出现在 MBA、EMBA 和企业家培训的讲堂上，孔子学院正在世界各地兴办，这是一件令国人欣喜的事情。相信，中国优秀传统文化的复兴，必将有助于文化与管理的糅合与运用，有助于中国特色企业文化的构建，有助于企业文化入心落地，有助于企业文化成为一门真正实践的科学，管理的科学。

十三、一些企业领导盲目崇洋，重硬轻软，重理轻文的文化心理，压根儿就没有企业文化意识，心底里就认为那是虚的一套，企业文化连门都进不了，更不要说落地了

这种情况在民营企业比较普遍。他们普遍重视的是财务、人力资源、生产管理等所谓的"硬管理"，也愿意在引进和培训这些"硬管理"方面花钱，而不愿意在企业文化这些"软管理"方面投入。企业文化有没有用，国内外优秀的、成功的公司已经作出了明确的回答。对这些重理轻文、重硬轻软的企业，一方面我们需要坚持不懈地宣传启发，继续普及企业文化；另一方面还须假以时日，等待文化意识的觉醒。世间许多事情，体验和教训比忠告和宣传有用。事物发展的不平衡规律是普遍存在的，文化管理的需求有早有晚，文化意识的自觉有先有后，然文化管理的普适原则、管理发展的历史规律必将把企业文化的阳光洒遍每一个企业，对此，我们有充分的信心。

另外，我们还要说，一方水土养一方人，西方的一些现代化管理方法和管理技术，是植根于西方文化的土壤的，有一些我们可以直接拿来使用，有一些则恰恰需要运用我们自己的文化来驾驭才能得心应手，有一些更需要从改造和优化我们的文化入手才能适应。像 ERP 等涉及流程再造和理念变革的一些方法，像平衡计分卡这样一些涉及员工考核的技术方法，若没有文化变革作先导，没有相应的文化平台、文化心理、文化环境作支撑，要想取得成效是根本不可能的，一些失败的企业已经充分证明了这一点。因为任何现代化的管理方法都是要由人掌握的，而使用的效果不仅取决于人的文化水平、管理基础和管理体系，更取决于人的文化心理、价值理念、人文环境和人的精神管理，这一切都不是这些西方的现代化管理方法所能解决的。"橘生淮南则为橘，生于淮北则为枳"，要想变"枳"为"橘"，就要改良水土，这个水土正是企业文化。

十四、企业的短期行为和企业文化的慢功长效特质形成直接冲突，使得一些企业领导本能地排拒企业文化。能赚多少是多少，哪儿断绠哪儿卸牛，哪里还考虑到塑造企业文化

有人说，小企业靠老板，大企业靠文化。也有人说 5 年的企业靠领导，15 年的企业靠科学管理，20 年的企业靠优秀文化。这些都说明一个事理：要想做大做强做长，必须要有优秀的企业文化，优秀的企业文化是企业做大做强做长的重要支撑。你压根儿就没有想长远，当然就不会在企业文化上下功夫了。这本身就是一种短期文化，只能带来短期行为，短命企业。企业文化具有综合效益和长效作用，这种效益和作用的发挥要靠积淀，而积淀需要时间。我们知道，人们具有急切获得直截了当结果的心理，对这些"一寸光阴一寸金"的老板来说，要让他们接受企业文化，一要靠耐心，坚持不懈地进行文化灌输；二要提供能够立竿见影的操作方法、措施和技巧，以增强他们长期实施文化管理的兴趣和信心。那么，企业文化管理有没有能立竿见影的方式和方法呢？答案是肯定的，起码在某些层面和某些具体问题上是能够立竿见影的，技巧就是要根据具体问题和具体情景，在与管理实践的糅合之中去设计与运用。

十五、历史形成的抑商、畏商心理，文是文、商是商的传统思维方式，使得我们在这个商业世界里缺少经商智慧，不惯于、不善于将文化与经济相结合、相融合，表现在企业文化建设上，就是我们只知道设计，而不会结合

改革开放之前，商始终居于末业，仕、农、工、商，在几千年农耕文明的发展进化过程中，虽也出现过闪光的经济思想，杰出的经商人才，但终也抵挡不住"重农抑商"的国家意志和重伦理重道德的文化力量，即使是进入新中国，我们在相当长的时间里，搞的也是产品经济，而不是商品经济，更不要说"割资本主义尾巴"的年代，那更是谈商色变。恰如胡平先生所说："我们传统文化的主流是跟政治结合、跟社会结合，而不是跟经济结合。"本当是一体化的经济文化，可我们几千年来就是把它给割开了。由于没有这种文化的洗涤、熏染和锻炼，我们缺少经商的传统和细胞，我们更缺乏将文化与经济相结合的传统与经验。所以直到现在，应该说我们在这方面比起某些国家还是有些差距。你说米老鼠和唐老鸭创造多久？还不到 100 年，我们孙悟空可是有 1000 多岁了吧？那米老鼠和唐老鸭的本事也没有我们孙悟空大，可世界上知道米老鼠和唐老鸭的比知道孙悟空的多了去了。日本的阿童木和中国的孙悟空是差不多一个时代的，可世界上也是知道阿童木的多，知道孙悟空的少。这是为什么？究到底，是我们缺乏商业文化意识，不懂得、不善于把中国传统文化融合到经济当中去。我们在这方面的落后程度，比在技术和管理方面的落后还要大，而且这个东西赶超更难。

这种文是文、商是商的传统的思维惯性直到现在，虽有改变，却依然存在。表现在企业文化领域，那种把企业文化当门面、当装饰的，便是这种思维方式在作怪，那种躲在屋里进行企业文化设计的，便是这种传统思维在作怪。更有甚者，拿一个模式、一套方案到处套现，在这种两分离的思维方式下设计出来的文化，这种贴上去的、装上去的、套上去的文化，你说能不是"两张皮"？

十六、高深莫测的定量分析和模型测评法，试图把企业文化变成一门精确的科学，其实是在异化企业文化，把"哆来咪发梭拉西"唱成"1234567"，让人闻之蹙额，望而生畏。像这种看也看不懂，用也不好用，用了也无用的东西，又谈何入心、落地、联系实际

笔者曾耐着性子仔细研究过这种玩意儿，联系笔者 30 年企业工作经历，禁不住发出一些疑问：搞不懂人的心态、人的文化心理、文化表现怎么能用方差公式算得那么清楚？而且竟能得出超过或低于几个点就是正常或不正常？还有什么中位数、众位数、最小数、最大数、指标，搞得都不知道在说什么。千百万家企业，丰富多样的企业文化，岂是能用什么团队型、活力型、层级型、市场型概括得了的？团队型就没有活力？层级型就没有团队？团队型、层级型就不是市场型？逻辑上就说不通。

定量分析派们总是希望一切问题都能够清楚、确定、完美。然而客观情况是，在企业实际事务中，尤其是人际关系中不清楚、不确定、不完美总是存在的，而对这种不清楚、不确定、不完美，各人的看法也往往不一致，处理这些问题往往需要含蓄、暗示甚或压力、威胁等一些非正式规则、手段和技巧。面对纷繁复杂、持续变化的管理实践,有时关键的工作方法和管理方法往往是极其复杂、神秘和微妙的,它往往不是靠准确无误的数据,而要凭借最模糊的信息,使用最不连贯的思维活动。企业文化中的定量分析、模型测评,正是忽略了人的素质的复杂性和管理过程的复杂性。人的思想处在持续变化之中,你说如何测评企业人的一些暧昧矛盾心理(这是一种正常的文化心理)?人在同一时间里往往有游移不定的两种相反的思想(这在企业日常管理中时常出现),你说如何定量分析?一些人的阳奉阴违(这是客观现实)怎么统计?青岛公交公司对旅客的火样热情,IBM 公司尊重个人的做法,麦当劳和肯德基重视做好清洁工作,从数量角度来衡量,有什么意义呢?

笔者并不反对定量分析本身,事实上在企业管理中,很多事情要靠数字说话,但要看用在什么地方,用于解决什么性质的问题上。笔者反对的是那种对原本就应模糊或只能估量或根本无法计量的情况却力图作出精确的定量分析,反对的是那种复杂到不好用、用了也无用的定量分析。明明找几个人谈谈就能搞明白的问题,为什么一定要弄得那么复杂、烦琐、兴师动众而又不可理喻?

企业文化不是逻辑系统。彼得·德鲁克说:"人们端正的品行绝不可能被'程序化'……换句话说,端正的品行绝不可能靠程序来规范。"(《德鲁克文集》第二卷,第146页)他还说:"外部世界的重要事件无法采用计算机(或任何其他逻辑系统)能够处理的形式进行报告。"而"危险就在于决策者们会变得轻视那些无法转换为机器逻辑和机器语言的信息和促进因素。决策者会对正在发生的每一件事(也即正在发生的事件)而不是事实(也即发生后的事件)——视而不见。因此,大量的计算机信息有可能隔绝通向现实世界的通道"(《德鲁克文集》第一卷,第67~68页)。但愿大师的这些话对企业文化的定量分析派们能有所启示。

避免把企业文化导向唯心主义的泥潭①

　　在谈到企业文化的意义与作用时，常有人举出《老子》中的两句话："天下万物生于有，有生于无"、"道生一，一生二，二生三，三生万物"来佐证。在这里，"无"和"道"就是举证者所理解、所指代的企业文化、企业文化中的理念，或者进一步说就是人们的意识、思想、观念这类无形的东西。举证者的意思是：天下万物都是从人的意识、理念、观念、思想这个看不见、摸不着的"无"中产生的，企业文化就是这种"无"形的"道"，你看企业文化重要不重要？

　　毋庸置疑，举证者的这种"企业文化重要论"的动机是好的。但是，他们对企业文化的理解、阐释和导向却是错误的、唯心主义的。甚至他们对老子"有"和"无"、"道"的概念的理解也是肤浅的和错误的。而这种理解、阐释和宣传竟至出现于某些企业文化专家和"示范"单位之口，其发挥的导向作用则更是有害的了。我们已经看到在某些企业的文化手册和理念牌上赫然写着"天下万物生于有，有生于无"、"道生一，一生二，二生三，三生万物"。可见谬种流传，需要澄清一下。

　　先说老子的"有"、"无"、"道"。

　　在老子所开创的思想体系中，"有"和"无"与"道"是连在一起的三个基本范畴（见《老子·一章》）。"有"指天地，"无"是对"道"的具体称呼。"天下万物生于有，有生于无"，即天下万物生于有形体的天地，天地生于无形体的"道"，表明"道"生成宇宙万物的过程。那么，这个"道"（即"无"）在老子的哲学范畴里到底指的是什么呢？

　　（1）"道"是《老子》一书的中心范畴与哲学基础。老子认为，在天地万物产生以前，就存在着一个超越时空、处于浑朴状态的形而上实体——

---

　　① 原载《中国企业文化研究》2006 年第 5 辑。

"道"（见《老子·二十五章》："有物混成，先天地生"。又见《易经·系辞上传》："形而上者谓之道。"）它独立存在于无声、无形、无象的冥冥之中，循环往复，生生不息，是超越我们经验世界的东西，可以算作天下万物的根源："寂兮寥兮，独立而不改，周行而不殆，可以为天地母。"（《老子·二十五章》）在这里，"道"被定义为宇宙万物的本原，这是老子哲学的中心概念。

现在，我们先要搞清楚的是：在我们所引述的老子的学说中，"无"就是"道"，"道"是生成天下万物的本原，它是一种产生于天地之前的形而上的实体（《老子·二十一章》："道之为物，惟恍惟惚……恍兮惚兮，其中有物"），而断断不是某些人所理解的是人——人可是天地生成之后才有的——思想、观念、理念甚或文化一类意识形态的东西。明乎此，我们即可知道引之所谬了。鉴于此，则我们在今后学习借鉴祖国传统文化的时候，一定要注意弄懂原著的本义，而不能望文生义，主观臆断，否则，真要贻笑大方了！

（2）严重的问题还不在这里，严重的问题在于我们那些引证老子"有生于无"的人们，尤其是那些搞企业文化的人们的主观认识或潜意识里，就认为现实世界的一切都是由人的观念、理念、思想、意识创造的，企业文化是企业第一重要的，企业的一切都是由企业文化这样观念形态的东西产生的。我们说企业文化固然重要，观念、理念的力量固然很大，但是，把它提到本原的、至高"无"上的地位，那就是唯心主义了。

时下，已经很少有人再谈什么唯物主义和唯心主义了。但笔者至死不渝地认为，马克思主义的辩证唯物主义和历史唯物主义仍然是我们认识和改造这个世界强大的思想武器。今天，为了进一步说明"天下万物有生于无"（这里已经涉及物质和精神的关系）的命题，避免把企业文化导向唯心主义的泥潭，有必要重新拿起这个武器。

关于物质和精神、思维和存在的关系问题，即物质和精神、思维和存在谁产生谁、谁决定谁的问题，是哲学的根本问题，对这个问题的不同回答是唯物主义和唯心主义的分水岭。恩格斯在叙述自己和马克思对费尔巴哈哲学的看法的《路德维希·费尔巴哈和德国古典哲学的终结》一书中写道："全部哲学，特别是近代哲学的重大的基本问题是思维对存在、精神对自然界的关系问题……两者孰先孰后的问题：是精神先于自然界，还是自然界先于精神……凡是断定精神先于自然界，从而归根到底承认创世说的人……组成唯心主义阵营。凡是认为自然界是本原的，则属于唯物主义的各种学派。"持"天下万物有生于无"（这里我们抛开老子的原意，而是按照持此观点的人们所抱持的意思来分析）的观点的人们，显然是"断定精神先于自然界"，是"无"、"道"这些精神、意识、理念、观念、思想的东西产生了物质世界——"天下万物"。这种错误的理解和认识显然不自觉地陷入了唯心主义的泥潭。

马克思和恩格斯在《德意志意识形态》一书中写道："思想、观念、意识的生产最初是直接与人们的物质活动，与人们的物质交流，与现实生活的语言交织在一起的。观念、思维、人们的精神交往在这里还是人们物质关系的直接产物。""不是人们的意识决定人们的存在，相反，是人们的社会存在决定人们的意识。"（马克思，《政治经济学批判——序言》）同理，将这一根本原理应用于人类社会历史领域，就是社会存在决定社会意识，生产力决定生产关系，经济基础决定上层建筑，这就是历史唯物主义；反之，则是历史唯心主义。

一般来说，人们对世界的基本观点不同，对待世界的态度、认识和改造世界的方法也就不同。企业文化所宣扬的企业哲学和其他哲学一样，是企业理论化和系统化的世界观和方法论，是企业最根本的指导思想，是企业文化的灵魂，主导着企业文化其他内容的发展方向。不同的企业哲学必然构成不同的企业发展道路。那么，在企业文化领域，认为"天下万物有生于无"、精神、理念是第一性的这种唯心主义的世界观和方法论，在现实的管理实践中会导致什么样的错误影响和后果呢？

其一，企业文化"万能论"和"装筐论"。

无限夸大企业文化的作用，认为企业文化是个"筐"，把企业文化看作企业的万能灵药，不管企业有了什么问题，都可以用企业文化来"治病"，不管是政治还是经济，不管是生产还是销售，都可以往企业文化这个"筐"里装，企业文化可以包揽一切，包治百病。这种"万能论"和"装筐论"恰恰是"天下万物有生于无"的现代演绎和翻版。近百年来，对人类社会影响较大的管理理论已有 35 种之多，且许多理论还在被人们运用着、发展着（包括最早的泰勒的科学管理），企业文化仅此一种，岂能说企业文化"唯此唯大"？仅中国而言，它就不能代替思想政治工作——虽然它们在内容、方法和手段上有许多相通之处。企业文化究其实质是人们的精神塑造，它能解决和处理生产制造、产品开发、技术进步等所需的理论、管理和技能问题吗？它能代替信息化、精益生产、平衡计分卡吗？至少我们还没有看到一家靠企业文化一门功夫而独步天下的企业。"万能论"和"装筐论"恰恰忽视了或者说根本就没有理解和掌握企业文化的真正意义和作用。

其二，闭门造车，脱离实际。

以为有了一套漂亮的理念和价值观体系，就有了企业文化，就能解决一切问题。于是集结精英，苦心孤诣，搜遍锦言妙句，豪华装订，人手一册，有的甚至不惜巨资，请来专家能人，精心设计、施工、打造，仅两三个月便宣告企业文化大功告成。可结果呢？理论和实际相脱离，企业文化和企业管理"两张皮"，你说你的，我行我的，根本没往心里去，徒有一套壳而已。

笔者绝不是要否定企业文化设计、企业文化咨询，这些都是必要的。问题是设计思路和指导思想必须坚持唯物主义的"实践论"，而不能是唯心主义的"杜撰论"，必须与企业员工和企业管理"一体化"，而不能"两张皮"。这里有两层要阐明：①企业文化本质上是一门管理科学，它的根本属性是实践性。任何企业文化都是在企业经营管理的实践中形成的，企业的实践活动是企业文化的本原。我们的建设、设计、咨询工作必须从这个本原的长河中去挖掘、加工、提炼，经过"改造制作功夫"，再回到实践中去，让实践去检验。如此认识——实践——再认识——再实践，循环往复，才能结成"沁人心脾"的"实践果"。游离于实践之外的闭门造车，束之高阁的空头理念，绝不是企业文化。②与"实践性"紧密相连的就是"群众性"。企业文化本来就是一种群体意识，企业文化是全员文化，不仅要"从实践中来，到实践中去"，还要"从群众中来，到群众中去"。实践是群众的实践，群众是实践的主体。没有全员参与，没有全员认同，任何企业文化都是"化"不起来的。"企业家文化"如果不能"化"为全员文化，则也只能是"企业家文化"，而不能是"企业文化"。脱离群众的主观杜撰，只能是形而上学的臆造，结果是"两张皮"。有一个重要的现象值得我们深思和警醒：为什么有些企业聘请了像样的企业文化咨询团队，但咨询效果尤其是文化理念的执行落实效果却很差？为什么企业老总强调"执行"、"没有任何借口"、"自动自发"，在落实中却很难体现？究其原因，往根上说，恐怕还是"实践性"和"群众性"的问题。

其三，还有一个不小的负作用。

由于无限夸大企业文化的作用力，使得一些企业里从事企业文化的干部和工作人员，迷失了自我方向，找不着北。以为他们就是企业的中心，一切都是从他们这儿产出的，企业文化部门应该统驭一切——你们没有听说海尔兼并18家企业是企业文化先行的吗？甚至首派的都是企业文化部的人员吗——殊不知，兄弟科室部门根本不买你的账，这边在叫，那边在撇嘴：你企业文化是老大的话，我人力资源算老几？人力资源是企业最宝贵的财富……由此产生对立、抵触情绪，反而不利于企业文化的推展和建设。现在就有一些企业里的企业文化工作人员找不准自己的位置，所以也找不到工作切入口。究其原因，怕与这种"有生于无"的思想影响不无关系吧。若要真正探寻如何通过企业文化管理来体现企业文化部门和工作者的价值，怕也是要到"实践性"和"群众性"中去寻根溯源吧。

马克思和恩格斯曾对形形色色的唯心主义进行了不懈的斗争。在《资本论》中，马克思写道："在黑格尔看来，思维过程，即他称为观念而甚至把它变成独立主体的思维过程，是现实事物的创造主（创造者、创立者）……我的看法则相反，观念的东西不外是移入人的头脑并在人的头脑中改造过的物质的东西而已。"恩格斯在《反杜林论》一书中，完全以马克思的唯物主义哲学为依据，并阐明这个哲学，他写道："如果要问……究竟什么是思维和认识，它们是从哪里来的，那么就会发现，它们都是人脑的产物，而人本身是自然界的产物，是在一定的自然环境中并且和这个环境一起发展起来的。"马克思还说："物质生活的生产方式制约着整个社会生活、政治生活和精神生活的过程。不是人们的意识决定人们的存在，相反，是人们的社会存在决定人们的意识。"（马克思，《政治经济学批判——序言》）

我们并不否认和抹杀先进的、优秀的企业文化凝聚人心、塑造形象、提升企业竞争力的作用，并不否认和抹杀作为社会意识范畴的企业文化中那些正确反映管理实践和规律的深邃的思想理念，鼓舞人心、指导经营的先导作用。辩证唯物主义始终认为，正确反映社会存在的社会意识能够推动社会存在向前发展，正确预测未来、反映社会发展规律的社会意识能够成为社会实践的向导。我们所要强调的是：社会意识发展的源泉和动力来自社会存在，企业文化先来自企业实践。企业文化建设必须坚持实践第一的原则，否则就容易滑入"天下万物有生于无"的唯心主义泥潭，就容易陷入脱离实际、闭门造车的形式主义窠臼，就会陷入孤立的、片面的、静止的形而上学臆造，就会陷入"万能论"而迷失方向，从而走向企业文化的反面。我们应当知道，企业不同于教会的信念共同体，企业是经济实体，精神因素对企业内部的凝聚力、企业生产效率及企业发展固然有着重要作用，但这种影响和作用不是单独发挥的，是渗透于企业管理的体制、机制、制度、策略之中，并协同作用的。企业文化理念必须在企业经营管理活动的每一个细节和整个过程中，并与企业环境的变化相适应，因此不能脱离企业的实践和实际，更不能把它抬到本原的、至高"无"上的地位。切记："任何真理，如果把它说得'过火'……加以夸大，把它运用到实际所能应用的范围以外去，便可以弄到荒谬绝伦的地步，而且在这种情况下，甚至必然会变成荒谬绝伦的东西。"（列宁，《共产主义运动中的"左派"幼稚病》）

驳企业文化"总和"说和
"精神文化"说^①

关于企业文化的定义，据说有一两百种之多，概括起来，较有影响的是被称为狭义的"精神文化"说，和被称为广义的包括精神文化和物质文化的"总和文化"说，而后一种又以"四层次"说引用较多。对此两说，笔者向有不同看法，这里提出来和大家共同讨论。

一

在企业文化的定义上，笔者是不同意"总和文化"说的。这是因为：

1. 文化和企业文化是两个不同的范畴，企业文化套用文化学的分类，不合逻辑

"总和"说和"四层次"说原本是文化学和文化人类学上的概念。文化学是一门系统研究文化现象和文化体系的学科，文化人类学则是从文化的角度研究人类的一门学科。文化学对文化的定义向有广义和狭义之分。《大英百科全书》将文化概念分为两类。第一类是"一般性"的定义，也就是我们所谓广义的定义，将文化等同于"总体的人类社会遗产"；第二类是狭义的概念，即"文化是一种来源于历史的生活结构的体系，这种体系往往为集团的成员所共有"，它包括这一集团的"语言、传统、习惯和制度，包括有激励作用的思想、信仰和价值，以及在物质工具和制造工具中的体现"。中国《辞海》对文化的定义，也有广义和狭义两种解释："从广义来说，指人类社会历史实践中所创造的物质财富和精神财富的总和。从狭义来说，指社会的

---

① 原载《现代企业文化》2011 年第 4 期。

意识形态，以及与之相适应的制度和组织机构。"简言之，文化的广义说是指物质文化和精神文化的总和，文化的狭义说是单指精神文化。"四层次"说是在"总和"说二分法（物质与精神）之外，又划出制度和行为（也有三层次说，即物质、制度、精神）。它们都属于广义文化说，即"总和"说，是文化学和人类文化学的某些学派在分析文化形态和文化结构时常使用的分类。

企业文化"总和"说显然套用了文化学上的分类概念，从而把企业文化等同于文化，抹杀了企业文化与文化的区别，给研究和实践带来混乱。以企业这个微观文化去套人类这个宏观文化，虽不能说不相及，但企业文化学与文化学和文化人类学毕竟相去甚远。从逻辑上分析，文化和企业文化是两个不同的概念，企业文化概念的内涵比文化的内涵要丰富，除了含有文化的部分内涵外，还有企业这一内容，有管理的内涵，而外延要比文化小，它把广义文化、历史文化、政治文化、经济文化、物质文化等都排除在外。即如"笔"和"钢笔"，"笔"这个概念的内涵主要是"用来写字、画图的工具"，它的外延包括各种各样的笔。"钢笔"除了具有笔的一般特点外，还增加了"笔尖用金属制成、用墨水书写"这一特点，也就是说，"钢笔"这个概念的内涵比"笔"的内涵丰富，而"钢笔"的外延比"笔"的外延要小，它把毛笔、铅笔、圆珠笔等都排除在外。文化可以有广义说，企业文化不应有广义说。无论从企业文化的语源、起源、功能还是从其应用的趋势来说，它只能从属于狭义文化，是狭义文化中的一种。

2. "总和说"不符合企业文化的理论原旨，偏离了企业文化的研究对象和管理学属性

企业文化的理论是第二次世界大战（简称"二战"）后在对美日经济进行对比研究中创立的。日本在"二战"后短短30年的时间里，由一个战败国一举发展成为世界第二位的发达资本主义国家，直逼美国的"巨无霸"地位，而"二战"后一直居于世界经济主导地位的美国则停滞不前，经济衰退，失业加剧。严酷的现实迫使美国开始反思，在对美日企业进行对比研究分析之后，发现美国企业管理中发挥作用的主要是硬性管理因素，如战略、技术、结构、制度、规章、财务分析等；而在日本的企业管理中，诸如企业目标、价值观念、社风、宗旨、信念等这些以人为本的软性因素更为突出，而这些因素正是美国企业缺少的。通过对比认识到，真正对美国构成威胁的

不是日本企业发达的科学技术、先进的机器设备等物质因素，而是由它的社会历史、文化传统等因素融合而成的日本独具特色的企业文化，以文化维系企业，员工便会忠诚，默契也就增加，企业竞争力自然会提升。于是造就了人们"企业文化"的管理思维，它有效解决了管理领域一直存在的"理性"与"人性"的矛盾，解决了西方企业一直探求的如何团结员工、增强企业凝聚力和向心力的重要问题。这是对西方一直以来理性主义占统治地位的管理准则的挑战，给正在致力于对人的主体性的研究，以探求人们变幻莫测的精神世界和行为追求的西方管理学界和企业界以莫大的启示。随着企业文化理论研究的深入和理论体系的逐步形成，助推美国强化和巩固其经济强国的霸主地位，于是，企业文化风靡全球。可见，企业文化的理论原旨，是以人为中心，以软性的管理要素为研究对象，以灌输企业价值理念等文化方式为根本手段的管理理论，是强调以软实力来提升竞争力的管理理论，是立足于如何增强凝聚力从而提高生产力的理论。它的根本属性是管理学属性，是一种管理理论。而不是以物质文化等硬要素为研究对象，而且，即便在西方以硬要素研究为对象的理性主义的管理理论中，也没有我们所说的物质文化这类硬的东西。道理很简单，因为管理的对象是人而不是物，管理的中心是人不是物（这是就研究对象而言的，并不是"见人不见物"）。物是人的行为的产物，对物的专门的研究应是其他学科研究的范畴。

可见，把企业文化作为物质财富和精神财富的总和的观点，即把物质文化纳入企业文化的"四层次"说和"总和"说，是建立在广义文化概念上的，这背离了企业文化作为一种管理理论的本质属性、运用范围和原旨。物质文化不应属于管理学意义上的企业文化，它是企业文化行为的产物，而不是企业文化本身。企业文化是由潜藏在人内心深处的一些价值、认识、思想、追求等影响而生成的一些意识，初为口头、书面的形式，继而形成制度、习惯、传统，影响和引导人的行为，再由人的行为体现为这种文化。

毛泽东同志说："任何运动形式，其内部都包含着本身特殊的矛盾。这种特殊的矛盾，就构成一事物区别于他事物的特殊的本质。"而"事物的性质，主要的是由取得支配地位的矛盾的主要方面所规定的"，"科学研究的区分，就是根据科学对象所具有的特殊的矛盾性。因此，对于某一现象的领域所特有的某一种矛盾的研究，就构成某一门科学的对象"（毛泽东《矛盾论》）。学科是以研究对象来划分的。辩证唯物主义关于运动形式之间相互关系的原理告诉我们，各种运动形式之间的质的差别，是我们区别各门具体科学，确定它们研究对象的客观基础。所以，任何门类的学问都是按照研究对象的性质来划分的，在自然科学领域，物理学不同于化学，化学又不同于生物学；在社会历史上，奴隶社会不同于原始社会，封建社会又不同于奴隶社会，资本主义不同于封建社会，社会主义又不同于资本主义；在同一社会，经济现象、政治现象、思想现象、技术现象，又各不相同。世界之所以是一个千差万别的多样性世界，就是因为不同的事物有不同的质。企业文化之所以从众多的企业管理理论中独立出来，就是强调人的意识（价值观、精神、思想、理念等）对于物质生产和管理实践的作用，如果说成是物质与精神的总和，就抹杀了企业文化这门科学的独立性。

3. "总和"说把企业文化的功能无限扩大化，导致企业文化"万能论"、"装筐论"和"文化决定论"，在实践中引发了一些负面效应

第一，"总和"说囊括了人们所创造的精神财富和物质财富的总和，无限放大企业文化的功能作用，有意无意地渲染"文化决定论"和"精神至上论"，实践中导致了"企业文化是个筐，什么都可往里装"，并进一步引出了企业文化"万能论"。这是一种理论的误导、实践的误导，也是一种文化的误导。事实上，任何一个基业长青、可持续发展的企业，一定是多种因素综合作用的结果，"总和"说恰恰忽视了或者说根本就没有理解和掌握企业文化的真正意义和作用。

第二，把物质文化纳入企业文化，于是就有了所谓"企业文化建设必须要有投入"说。难道说没有物质文化建设、没有文化设施、没有 CI 设计的群体，就没有企业文化了吗？不花钱就不能建设企业文化了吗？一个白手起家的团队就没有企业文化了吗？大庆精神、铁人精神是花钱培育起来的吗？如果说大庆石油、大庆设备这些物质产品都是大庆企业文化的组成部分，美孚石油及其设施又怎么说？

第三，物质文化不应成为企业文化的构成要素。我们说，文化是人类的创造品，只有人类，才有文化。在这个意义上，所谓物质文化，应该是指人类创造的物质产品，然而自然之物也是物质，笼统地称物质文化，显然不严格。文化学上有所谓"四层次"说，是广义文化论的一种，是就人类所创造的全部成果的分类或结构而言的，企业文化不应脱离管理学的属性而照搬文化学上的四层次说，这完全是两个不同的研究对象和应用范围。

企业文化不是要研究文化史，研究文化史可以使用物质文化这一分析性、结构性概念。企业文化本质上是一种管理科学，物质文化只能作为一种叙述性概念使用，如果作为分析性概念、结构性概念就走到文化学、文化史的研究路子上去了。包罗太广会使企业文化与文化难以区别，失去了企业文化的本来面貌和固有意义。物质文化研究是研究文化学、文化史的基本功，但精神文明不同于物质文明，学术研究也必须有分工。当然也不是说企业文化不能用物质文化这个词，可以用，但作为企业文化中的物质文化，只能在特定语境中，如同团队文化、广告文化、营销文化等一样，作为一个叙述性概念，而不能把它作为一个定义性概念、结构性概念、作为企业文化的构成要素去使用。

物质的、表层的文化并不一定就是一个企业真正的文化。诚然，一切人工制品都是文化产品，这是就广义文化而言的。但是并非任何物质产品都是企业文化作用的产物，就物质文化而言，企业的产品、企业的厂房、企业的机器设备应该说是企业最重要的物质文化，然而这些东西不一定都是该企业创造的，设备是买现成的，厂房是请设计部门设计的，而这一切可能都是在连企业创始人都还不知道企业文化为何物的情况下置办的，能说这都是该企业的物质文化？这都是该企业的企业文化？我们平日常说的企业要有自己的文化，难道就是指的这些物质文化吗？显然不是，我们平日所说的要构建自己的企业文化，显然指的是意识层面、精神层面的文化，是共同的愿景、价值观、作风、企业精神、理想信念等这类东西。

即使是一些物化的文化产品，也不能说这就是企业文化，比如，印成书的 VI、NI、MI、理念牌、标语墙等，这些产品表述的文化也并不一定就是该企业真正的文化。沙因说，这些都是文化的表象，真正的文化是隐藏在组织成员中的潜意识。

4. "四层次"说本身缺乏生活的逻辑，实践中导致重"物质"，轻"文化"

第一，"四层次"说是"按照可见程度以及改变的难易程度来划分的"（从外到内依次为物质文化、制度文化、行为文化、精神文化），这是违反生活逻辑、不符合实际的。我们认识一个企业的文化并不都是按照书本上的四个层次一层一层来的，我们可能先接触人，也可能先接触物，也可能先听说事；而在建设或改变一个企业文化的实践中，也不是按照书本上的四个层次从外到内、由易到难一个个、一层层来的，我们可能从改变人们的观念开始，也可能首先从改变员工的行为规范开始，也很可能在很长时间内就没有所谓的物质文化建设。在实际生活中，企业文化呈现在我们眼前的不是层次分明的，而极可能只是一种强烈的感觉。

第二，把企业文化"按照可见程度以及改变的难易程度来划分的四层次说"在实践中引导了人们从最外层做起、从最易做起的文化建设思维，实际上形成了重"物质"而轻"文化"的问题，加剧了企业文化建设形式化、表面化和庸俗化倾向。

5. 物质文化和企业文化研究的目的不同

不要忘了，我们研究的是"企业文化"，这是一门管理理论，是企业的上层建筑，不是企业的设备、厂房、产品。建设企业文化的目的是运用正确的价值理念和文化手段，提高积极性，激发主动性，增强凝聚力，提高生产力，最终实现利润最大化，而这一切都不是物质文化所研究和关心的问题。

二

为什么不能说企业文化就是精神文化？

（1）精神文化是相对于物质文化而言的，它与物质文化合为社会文明，它们都属于社会历史的范畴，而不是意识形态的范畴。社会文明指的是社会进步和开化的状态，分为物质文明（或曰物质文化）、精神文明（或曰精神文化），我们现在不说物质文明，单说精神文明。精神文明是人类改造客观世界的同时改造主观世界的精神成果的总和，它包括两个方面：一方面，是指社会的文化、知识、智慧状况，人们在科学、教育、文学、卫生、体育等方面的素养和达到的水平；也包括与此有关的物质设施、机构的规模和水平，如学校、卫生保健设施、文化体育活动场所、博物馆、展览馆、宣传设施和机构、学术团体和出版物等的数量和质量。体现在这些领域的精神文明，可以简称为文化、智力的方面。另一方面，是指社会的政治思想、道德面貌、社会风尚，人们的世界观、信念、理想、觉悟、情操以及组织纪律性等方面的状况。体现在这些方面的精神文明，可以称为思想、道德方面。显然，企业文化不属于前者。

（2）精神文化是全民、全社会都需要的，不独企业所需所有。如果说企业文化就是精神文化，那就抹杀了企业文化的个性和特殊性。就文化、智力方面的精神文化而言，我们每个人都需要精神文化，我们每个家庭也都需要精神文化，精神文化包括文化艺术、文艺作品，娱乐、电影、电视、京戏、昆剧……它与企业管理基本不沾边，它基本上就是我们平日所理解的文化娱乐生活，它离企业文化比精神文明的概念还要远。而我们所说的企业文化是一个管理学概念，企业管理是企业文化的主要属性和根本属性。人类的生活形态可分为物质生活和精神生活两大块，在这两大领域所形成的文化，是物质文化和精神文化。所以说，精神生活、精神文化指的是一种普遍的社会现象，是一个一般的、普遍的概念，而不是一个特殊的、个别的概念。而企业文化却是一个特殊的现象，是一个特殊的概念。就思想道德方面的精神文化而言，社会的精神文化表现在政治、哲学、科学、宗教、艺术等，在种种不同社会生活领域内，文化的具体表现形式与特点各有差异。在政治生活领域，它表现为政治文化；在经济生活领域，它表现为经济文化；在行政活动领域，它表现为行政文化；在企业管理领域，它表现为企业文化；等等。企业文化只是人们精神文化中的一种表现形式，而不是精神文化的全部，所以说企业文化就是精神文化是不确切的、不科学的。就好比说企业文化是精神生活一样是不确切的、不科学的。说它是精神文化，抹杀了它的管理学实质，抹杀了它的特殊性和它的实践性特征。

精神文化的内涵与外延与企业文化的内涵与外延有很大的区别。精神文化是相对于物质文化而言的，它的内涵与外延较之企业文化要大得多，宗教、艺术、文学、文化体育活动、电视电影、小说戏剧都属于精神文化的范畴，这些精神文化的成果，不为企业所独享或所独有，而企业文化唯有这一个企业、这一个组织所独有。

撇开物质与意识的本源关系不说，精神文化是如何产生的？是从人们的意识中产生的。企业文化固然有精神文化的产品和形式，但终不是企业文化的本质属性。那是在企业文化的作用下产生的，它们之间有"本"和"源"的关系。

总之，在企业文化的定义上，"总和"说和"精神文化"说仅套用文化学的分类学说，没能抽象出企业文化的本质特征，给理论研究和实际工作带来一些混乱，是一个亟待澄清的问题。如何给企业文化定义，是一个理论问题，也是一个实践问题，关系重大。在这个问题上展开讨论与争鸣，将有助于我国企业文化的理论建设和实践的健康发展。

对企业文化"基因"说的不同看法^①

——与王成荣先生商榷

王成荣先生在其《企业文化基因及其再造》（载《中国企业文化年鉴》2004年版和2005年版）一文中说："正像其他生命体有其自身的基因一样，企业作为一个生命体也有自身的基因，这个基因就是企业文化。不同的企业具有不同的基因，而基因的不同，从一定意义上决定着企业不同的规模、不同的效率，决定着企业的生存状态，决定着企业不同的生命周期。"

企业文化是企业的基因吗？我们先来弄清楚基因是什么。基因作为生物体遗传的基本单位，存在于细胞的染色体上，是不可改变的，它的组合决定着或者说在一定意义上决定着人的生老病死和行为特征。王先生正是在这些意义上使用基因这一概念的，这与我们大多数人对基因的认识也是相一致的。

但是，我们要说，企业文化不是企业的基因。基因是先天获得的，文化是后天建立的，基因是不可改变的，文化是可以改变的。

基因也称遗传基因，我们每个人有每个人的遗传基因，这是我们在娘胎里就决定了的，是不可改变的。但是，我们说，企业文化与人不同，企业文化不是一有企业就有了某种文化的，它是随着企业的成立、成长、发展而萌生、孕育、成长、成熟的，也是随着企业的成长、壮大、发展、变革而变化的。也就是说，企业文化不是像人的基因一样不可改变，比如，创业型的企业文化会转变为创新型的企业文化，守旧式的企业文化会改变为进取型的企业文化，反之亦然。如果承认企业文化就是企业基因，那就是承认该企业从成立那天起就决定了它的生死荣衰。中国要成为创新型国家，而中国传统文化中有一些因素是不利于创新人才的出现和创新精神的发挥的。比如，几千

---

① 原载《东方企业文化》2014年第4期。《中外企业文化》2014年7月号，全文发表了该文和王成荣先生答复的文章，并加了编者按，号召读者关注和参与讨论。

年小农经济的封闭意识和保守观念，你说这是不是中国传统文化的基因？如果承认这也是基因，那要不要改变？如果认同基因说，那我们说基因是不可改变的，那怎么办？难道我们就不前进了吗？

《世界是平的》一书的作者托马斯·弗里德曼在引用了大量事例后说："是的，文化很重要，但是文化是社会发展的产物，不是人类的基因，既然社会是不断前进的，领导人是不断改变自己的治国方针的，那么文化也是可以改变的。"他还说："文化不仅仅对社会的发展很重要，而且一个社会的文化是可以改变的。文化没有渗入到我们人类的 DNA 中，它们是每个社会中地理环境、教育水平、领导人能力和历史经验的综合产物。既然形成文化的各个因素可以发生变化，文化本身也可以改变。"迈克尔·茨威尔在《创造基于能力的企业文化》中也告诉我们："信念和价值观显然是能够改变的，虽然它们越是根深蒂固，越是接近于人们对自我的认识，就越难以改变。社会环境对信念和价值观有着重大的影响，企业文化对这一能力的影响也不可低估。"

我们说，文化不是基因，如果文化是基因，那么同属儒家文化圈，有着共同的文化影响，中国人和日本人、韩国人、新加坡人在文明程度和行为方式上为什么存在那么大的差别？如果文化是基因，那么怎么解释同族、同根、同源文化之间的抵牾，譬如朝鲜半岛，譬如中东地区，譬如阿拉伯世界？

在企业界，变革无处不在，变革总是威胁着文化。我们说，企业文化不是基因，是因为基因是不可改变的，而企业文化是可以改变的。既然它是企业发展的产物，那么企业要发展、要变革，领导人要不断改变自己的治厂方略，要适应不断变化的内外环境，企业文化就必须改变，也可以改变。正因为企业文化是可以改变的，所以我们才说企业文化是可以建设的；正因为企业文化有优劣之分，需要变革，所以我们才说企业文化建设是必须和必要的。

我们说，企业文化不是企业的基因，基因可以决定人的生老病死，文化不是决定企业生死兴衰的决定因素。

然而，王成荣先生显然不这样认为，在"文化基因决定企业的生命周期"的子标题下，他举例说："美国 LAND 公司曾经做过一个调查：每倒闭1000 家企业，可能有 800 家企业是决策失误造成的，而在这 800 家企业中又有 650 家是多元化所致。这说明经营理念出了问题，实际上这就是规律性。"又举例说："美国《金融》杂志和英国 Inter Brand Group 每年分别选出的世界

50 个驰名商标，往往比较稳定，为什么？因为这些驰名商标有很好的共同基因，非常重视文化的积累。"还有，他把阿里·德赫斯《长寿公司》一书中所总结出的成功企业的四条原则，统统归于"文化基因决定企业的生命周期"名下。

明明有 800 家企业的倒闭"是决策失误造成的"，其中 650 家"是多元化所致"，王先生却单单归结为"经营理念出了问题"，而 50 个驰名商标"稳定"的"共同基因"，都是"非常重视文化的积累"，长寿公司成功的四条原则也统统都是"文化基因决定"的。这显然是一种"文化决定论"的思维。

在现实生活中，由于文化具有覆盖性广的属性，所以人们在总结事业成败的经验教训时，总能总结出几条文化原因，这是正常的。但如果把文化当作一个筐，什么都往里面装，并且把它上升到"决定"企业前途的高度，说成是组织发展的"规律"，这就是一种"文化决定论"，而"文化决定论"是一种早就被人们批判和抛弃的错误的观点。我们说，企业文化很重要，但是决定一个企业生死盛衰的原因很复杂，既有主观原因，也有客观原因，既有政治的、经济的、地缘的原因，也有市场的、技术的、社会的原因，要作具体分析，绝不仅是文化一个原因，更不是决定性的原因，不能把任何一个企业的成功或失败统统归于文化，事实上也不是如此。一个企业的生死盛衰往往是多种因素共同作用的结果，一个企业的变革，一定是对外部经营环境的适应性变化，一定源自生产力发展的需要，而不是源自主观的、理想化的文化设计。事实上，后者也只是在前者改变的基础上或为了适应前者变化才发生变革的，理念也只是客观事物在人脑中的反映。基因可以决定人的生老病死，文化也可以对企业的发展起促进或促退的作用，但归根结底，不能起决定作用。文化是社会发展的产物，企业文化是组织发展的产物，对社会发展进程起决定作用的是生产方式，是生产力，这是已被马克思主义的经典作家反复论证过了的。

王先生一面说企业"正像"其他生命体"一样"，"也有自身的基因，这个基因就是企业文化"。一面又说："企业文化基因与纯粹遗传学上的基因有所不同，不同点就在于，这种基因不是不可变的。"也就是说，遗传学上的基因是不可改变的，而企业文化基因是可以改变的。然而王先生接着又说："既然是基因，就不太容易改变"，既"一样"，又"不同"；既可改变，又不容易改变，一个概念竟然有两种截然相反的两种解释，那么，究竟是一样还是两样，是可以改变还是不可以改变呢？"基因说"的立意到底是什么意思呢？至于王先生所划分的"国有企业基因组"、"民营企业基因组"、"股份制企业基因组"、"传统产业基因组"、"新兴产业基因组"，还要"进行基因组合和基因再造"等，就不仅有点形而上学，而且也有点太主观主义了。

笔者认为，人不同于动植物，社会组织也不同于有机物，简单地、机械地把生物学的概念和原则搬到社会科学领域，用有机物种的发展原因来解释社会发展和组织发展是不科学的，在论述上往往也不能实现逻辑的自洽和道理的圆融。社会组织自有其特殊的运动规律，企业文化也自有其自身的发展规律，而规律是不能创造、不能消灭也不能改变的。

笔者不是生物学家，笔者对基因知之甚少，可能有人会说基因是可以改变的，诚然，从辩证法来看，一切都会变的，但在时间未到、条件不具备的时候，这个质变是不会出现的。以基因来说，就笔者所知，最少到目前为止，人类还没有成熟的、安全的基因治疗和基因重组技术，个别的、偶然性事件构不成科学；再说，如果说基因是可以改变的，那企业文化借用基因一说到底是什么意思呢？

现在基因说很多，除了文化基因以外，还有企业的衰亡基因等，作为一种比喻说说没有关系，在传承的意义上、当作组织中那些稳定地起作用的东西来理解也是可以的，可是如果把它作为一种文化理论，当作一种科学论断甚至把它当作企业发展和社会发展的决定论，那就值得商榷了。

对企业文化"雷同"说的不同看法[①]
——与贾春峰先生商榷

　　贾春峰先生曾经多次撰文和发表谈话，提出企业文化建设的"五个不能"。其中一个就是"不能雷同化。包括不能克隆、不能复制、不能照搬照套"，一定要符合"三性，即自有性、原创性、独特性"。他所说的"雷同化"主要指文化理念的雷同化（引文载《中国企业文化年鉴》2005～2006年版贾先生的文章《我们究竟需要建设什么样的企业文化》）。笔者想说，原则是好原则，问题是在实际生活中能不能行得通？我们能不能完全避免雷同？这种要求会不会带来一些我们意想不到的副作用甚至反作用？以及对于这种雷同我们应当取怎样的态度？

　　依笔者之愚见，理念设计的雷同化其实是不可避免的，因为我们同处在一个共同的文化母体中，我们都要受到社会价值观的影响，我们的思想观念基本上是雷同的，又怎能奢望我们的表述不雷同呢？有资料表明，在我国企业文化的理念中，"团结"、"创新"、"改革"、"开拓"、"进取"、"和谐"等，这种雷同化不可谓不高。其使用率都超过20%，有的甚至超过40%。但是，我们要说，难道这些理念不是时代的最强音吗？难道我们仅为了避免雷同而要舍弃它们吗？这种雷同难道可以被认为不是"文化"吗？事实上，在同一个命题上，在同一个关系上，比如人与物、人与社会、企业与员工等，如汪洋大海般众多的企业能产生多少不同于人、既有个性又为广大成员所认可的理念呢？

　　文化更多的是共性，同属一个民族，同属一个国家，你的企业文化能有多大、多少个性和区别？再怎么表达，也脱不了母体，再怎么变化，也离不开民族化。所以，笔者认为，问题不在"雷同"不"雷同"，而在于"认

---

　　① 原载《企业文化》2014 年第 3 期。

同"不"认同"，不在"文"而在"化"。事实上，那些有个性化理念的企业却未必有真正好的有个性的文化，而那些虽是克隆、复制、照搬抑或因袭传统文化理念但是把它真正化为全体的信念和行动的企业，未必没有自己的文化。举例来说，即使没有自己原创、自有、独特的理念，只是把中国传统的价值理念，比如敬、忠、仁、和、诚、信、恕、耻等结合自己的实际加以诠释，真正化为全员的行为准则，融化到员工的血液里，真正化为一种文化，那也不错，这可是典型的"照搬照套"，是最"雷同化"的了，但我们也不能说这个企业就没有自己的文化对不？

再比如，"安全生产"的理念重要不重要？当然重要，安全文化的建设需要不需要，当然需要，凡是企业是不是都需要"安全生产"的理念，当然需要，你再变也无非是"安全第一"、"安全生产，重于泰山"，诸如此类，任你怎么表达，诚如沙因所说，也只是"表达的价值"，而真正的文化是深植在人的大脑深处的。仅就安全生产而言，在理念的提炼上就免不了雷同、重复。再比如质量，也变不出多少花样，无非是重视质量，再怎么不同，也不代表你就真正建立了这种文化。所以，笔者认为，雷同是不可避免的，应是允许的，认同是主要的，是我们所要关注的。有的理念与众不同，但员工不认同，记不住，压根不往心里去，就是避免了雷同化，又怎么样？再以我们的政府文化来说，"为人民服务"是统一的理念，可是不是为人民服务，是不是建立起为人民服务的理念和文化，那是另一回事。你说，你要使为人民服务的理念不雷同化，你又能怎么表达？所以，劲不要使在咬文嚼字上，而是要在"化"字上下功夫，国外的企业就没有像我们这样在语言表达上下功夫的，他们的理念表达都是朴素无华的，他们的功夫不是下在这些方面。

王吉鹏先生说："企业间价值观没有表述上的差异，只有实践上的不同。"这句话笔者给改一下：价值观的表述是有差异的，但同一价值观尽管表述不同，其实质意义是一样的，重要的是实践，同样的价值观实践起来却有种种不同的表现和结果。

笔者不反对企业文化理念要有个性，有文采，只是过分拘泥于形式可能有伤内容，导致形式主义。因为形式毕竟是为内容服务的，企业文化的最大作用不是拿来炫耀的，而是拿来自己用的。孟子早就告诫后人"不以文害辞"，就是说不要因为一个字而损害了全句的意义。如果仅为了避免雷同而用一些故作深奥的词语增加人们的理解难度，那就以文害辞，与我们搞企业文化的目的背道而驰了。王吉鹏先生曾举过一个非常典型的例子：某学者在参加山东某电力公司召开的企业文化研讨会上，对该公司的企业精神"追求卓越，服务真诚"提出了异见，认为流于俗套，也就是雷同。考虑到山东是文化重地，孔孟之乡，他建议该公司的企业精神可以从孟子的"无息至诚"衍生开来，谓之曰"追求无息，服务至诚"，笔者看了之后，真是只有摇头叹息！贾先生不是担心"雷同化"会"窒息企业文化的勃勃生机"吗？笔者看单是雷同化不至于"窒息企业文化的勃勃生机"，倒是那种为了追求不雷同，而堕入"烦琐化、玄虚化、空洞化"和"双脚离地"、"新两张皮"才"必然窒息企业文化的勃勃生机"（引言皆为贾先生语）。

　　不能雷同化对于 CI 设计来说是正确的、合理的，因为 CI 是一个形象设计、形象识别系统，要塑造企业与众不同的形象，要求突出个性，不要雷同，是对的，也是必须的，否则就达不到形象识别的目的，而对于企业文化来说，却不是这么回事。企业文化不是为了"识别"，也不是为了显示"个性"。企业文化是为了把理想的精神和行为化为全员的意识形式和生活方式，以形成稳定的、持久的内生动力，实现企业伟大的目标和愿景，为了这个目的，管它雷同不雷同！

　　企业文化的理念能够符合"三性，即自有性、原创性、独特性"，固然很好。问题是，就思想性而言，有多少理念能够真正符合"自有性、原创性、独特性"？仔细想想，现代企业文化所提炼出来的理念，无非来自三个方面：一是传统文化，二是时代意识，三是管理经验，包括别人的和自己的经验。可以说，我们的许多价值理念都是从这三个方面总结、加工、改铸、提炼出来的，其绝大多数思想精神不是现在才有的，更不是你独有的，只是往往说辞不同而已。明乎此，即使我们没有设计出那些漂亮的理念，不是"原创、自有、独特"，只用日常语言，同样可以直指人心，发挥出文化的功能和作用，问题还是在"化"不在"文"。以交通运输理念来说，我们能说"与顾客的欲望赛跑"（贾先生举例）就一定优于"情满旅途"的企业文化吗？"情满旅途"的企业文化就一定优于"全心全意为旅客服务"的企业文化吗？一位老工程师曾经对笔者说，我们那时候没有口号，也没有理念，更没有什么企业文化，但上上下下都重视质量，没有一丝一毫的马虎，每一个人都很严谨，成为一种风气，现在质量口号、理念一大套，可质量问题仍是层出不穷，你说哪种是文化？

　　企业文化应不应该有特色、有个性？应该。能不能有特色、有个性，能！但是，①个性不是企业文化的首选目标，形式是为内容服务的。②个性是在企业文化的形成过程中"自然生成"的，它一般不是预设什么个性就一定会是什么个性，因为在为理想而奋斗的过程中所采取的方式、方法、手段、人员结构的变化等，都会影响企业个性和企业风格的形成。③这个特色和个性不是由表达的价值决定或形成的，不是由用什么词汇构成什么理念决定和形成的，这种特色和个性主要是由该企业的行为方式、人际关系、群体心理和组织氛围等所决定和形成的，尤其是组织氛围，它是企业成员共有的意识形式和生活方式长期濡染和同化而形成的内部气象。以组织氛围来说，一个企业或团体生活持续一段时间后，便会形成一种氛围，这种氛围能够控制成员的活动，并进而成为该组织的特色。所以，企业文化不仅要化心、化行，还要化境，境就是心境、环境、情境，更是一种氛围，也就是心理学上所说的"社会气氛"，正是在这些个层面，人们才说企业文化是学不来、偷不走的，这种学不来、偷不走的东西，才是一个企业真正的特色和个性。

企业文化是核心竞争力吗？^①

——与刘光明、罗国杰、张大忠先生商榷

刘光明先生说："美国著名管理学家沙因在《企业文化生存指南》一书中指出：大量案例证明，在企业发展的不同阶段，企业文化再造是推动企业前进的原动力，企业文化是核心竞争力。""技术、高科技可以学，制度可以制定，但企业全体员工内在的追求这样一种企业文化、企业伦理层面上的东西却是很难移植、很难模仿的。在这个意义上说，企业理念才是最终意义上的第一核心竞争力。"

为什么呢？刘先生继续论证："任何企业（包括高新技术企业）的产品竞争力都是企业竞争力的最直接的体现，围绕产品竞争力做文章是提升企业竞争力的关键。而产品竞争力是由技术竞争力所决定的，所以说技术是第一竞争力。而技术竞争力是由制度竞争力所决定的，制度高于技术，制度是第一竞争力。认识到此还远未结束，这是因为，制度无非是物化了的理念的存在形式，没有正确的理念就没有科学的制度。因此，理念高于制度，理念才是第一竞争力。总之，理念决定制度，制度决定技术，技术决定产品。"（刘光明《企业文化》第三版前言）

这看起来、听起来似乎很有说服力，很有逻辑性，也很有权威性。但笔者总觉得这理论是在天上，不是在地上，按照这种理论去努力，就好像鲁迅先生说的，是提着自己的头发要离开地球一样。

理念是可以学到、可以移植、可以模仿的，内在追求一致的企业有的是，但其核心竞争力却不见得一样，其市场表现也不见得一样。

说"理念决定制度，制度决定技术，技术决定产品"。那么，有相同的

---

① 该文发表在《企业管理》2014 年第 4 期，文前加了编者按，号召读者参与讨论，但删去了副标题。《现代企业文化》2014 年第 1 期全文发表了此文。《企业家信息》2014 年第 7 期转载了此文。

理念就一定会有相同的制度、相同的技术、相同的产品、相同的竞争力吗？这显然是荒谬的。说理念决定制度、决定技术，一定是先有理念，后有制度、技术，对吧？可爱因斯坦发现相对论的时候，牛顿发现万有引力的时候，居里夫人发现镭的时候，瓦特发明蒸汽机的时候，不会是因为头脑里先有了一个创新的理念才发明、发现的吧？刘先生的"理念"笔者觉得就像是柏拉图的"理念"。我国著名文化学者刘梦溪先生在谈到我国自然科学方面属于自己原创的发明创造还是少之又少的时候说："这只能靠科学技术的革命，而不是靠传统文化就能够解决的。"刘梦溪先生并没有因为钟情于文化而持一种文化决定论观点，笔者觉得这很客观，是实事求是的观点，也是唯物主义的观点。

什么是核心竞争力？我们所说的核心竞争力，在西方一直被认为是"核心专长"，这种核心专长，笔者认为可以被解释为人无我有、人有我优、人优我新，总之，在迎合和满足顾客需求方面我就是比你高一头、胜一筹，始终处于领先地位，处于有利的竞争地位。这种核心专长不是"企业理念"、"企业文化"能够担当的。同属一个民族，同在一个社会，同处一个世界，大家所了解和接受的思想文化都差不多，没听说有什么文化秘籍和理念宝典成为了谁家的祖传秘方或核心专长，笔者也始终没有发现哪家企业是以理念文化独步天下的。软实力只有在硬实力的基础上才有根，才给力。

把企业理念、企业文化作为第一核心竞争力，就是把企业文化视为一种目标而不是一种手段，从而误导了管理者，使他们认为文化、理念能自动实现企业成功。而实际上，企业文化和企业理念不能代替清晰、合理的企业目标、标准、政策、规则、制度，以及对实现企业目标至关重要的其他管理职能、管理工具和管理手段，这对中外合资企业更是如此。西方的契约文化与中国的道德文化不同，中国的道德文化重道德、轻规则，"大道无形"，"君子一言，驷马难追"，而西方的契约文化重法治，习惯于按规则办事，他们相信白纸黑字的契约而不是口头约定。在这样一个理念与文化截然不同的组织内，不能指靠仅用理念和文化来统一思想，统一行动，怎么把企业理念、企业文化打造为第一核心竞争力？而且，过于夸大企业文化，将企业文化抬到第一与核心的地位，存在着把管理与文化割裂开来，形成"两张皮"的危险。而事实上，企业文化应该是所有管理的背景、环境和有机内容。

笔者以为，还是马克思主义的辩证唯物主义和历史唯物主义比较实在：

是存在决定意识，而不是意识决定存在。理念对实践有反作用，但也是先有实践后有理念，实践决定理念。决定人类社会前进以及社会生活每一个别领域发展的是社会生产方式，起根本决定作用的还是生产力，这才是真正的"原动力"，而不是上层建筑和意识形态。从对推动历史所起的作用来看，"科学是最高意义上的革命力量"，"科学技术是第一生产力"是科学论断。因为历史证明，是科技进步促进了经济发展，改变着人类文化和人们的价值观，而企业文化是第一竞争力缺乏说服力。早年就听过（没有读过）国外的一位学者断言："企业文化在下一个 10 年内很可能成为决定企业兴衰的关键因素。"很多人都引用过这句名言。可是 10 多年过去了，这句话应验了吗？还是科学技术起关键作用。

无独有偶，罗国杰、张大忠先生在刘光明先生的《企业文化》（第三版）的序言中说："'学习型组织'理论，企业再造理论等都已证明，产品创新、市场创新、企业制度创新首先来源于管理思想和企业文化的创新"，这又是一个意识决定存在的理论。笔者要说，不！事实上先是生产力的发展引起生产方式的变革与创新，而后是管理思想、企业文化的整理、提炼和创新，再推动大面积的企业变革与创新。"学习型组织"的理论、"企业再造"理论都是从企业实践中总结出来的，在深入实践的基础上创作出来的，不是作者躲在屋子里"畅想"出来的。"科学管理之父"泰勒早在 100 多年前就说过："在任何情况下，都是先有实践，后有理论。"［丹尼尔·A. 雷恩、阿瑟·G. 贝德安《西方管理思想史》（第六版）］，即以理念与制度的关系而言，既不是先凭空产生了理念，而后再依理念制定制度，它一定来自人们的实践，是人们实践的抽象；而且，恰恰许多理念都是从具体的规章制度中提炼出来的，而规章制度则是人们具体实践的总结。

我们注意到，在企业文化传入我国以后，尤其是在企业文化就是企业理念、企业文化是核心竞争力等一些错误的理论误导下，人们一下子对企业理念顶礼膜拜起来，似乎只要有了这种金科玉律般的理念之后，企业的一切问题都可以迎刃而解。事实真是这样的吗？企业文化有那么大的效力吗？企业理念有那么大的威力吗？其实非也！非也！

我们说，企业文化很重要，正确的理念的指导作用很大，但是决定一个企业生死盛衰的原因很复杂，既有主观原因，也有客观原因，既有政治的、经济的、地缘的原因，也有市场的、技术的、社会的原因，要作具体分析，绝不仅是文化一个原因，更不是决定的原因，不能把任何一个企业的成功或失败统统归于文化，归于理念，事实上也不是如此。一个企业的生死盛衰往往是多种因素共同作用的结果，一个企业的变革，一定是对外部经营环境的适应性变化，一定是源自生产力发展的需要，而不是源自主观的、理想化的文化设计和理念设计。事实上后者也只是在前者改变的基础上或为了适应前者变化才变革的，是社会存在决定社会意识，理念也只是客观事物、事实、现象和过程在人脑中的反映、抽象和总结。李光耀先生 2009 年在评说美国的发展成就时说了这么一段话，笔者觉得符合实际，很有道理，他说："美国人相信他们的理念具有普世价值，比如个体至上理论，无拘无束的言论自由。其实并非如此，过去不是，现在也不是。实际上，美国社会之所以能这么长时间内维持繁荣，并不是这些理念和原则的功劳，而是因为某种地缘政治意义上的运气、充足的资源、大批移民注入的能量、来自欧洲的充裕的资本和技术，以及两个大洋使美国免受世界冲突的影响。"（《李光耀对中国、美国和世界的真知灼见》）这段话，笔者觉得可以作为对于企业理念的作用和组织发展的归因的理解。

不错，精神可以变物质，但在谁是本原、谁决定谁的问题上，是存在决定意识，物质决定精神，而不是相反，理念也只是客观物质在人脑中的反映，而精神变物质也必须经过实践，更何况理念能否化为精神还另说。因为即便理念正确无比、高尚无比，如果没有强有力的领导人，如果广大员工并不认同，也是白搭，所谓理念也只是嘴上"念念"而已，不是吗？

还有一点笔者也必须指出，刘光明等先生的"决定论"和"核心论"明显带有唯意志论的色彩。唯意志论在哲学上属于主观唯心主义的理论，这种理论无视和否认客观规律，坚持人类意志有决定的、头等的作用，认为只要进行教育、普及知识，改变人们的观点（也就是理念），就足以改变社会环境。刘先生等的"决定论"和"核心论"就认为，只要先有一套理念体系，而后才会有制度，才会有技术，才会有产品。马克思主义的哲学唯物主义则认为，决定历史进程的不是意志、不是精神、不是意识，而是不以人的主观意志为转移的客观规律。企业的管理和文化的形成自有其客观规律，不是主观上有了一套理念就能形成的。我们只有发现、认识、遵从这些客观规律，从实践中来，到实践中去，从群众中来，到群众中去，管理才能有效，文化才能化成。

辩证唯物主义和历史唯物主义始终认为，正确反映社会存在的社会意识能够推动社会向前发展，正确预测未来、反映社会发展规律的社会意识能够成为社会实践的向导。我们所要强调的是：社会意识发展的源泉和动力来自社会存在，是社会存在决定社会意识。正确发挥意识的能动作用，先要对意识的能动作用有一个恰当的估计，不夸大，不缩小，才能充分发挥，过与不及都不利于能动作用的发挥。我们要全面科学地理解物质与意识、物质的决定作用与意识能动的反作用的相互关系。真理向前多走一步就是谬论，不要把企业文化抬到吓人的地步。人们早就批判过文化决定论。

企业文化越清晰越好吗？①
——对企业文化"清晰化"说的不同看法

有一个国内知名的企业文化咨询团队，曾经在某杂志上连篇累牍地发表文章，提出企业"文化的清晰化"问题。所谓"清晰化"就是"要有清晰的游戏规则"，"这个游戏规则越清晰，组织就越靠'谱'"，所以，企业文化一定要"清晰、清晰、再清晰"。

不错，企业文化有时是要清晰。比如，愿景要清晰、目标要清晰、理念要清晰，不清晰，员工无所依从，无法凝聚。然而，文化不是时时处处事事都是清晰的，企业管理也不是时时处处事事都要求清晰的。因为实践告诉我们，不清楚、不确定、不完美是企业客观存在的一种常态，而被西方哲学家称为"存在的事实"。实施企业文化管理有时却恰恰需要这种不清楚、不确定。当然，出于决策和行动的需要，我们需要消除不清楚、不确定、不完美的状况。可是在有些情况下，最好不要太肯定，日本人经常希望有规则可循，可有许多事情和问题，他们却情愿静观其成。《日本的管理艺术》作者巴斯克和艾索思指出："组织里有几种情况需要以含糊的方法来应付：'意向'不明（不说明要采取什么行动）；'关系'不明（人与人的关系、事实与结论的关系、因果关系等）；'沟通'不明（双方传递的消息不清楚）。这些都是重要的管理技巧。"

对于分析一个企业，我们长期以来一直习惯于用定性分析、定量分析、因果分析、元过程分析这些经典分析方法，笔者不否认这种追求事物精确性的条分缕析的方法。但是对于企业文化而言，我们却往往忽视了微妙的而科学的模糊分析。我们说企业文化是一个非正式控制系统，不清楚、不确定、

---

① 原载《企业管理》2014年第3期，有删节，副题"对企业文化'清晰化'说的不同看法"被删去。后全文发表在《企业研究》2014年第2期，题目改为《对企业文化"清晰化"说的不同看法》。《企业家信息》2014年第5期转载了此文。

不完美的状态恰恰是企业文化发挥作用的空间，这就是企业文化管理的艺术性所在。

面对纷繁复杂、持续变化的管理实践，有时关键性的工作方法和管理方法往往是极其复杂、神秘和微妙的，它往往不是靠准确无误的数据，而往往要凭借最模糊的信息，使用最不连贯的思维活动。

在某种程度上，企业文化就是一种潜意识和潜规则，它在人的心灵深处支配着人的行为。人们对于人生、企业、工作、人际关系等一系列问题的根本态度扎根于他们的潜意识中，这些态度并不以明确的理论和观念直接表现出来，而是渗透在日常行为。我们经常讲企业文化是无形的，却又是无处不在的，怎么能够"清晰、清晰、再清晰"呢？企业文化是以文化人，这个化是同化，是潜移默化。

法国青年学者朱力安在一期《论道》节目里说："外国人对中国最感兴趣、最向往的就是你那些模模糊糊说不清楚的地方和东西。"因为我们中国文化的沟通方式不同于西方那样外在直露，而是内在含蓄。建设中国特色的企业文化就是要基于中国的国情、中国的民情、中国的方式、中国的传统。

自从"模糊学"出现以后，不管是给人文社会科学家，还是给自然科学和技术科学家，一个观察世间错综复杂的现象的新的视觉，这对世界文化的进步与发展是大有裨益的。从模糊数学到模糊电路，理论家们从模糊科学中领悟了经营上的模糊哲学，学者们把这种模糊现象列入管理，便有了"柔性管理"、"隐性管理"、"混沌管理"之说，都是借助了模糊科学的原理。企业文化需要品位，不是一览无遗，不是都清晰。

固然，企业要根据内外环境提出明确的价值观，并通过英雄人物的模范作用加以强化和宣传，为全体员工提供一种思想意识和日常行为的准则。然而，在信息和知识社会，面对复杂的自主人，有效的企业管理方式更应以文化对人进行微妙暗示来进行。斯蒂芬·P. 罗宾斯、玛丽·库尔特在《管理学》中说，组织文化约束人们应做什么，不应做什么，"这些约束很少是清晰的，也没有用文字写下来，甚至很少听到有人谈论它们，但它们确实存在，而且组织中所有的管理者很快就会领会该做什么以及不该做什么"。这些大师们的话，应该够"清晰"了。

CI 不等于企业文化[①]

在什么是企业文化的问题上，有一个"CI 论"。CI 论是说企业文化就是 CI，CI 就是企业文化。这种认识、理论和实践给中国企业文化带来了灾难性的后果，它是中国企业文化建设形式主义和"两张皮"问题的重要理论根源之一。虽然一些有识之士也曾指出过 CI 不是企业文化，但我们终没有从理论上和实践上对其进行彻底批判和清算，它的遗风仍在。

CI 是什么？它即 CIS（Corporate Identity System），就是企业形象识别系统，包括视觉识别（VI）、行为识别（BI）和理念识别（MI）。企业形象识别或企业形象策划是指为了达到树立良好企业形象之目的，对企业总体形象战略和具体塑造企业形象的活动进行谋划、计划和设计的运作。而企业文化则是由传统文化、时代意识和管理经验融合而成，为特定企业全体成员所共享的意识形式和生活方式，是企业员工在长期经营管理活动中形成的共同的理想信念、价值观和行为准则，是企业员工自觉遵从做人做事的信条、原则、理念、方式、传统与习惯，包括很难用语言准确表述的心理默契、心理认可、心理共鸣、管理技巧、风气与氛围等。它们在概念与范畴、内涵与外延、内容的广与狭、层次的深与浅等方面，皆有着巨大差别。

CI 设计和企业文化都是运用文化手段经营管理企业的一种方法，但 CI 不是企业文化。企业文化重在内在精神塑造，是企业管理的贯穿线，CI 则重在外部的形象识别，仅是企业形象策划的一种技术方法，就两者的内涵来说，不可同日而语。由于企业文化有塑造企业形象的职责和功能，有时会借用 CI 来传达自己的理念和文化精神，而 CI 又有理念识别和行为识别的技术方法，所以两者在这些方面有交叉。于是，一些对企业文化没有深入理解的人就认为 CI 就是企业文化，企业文化就是 CI。许多策划公司出于种种原因，也直

---

① 原载《企业文化》2014 年 6 月号。

接以 CI 设计代替企业文化。这些都加剧了人们对企业文化狭隘的、错误的理解，加剧了企业文化与企业管理"两张皮"。

我们来看看 CI 和企业文化各自的历史，可以更清楚地理解和把握这两者的区别。

CI 是由欧美国家发展起来的一种经营管理策略，它是将企业的经营理念和精神文化，通过整体传达系统（VI、BI、MI，特别是 VI），传给企业内部和社会大众，而达成促销目的的形象设计系统。它以刻画企业个性，突出企业形象为主要诉求，是研究塑造企业形象的具体方法。

企业形象策划最早源于第一次世界大战前德国 AEG 电器公司，其系列电器产品先采用彼得·贝汉斯所设计的商标，成为统一视觉形象的企业形象策划的雏形。第二次世界大战后，国际经济开始复苏，工商企业蓬勃发展，企业经营者深感建立统一的形象识别系统，以塑造独特的企业经营理念的重要性。自 1950 年起，欧美各大企业纷纷加入企业形象策划的行列。

企业形象策划正式发轫，当属 1956 年美国国际商用机器公司（IBM）进行企业形象策划。当时 IBM 总裁小汤姆斯·华生认为，IBM 有必要在世界电子计算机行业中树立起与众不同的形象，且这一形象要蕴含公司的开拓精神和创新精神，从而有利于市场竞争以跻身于世界性大企业之列。他于是求教于建筑师兼工业设计权威的艾略特·诺伊斯。诺伊斯经过仔细考虑，认为 IBM 公司应该在世界市场的竞争中，有意识地在消费者心目中留下一个具有视觉冲击力的形象标记，这一标记要能体现公司的开拓精神、创造精神和独特个性的公司文化。于是，他把长达 29 个字母的公司全称简缩为"IBM"，并设计出富有美感的造型（八线条纹构成 IBM 标准字），同时选用蓝色为公司的标准色，以此象征高科技的精密和实力。IBM 通过这一形象策划和设计，成为美国公众乃至世界公众信任的"蓝巨人"，并在美国计算机行业占据首屈一指的霸主地位。随着 IBM 公司形象策划的成功，美国的许多公司纷纷效仿，企业形象策划的热潮在美国勃然兴起，继而推及全球。

企业文化的起源应该很早，因为企业文化是伴随着企业的成立而生成的，有企业才有企业文化。然而企业文化的提出却较晚，一说，企业文化概念的提出是在 20 世纪 20 年代，爱略特·雅克（Elloit Jaques）在 1915 年首次将组织文化定义为："被全体成员不同程度认同的、习惯性和传统的思维方式和处事方法。"《追求卓越》的作者则提到 20 世纪 40 年代，塞尔兹尼克和巴纳德就谈到创造企业文化和价值观念的问题，也有一些作者撰写了一些相关文章，但这一切都没有形成主流学说，对企业管理没能产生影响。

企业文化的真正兴起是在 20 世纪 70 年代末 80 年代初的日本，并在美国人深入、系统的挖掘、总结、阐释和推广之下，风靡全球。提出这一理论的第一个原因是随着科学技术的进步，人的因素上升，人在管理中起着越来越重要的作用；第二个原因是 20 世纪跨国公司的发展和跨国并购的产生，文化冲突越来越多，在这种情况下，人们开始重视企业文化的作用，在这个国际背景下，一场日美管理比较研究热潮催生了企业文化理论。

有教授说，日本的企业文化学习发展了 CI。对于日本企业文化与 CI 的关系，笔者没有作过研究考证。笔者相信，日本人善于模仿和汲取他人优点，学习并发展了 CI 是可能的。但笔者同时坚信，即使如此，对于日本的企业文化来说，那只能是"流"，而不是"源"，只能是"用"，而不是"体"。日本学习发展了 CI，不等于日本的企业文化就是从 CI 来的，作为企业文化理论形成标志的"四重奏"，有哪一本书提到过 CI？有哪一本书说日本的企业文化来自 CI？又有哪一本书说企业文化就是 CI？

中国企业文化的 CI 论，是两个错误的理论宣传和一种错误的运作方式造成的。一个错误宣传是企业文化就是企业理念，另一个错误宣传是"四层次"说，其中有关于行为文化的划分。企业文化就是企业理念的错误宣传和认知，使人们把 CI 的理念识别与企业文化的价值理念等同起来，行为文化的划分又使人们把行为识别与行为文化混为一谈，而绝大多数咨询机构"起飞落地"式的运作方式又直接把 CI 当作企业文化搬到企业，于是造成 CI 就是企业文化的错误认知。这种错误认知是中国企业文化的灾难，它造成了人们对于企业文化的简单化、形式化、表面化、形象化、项目工程化的错误认知，把人们引向一个形式主义的、一次性项目式和"两张皮"式的运作方向，这是中国企业文化进程中不应有的一个弯路。

我们说企业文化需要 CI，但 CI 不等于企业文化，企业文化有比 CI 更为丰富的内涵与外延。是的，CI 有理念、行为识别，企业文化也有理念，而且理念要化为行为，这是它们重合的地方。但重合不是等于，即如政治学、经济学、社会学等学科都要研究文化对于政治、经济、社会的影响与作用一样，我们不能就此认为政治学或经济学或社会学等于文化学。又如，众所周知，企业管理包括企业文化，企业管理需要企业文化，但我们终不可以说企业文化就是企业管理，企业管理就是企业文化。同理，我们也不能因为 CI 含有企业文化的理念和行为文化一说，就认为 CI 就是企业文化。企业文化是一种意识形式，CI 则是这种意识形式中的一种实用技术，犹如文学创作中所使用的描写、叙述、议论、抒情等创作手法一样。说 CI 就是企业文化，就把我们的目光限定在 VI、MI、BI 这三个方面。其实，文化哪里仅是区区三个 I 所能涵盖的啊！说 CI 就是企业文化，就会把企业文化当作一次性可以完成的作品，就以为可以凑几个人躲在屋子里创作出一个文化来。CI 只给人以文化的表象甚至假象，而真正的文化却是深入人心的意识形式（包括思维方式在内企业的一切意识要素和观念形态以及企业的全部精神现象及其过程）和生活方式。

综上，我们不难看出，CI 是企业形象策划的工具，是传达企业文化的手段，而企业文化则是企业成员共同享有的意识形式和生活方式。它们的区别是：CI 是为了识别，企业文化是为了化人；CI 是为了形象，企业文化是为了人心；CI 是可以一次性完成的项目，而企业文化却是企业永无终日的永恒工程。CI 与企业文化的关系，是流和源的关系，是末和本的关系，是枝和干的关系，是用和体的关系。CI 有传达企业文化之用，但不是企业文化之体；是企业文化之流，而不是企业文化之源；是企业文化之枝，而不是企业文化之干。说 CI 就是企业文化，或以 CI 代替企业文化，都是把表象当作本质，把手段当作目的，本末倒置、以用乱体，结果谬种流传，贻害无穷。

企业文化不能没有策划[①]
——对否定策划论的不同看法

题目是一个缩略语，完整准确地说，应该是"企业文化建设不能没有策划"。在企业文化策划几度热潮之后，现在又有一股否定企业文化策划的思潮。诸如"企业文化是梳理出来的，不是策划出来的"，便是这种否定策划论的典型代表。

说"企业文化是梳理出来的，不是策划出来的"，有一些道理，但不全对。比如，对于一个刚刚脱离自为阶段而进行自觉建设企业文化的企业来说，需要经过"梳理"阶段的。但是如果仅停留在"梳理"阶段，没有进一步的策划设计、指导安排、深化化实，那也不能自然发挥"梳理"对于企业文化建设的能动作用。说"企业文化是梳理出来的，不是策划出来的"，实际上就是说企业文化不需要策划，企业文化的建设过程是不可知的，就是把企业文化的形成理解为与人们的主观努力无关的自然而然的发展，就是否定人的科学认识和逻辑思维对于企业文化建设的积极的能动作用。站在自觉建设社会主义精神文明的角度，这个话就有点消极无为的意味，更否定了企业文化对于企业的引领作用。因为要引领就需要策划，要自觉建设就需要设计，要发挥企业文化对于企业管理、企业建设能动的反作用，就需要策划设计。这是马克思主义的意识论。任何成功、优秀的企业文化都不单单是对历史的总结和梳理，更要考虑现实的需要，还有兼于对未来企业建设的思考。关系现实和未来，这就需要策划与设计。而其实"梳理"本身就需要策划与设计。比如，要梳理就需开展调研，要调研就要有计划，有组织，有分工（如调研分几个阶段，几个方面，何人负责，何时完工等）；梳理分几个维度，从哪儿开始，用什么方法，梳理出来的东西如何总结，如何提炼，如何上升到理

---

① 原载《企业文化》2014 年第 12 期。

论层面等，这些都需要精心设计，精心策划，精心组织。所以说，企业文化不能没有策划。当然，如果把策划束之高阁，并不实行，那自然是划出来的；或者策划脱离实际，化不起来，那是策划存在问题，而不能说策划无用，不用策划。

实践需要策划，没有策划，实践就没有方向。科学技术创新需要设计与策划，用什么方法、走什么路径、用什么工具、如何检验等。理论创新、文化创新也需要设计与策划，用什么原理、什么材料、什么方法、解决什么问题、如何论证等。梳理是继承，是总结，是基础；创新是发展，是完善，是提高。科学的策划是企业文化建设从自发走向自觉的重要标志，也是人主观能动性的突出表现。马克思主义的物质观和意识论，坚持唯物主义辩证法，在肯定物质决定意识的前提下，又承认意识在认识世界和改造世界中表现出的巨大的能动作用。毛泽东说："一切事情是要人做的"，"做就必须先有人根据客观事实，引出思想、道理、意见，提出计划、方针、政策、战略、战术，方能做得好。思想等是主观的东西，做或行动是主观见之于客观的东西，都是人类特殊的能动性。这种能动性，我们名之曰'自觉的能动性'，是人之所以区别于物的特点"（《毛泽东选集》第二卷，第445页）。什么叫能动？能动就是主观努力，积极主动。毛泽东同志所说的"必须先有"就是策划与设计，策划与设计就是人积极主动地发挥意识对客观实际的能动作用的具体表现和有效形式，是人类认识和改造世界的社会本能，也是理性建设企业文化的必要技能。

企业文化策划是指从实际出发，对企业文化建设的愿景、规划、计划、活动的安排、理念的提炼和传播的方式、方法、策略、艺术、技巧、细节等进行系统谋划和科学设计的全部活动。企业文化的设计与策划，是一个认识、发现和运用企业文化建设客观规律的过程，是一种发挥人的意识能动作用的创造性精神活动。由于文化的建设是一件非常细致的事情，也是一件在短时间内不容易见效的事情，所以策划与设计就非常重要。大到一个国家，小到一个企业都是如此。不要说一个组织，一个人的活动也需要策划。比如找一个员工谈话，走一位亲戚，拜访朋友，在员工大会上发表讲话，说什么，做什么，怎样说，怎样做，包括肢体语言，都需要设计。

策划是一种高级意识活动，以企业文化策划来说，意识的能动作用即人的主观能动性主要表现在以下三个方面：①意识活动的目的性和计划性，比如我们所讲的企业文化的规划设计；②意识是一个主动的创造性过程，它不仅反映当前，而且能追溯过去，预见未来，比如企业文化策划对当前文化的调研，对过去文化的梳理，对未来文化的设计；③意识具有指导实践，改造客观世界的作用。科学的策划能够有效地指导人们，通过实践把观念的东西变成现实。可见，策划充分体现了意识的目的性、计划性、主动性、预见性、实践性和创造性。我们应该站在马克思主义认识论的角度，充分认识到企业文化策划的作用和意义，自觉运用、正确发挥企业文化策划对于认识、改造和创新企业文化的功能与作用。另外，策划是一种创造性的理性思维活动。思维也是一门科学，科学的思维有许多方法，归纳、演绎、分析、综合，从个别到一般、从抽象到具体，历史的和逻辑的统一等，在企业文化建设的过程中，如果能请经过这种训练的专业公司或专业人士来帮助，则对理念的提炼、过程的设计都会有好处。

笔者承认文化有"自然生成"的特性，但笔者同时也要说，文化毕竟是人创造的，人在文化的生成过程中完全能够发挥能动作用。比如一棵大树，在自然环境中慢慢长大，但如果我们掌握它的生长特性和规律，对它加以爱护，注意施肥、剪枝、理叶，甚至从小给它造个型，它就会按照人们的意志生长。

目前的企业文化策划的问题是，无视企业文化建设的客观规律，无视文化有自然生成的特性，把企业文化当作一次性工程，强行灌输，唯意志论地、主观主义地任意设计，把主观能动性变成了主观随意性，自然收效甚微，甚至引起员工反感，产生反作用，也给企业文化设计策划带来不好的声誉。所谓"起飞落地式"的策划就是这样一种策划。既要遵循规律性，也要发挥能动性，这才是辩证法。任意策划是主观唯心主义，否定策划则是不可知论；主观唯心主义违背事物发展的客观规律，不可知论否认人类认识和改造客观事物的能动性，都是错误的世界观和方法论，是我们在企业文化建设实践中需要避免的两种错误倾向。

论企业文化是一种意识形式
和生活方式①

准确定义企业文化，对于正确理解和把握企业文化建设具有十分重要的现实意义和深远的理论意义。笔者曾论驳了广为流布的"总和"说和"精神文化"说，那么笔者对企业文化到底持什么观点呢，换句话说，给企业文化下一个什么定义更为恰当和准确呢？笔者认为，企业文化是一种由传统文化、时代意识和管理经验融合而成，为特定企业成员所共有的意识形式和生活方式。姑且称之为"企业文化双式论"。

一

（一）要给企业文化下一个比较准确的定义，先要从逻辑说起

概念是逻辑的一个首要的重要范畴。概念是什么？概念是人脑反映客观事物的关键的、本质属性的思维方式。比如"人"这个概念，反映的已不是人的高、矮、胖、瘦、黄、黑等表面现象，它已舍掉了男人、女人、大人、小孩、中国人和外国人等区别，只剩下了区别于其他动物的特点，这个特点就是人所具有而其他动物所不具有的、反映人的本质的、关键的东西：人是会制造工具并使用工具来进行劳动的高等动物。

每一个概念都有内涵和外延。所谓"内涵"是指概念的含义，即概念所反映的事物的本质属性；所谓"外延"则是指概念的范围。概念外延的大小是由它的内涵决定的。如"钢笔"这个概念的内涵比"笔"的内涵丰富，而"钢笔"的外延比"笔"的外延要小，它把毛笔、铅笔、圆珠笔等都排除在

---

① 原载《现代企业文化》2011年第2期，后被收入《中国企业文化年鉴（2011～2012）》。

外。由此可见，一个概念的内涵越多，它的外延就越小；反过来，概念的内涵越少，它的外延就越大。文化这个概念有广义说和狭义说，广义说指物质文化和精神文化的总和，狭义说单指精神文化。企业文化的"总和说"，完全套用文化的"广义说"，是违反逻辑的。文化和企业文化是两个完全不同的概念，企业文化这个概念的内涵比文化的内涵丰富，即除了文化的一般属性之外，还增加了企业这一属性，而企业文化的外延比文化的外延要小，它把广义文化、历史文化、政治文化、经济文化、物质文化等都排除在外。

形成概念的主要手段是抽象，就是从许多事物中舍弃个别的、非本质的属性，抽出共同的、本质的属性。抽象要彻底，不彻底不能彰显其本质。而在众多企业文化的定义中，都不同程度地存在概括不完整、抽象不彻底的逻辑问题（因为定义太多，恕不能在这里——列举和评说）。它们仅从企业文化的要素、内容、结构、表现等方面来概括和抽象企业文化的定义，诸如企业文化就是企业的价值观，企业文化是企业共同的行为准则，企业文化是一种氛围，企业文化是一种深层假设，等等。这些定义都有抽象不及的问题。所谓抽象不及，就是没有抽象出对象最一般和最基本的本质规定，也就是没有探寻到上升过程的逻辑起点，充其量只是一种描述性定义。因为无论是价值理念、价值取向、行为规范、传统、气氛、制度、信仰、思想、情感、习惯、环境、仪式、作风、标准、准则、假设、精神道德、共同信念等，都是意识的表现，都是企业文化这一意识形式运动的结果。

基于以上逻辑分析，我们应该这样来统一对于定义企业文化这一概念的认识：企业文化这个概念，应该区别于文化、政治文化、经济文化、行政文化等。在不同的社会生活领域，文化的具体表现形式和特点各有差异。在政治生活领域，它表现为政治文化，在经济生活领域，它表现为经济文化；在行政活动领域，它表现为行政文化，在企业管理领域，它表现为企业文化；等等。也就是说，把企业文化直接去套文化（不管是广义的还是狭义的），或者说把企业文化直接等同于文化，不管是广义的还是狭义的，都是不正确的，都不可能给企业文化这个概念以正确的定义。

（二）准确把握企业文化特定的研究范围和研究对象，不仅对于实践具有十分重要的意义，而且对于科学定义企业文化也具有十分重要的意义

从企业文化理论的起源来说，它是在对日本企业管理的研究中，发现诸如企业目标、价值观念、社风、宗旨、信念等这些软性因素在日本企业的管

理中起着十分突出的作用，而这些软性因素是由它的社会历史、文化传统等因素融合而成的，从而形成"企业文化"的管理思维。企业文化理论从诞生那天起，就不是以全部文化即广义文化为研究对象的，而是以企业的软性要素为研究范围和研究对象的。这些软性要素人们列出许多，诸如企业哲学、价值观、社风、信念、目标、传统、礼仪、宗旨、理想信仰、伦理精神、行为准则、传统与习惯，包括很难用语言准确表述的群体心理、管理技巧、行为方式、风气与氛围等。而这一切都是人们的意识产物，都是人们意识的表达。

从企业文化的发展上来说，除了中国独一无二地把物质文化纳入企业文化的理论体系内，没有见到其他国家如此。这种谬传，笔者认为是形式主义的思维方式和工作模式所造成的。在中国，什么工作都要讲形式，都追求一种表面上的轰轰烈烈，而这就是他们的物质文化，是"最外层的"文化，而这种最外层的物质文化与真正的企业文化真是去之天壤。

对企业文化的理解或对企业文化概念的定义，关键是对"物"或"物质文化"的看法。从逻辑上分析，"物"肯定不是文化，"物质文化"也肯定不是企业文化。但是，研究企业文化又离不开"物"，"物"中也有文化，但它只是文化的表现形式，是文化作用的对象，是文化作用的结果。说"物"不是企业文化，是因为它不是企业文化关键的、本质的属性。毛泽东同志说："科学研究的区分，就是根据科学对象所具有的特殊的矛盾性。因此，对于某一现象的领域所特有的某一种矛盾的研究，就构成某一门科学的对象（毛泽东《矛盾论》）。"我们对于企业文化的定义，或者说对企业文化这门科学的研究，应该突破广义和狭义的藩篱，既不能混同于广义文化，也不能简单地归于精神文化，而应从广义与狭义的结合上来研究。而对其概念的科学定义，也应该从广义与狭义的结合上来把握，从企业文化所具有的特殊的矛盾性出发，从它的语源、起源及其应用的趋向方面来确定。既要把握企业文化多种属性的总和，更要把握企业文化的本质属性，从而概括出企业文化最关键、最本质的属性。这应当是一个从具体到抽象，再由抽象上升到具体的辩证思维的过程。在这里，马克思主义的意识论是我们正确认识和把握企业文化的钥匙。

二

笔者认为，企业文化由传统文化、时代意识和管理经验融合而成，为特定企业成员所共有的意识形式和生活方式。本文重点论述意识形式和生存方式。至于为什么"是一种由传统文化、时代意识和管理经验融合而成，为特定企业所共有的"就不再赘述。

（一）为什么说企业文化是一种意识形式

什么是意识？意识是人的头脑对于客观物质世界的反映，是感觉、思维等各种心理过程的总和，其中的思维是人类特有的反映现实的高级形式。企业文化的运动形式是意识运动的反映，我们用口头的或书面的语言形式来表达理念，用各种活动形式来表达行为，用 VI 来表示标识，其中均渗透着我们的显意识或潜意识；从企业家对企业文化的预期和设计，到企业文化在管理实践中的实际运用，其活动规律和方式便是意识活动，直到企业文化的形成，也是群体意识的形成。企业文化就是诸如经济的、政治的、技术的、行政的、法律的众多思考和管理企业方式中的一种，而且是一种带有根本意义的思维方式和管理方式，德鲁克就说过：文化是根本的思维方式。企业文化的诞生，就是被作为"企业文化的管理思维"而被发现的。我们曾经概括过企业文化是一种思维方式、管理方式，这都没错。但是，从科学的定义来说，它们都有抽象不彻底的缺陷。要科学定义企业文化，还不能简单地说企业文化就是一种思维方式，因为思维只是人们反映客观世界各种心理活动的一种，而用意识形式，则是因为它是"各种心理过程的总和"。管理方式是由思维方式决定的，思维方式先于管理方式，而思维的根呢？是意识，是意识形式。在这里，是文化的意识形式决定了文化的管理方式。所以，只有用意识形式才能最全面、最本质、最准确地概括和定义企业文化，才算抽象到底。

形式是指事物的形状、结构、方式、方法等。如组织形式、艺术形式、社会意识形式等。就社会意识形式来说，就有艺术、道德、政治和法律思想、宗教和哲学等。企业文化也是一种社会意识形式，只是人们以前没有充分认识到罢了。

（二）为什么说企业文化也是一种"社会"意识形式

企业文化是"企业"的文化，为什么说它也是一种"社会"意识形式？

首先，从意识的一般性来说，任何意识都是社会生活的反映，也就是说，意识在本质上就是社会的，"意识一开始就是社会的产物，而且只要人们还存在着，它就仍然是这种产物"（《马克思恩格斯选集》第 1 卷，第 35 页）。

其次，从企业文化的特殊性来说，无论从历史看，还是从现实看，无论从理论看，还是从实践看，它都具有广泛的社会性。企业文化属于管理理论，在思想上层建筑领域中，企业管理是最活跃的、引起反思最多的、管理实践和资源最丰富的管理，管理知识和管理理论的开发与创新，大多来自企业管理。许多发达国家的社会管理，其他机构和组织的管理，甚至政府的管理都源源不断地从企业管理中汲取养分。企业文化的理论一经诞生便风靡全球，现在谈企业管理必谈企业文化，便是明证。

再次，企业文化之所以是一种"社会"意识形式，还因为企业文化的思维方式具有广泛的社会性。第一，社会上的任何企业都有其文化，没有文化的企业不存在，有企业就有文化，既有共性，也有个性。第二，企业文化就其形式而言具有社会性，是一种极具普遍性的意识形式、思维方式。它既表现于企业和经济领域，也表现于政治的、思想文化的领域和其他社会生活领域。在企业文化的理论出现以前，我们熟悉从政治角度分析问题，从经济角度分析问题，从法律角度分析问题，从技术角度分析问题，以及从地理、从社会等分析问题，却一直没有从文化，以文化的视角、以文化思维来分析问题。虽然已有文化学，但那只是人类学的一门学科，尚没有作为思考和分析企业问题的方式，没有形成一种意识形式。只有出现了企业文化——也是先在企业运用——继而，这种思维方式和意识形式在其他行业和其他组织开始得以运用，比如军队文化、医院文化、院校文化等，从而使企业文化获得了广泛的社会性。

又次，说企业文化是一种社会意识形式，就如同说宗教是一种社会意识形式一样，它是具有同等程度的范畴。我们说，宗教是离社会生产关系、社会物质生活条件最远的一种社会意识形式。宗教是要形成一种信仰。企业虽然不是宗教组织，企业文化也不是宗教，但在企业这个组织范围里，在这个圈子里，却需要形成一种宗教般的统一意识，统一价值观，统一行动。也可以说，企业文化在某种程度上，也是要形成企业全体成员的某种信仰。而企业文化又是与社会生产关系、社会物质生活条件最近的一种意识形式，为什么不可以说它是社会意识形式呢？我们不能因为它冠以企业的名义，就说它不是社会意识。马克思主义、列宁主义、毛泽东思想、邓小平理论，可以说都是冠以个人名字的社会意识。企业文化也是冠以企业名义的社会意识。因为它同样具有广泛的社会性和影响人类的作用（当然不能同马列毛邓相比）。你想想，全社会、全世界有多少企业，全社会、全世界有多少人在各种各样的企业工作，在这样的组织中产生的文化，难道还不具有社会性吗？

最后，企业的社会性决定了企业文化的社会性。企业是经济组织，又是社会组织，是社会的一个细胞。企业除了经济活动以外，还有社会活动，肩负着一定的社会责任和社会义务，企业本身是个小社会。彼得·德鲁克就说："企业体或任何组织，就是一个经济有机体，可说是社会组织，是一个集体，也是个社会（德鲁克《旁观者》）。"他本人就是把企业当作新社会的雏形来研究并加以改善的，然后再将从其中获得的宝贵经验，运用到政府管理、非营利组织以及其他社会机构。随着经济全球化的不断推进，企业社会责任运动的深入开展，其公共性亦将不断扩展，企业文化的辐射功能将不断扩大和增强，其作为一种社会意识形式的社会性必将越来越强。

之所以要论述企业文化这一意识形式的社会性，是为了突出企业文化在我们社会生活中的重要作用。而没有在定义中把"社会"一词冠在"意识形式"之前，一则是因为"意识形式"本身就已经含有社会性，二则是为了突出企业文化是一种意识形式这一本质。它虽然具有广泛的社会性，但它毕竟是"企业"的，同时，也是为了避免与后面的"生活方式"连在一起，发生歧义。

（三）为什么不说它是社会意识形态，而说是社会意识形式

说企业文化是一种意识形式，而不说它是意识形态，是因为企业文化先是一种意识形式，是用文化调节人的生产关系的一种方式、方法、形式，久而成为一种形态，这也是它的两重性。

社会意识是和社会存在相对应的哲学范畴，它总括了人的一切意识要素和观念形态以及人类社会的全部精神现象及其过程。社会意识或社会意识形态是各种社会意识形式的总括、总称；社会意识形式是指社会意识形态领域中具体的、各种不同的意识表现方法、方式。社会意识形式之所以称为"形式"，其基本含义之一就在于它具有明确分工、相对稳定的各种形式。如艺术、道德、政治和法律思想、宗教和哲学等，就是一些主要的社会意识形式。企业文化因为被人们认识得较晚，所以尚未被广泛重视。

　　首先，社会意识应理解为反映社会物质生活条件、物质资料生产方式的社会思想、理论、观点的总和；在这个思想、理论、观点的总和中，有政治的、法律的、宗教的、艺术的、哲学的等多种意识形式。企业文化在这个社会意识的总和中占有一席之地，以前没有引起人们的广泛注意，现在应该给它正名，并给其以应有的社会历史地位。"意识形态"与上述"社会思想、理论、观点的总和"是同一个概念。意识形态是上层建筑的组成部分，是指在一定的经济基础上形成的对于世界和社会的有系统的看法和见解，哲学、政治、艺术、宗教、法律等是它的具体表现。企业文化不是对于世界和社会的有系统的看法和见解，是这一"有系统的看法和见解"中的一个具体表现，它只是"属于"意识形态，是意识形态诸多形式和表现中的一种形式、一种表现，所以我们说企业文化是一种社会意识形式。

　　其次，"形态"是指已经形成的状态；形式在此处是指尚未构成、尚未形成的状态，是促使构成某种状态的形式。形式与形态既有区别，又有重合。当企业文化作为一种社会意识形式而作用于经济活动和管理活动时，它就是社会意识形式，这就是形式与形态的"区别"；当它已经化为或形成某种文化时，它就是社会意识形态，这就是形式与形态的"重合"。企业文化是促成达致某种文化状态、文化形态的形式。当它独立发挥文化功能的时候，它与政治、经济、法律、艺术的地位是相同的，这就是它们作为社会意识诸形式的区别，它们共同构成社会意识形态，这就是诸形式重合为社会意识形态。

　　说企业文化是一种社会意识形式，而不说它是社会意识形态，还因为社会意识形式有两种不同的类型：一类是属于社会上层建筑的社会意识形式，通常称之为社会的意识形态；另一类是不属于社会上层建筑的社会意识形式，可称之为社会意识形式中的非意识形态部分。如自然科学、社会科学中的思维科学、语言学、普通逻辑学等。企业文化作为一种意识形式，不是为特定的经济制度和政治制度服务的，资本主义制度和社会主义制度下的企业都有企业文化，就其形式而言，它是不属于社会上层建筑的社会意识形式。但是，在现阶段，因为有社会主义和资本主义两种社会形态，还有共产党、民主党、共和党等党派的存在，企业文化不可避免地要反映这些不同社会形态的经济基础和政治制度。所以，企业文化与意识形态不可避免地要有重合的地方，这在我国就表现为企业文化与思想政治工作既相联系又相区别，既有共同点又有不同点。它的不同点也就是企业文化与思想政治工作的根本区别。实际上企业文化已经表现出了自己作为一种独立的社会意识形式的存在，如在我国，就有企业文化与思想政治工作并存的情况，而在西方资本主义国家，企业文化早已作为一门独立的管理科学而被人们研究和实践着。但是，从人类社会长远发展来看，政治思想和法律思想、宗教等都将随着阶级、党派、国家的消亡而消亡，而企业文化终将从社会意识形态重合的部分彻底分离出来，成为一种完全独立的社会意识形式，与艺术、道德、哲学一样，与人类社会生活共同存在下去。在这个根本意义上，我们说企业文化是一种社会意识形式。

最后，从管理学来说，管理方法、管理方式有行政的方法方式，有经济的方法方式，有法律的方法方式，有思想政治工作的方法方式。20世纪70年代，世界上又出现了一种新的管理理论和管理方式，这就是企业文化的管理理论和管理方式。在这个意义上，我们不能说企业文化是一种形态，而只能是一种方式。观察、分析和解决问题，有政治思维的视角和方法，有经济思维的视角和方法等，自从企业文化的理论产生以来，又有了文化思维的方法和视角。简言之，它既是一种认识的方式、思维的方式，又是一种管理的方式、实践的方式，所以我们说它是一种意识形式而不是一种意识形态。

（四）为什么说企业文化是一种生活方式

企业文化是一种由传统文化、时代意识和管理经验融合而成，而为特定企业成员所共有的意识形式和生活方式。运用这种意识形式来进行思考，就容易取得一致和共识，在这种共识之下共同生活，就会形成一种生活方式，也就是做人做事的形式和方法，待到这种意识化为共同的生活方式就成为一种文化了。如果仅停留在意识层面，没有化为具体行为，没有形成一种生活方式，想的和说的、说的和做的、表面的和实际上的不一样，企业的管理和企业的文化是"两张皮"，则还不能称其为企业文化。只有企业的"意识形式"化为企业的"生活方式"，才称得上是企业文化。也就是说，仅定义企业是一种意识形式，而没有定义企业是一种生活方式，同样有抽象不及和概括不完整的问题。

有学者说过，文化是一种生存方式。从词义来说，"生存"的意思是"保存生命"，而"生活"的含义则是"人或动物为了生存和发展而进行的各种活动"（《现代汉语词典》）。对企业来说，生活方式涵盖了企业为了生存和发展所进行的生产、经营、管理、技术等各方面的活动，进行这些活动的方法、方式以及人们在活动过程中所形成的社会关系，包括丰富员工的文体活动，安排员工的衣食住行，甚至包括员工的业余生活，都深深打上了企业文化的烙印，企业文化已成为组织成员的一种生活方式。像 IBM、HP、宝洁这些强调企业文化和价值观的公司，要求员工不仅在工作中实践这些文化价值观，而且鼓励下班时仍然保持与同事们的交往，去相同的酒吧，参加共同的聚会，刻意培养一种精英意识和严密的教派文化。以至于"离开这家公司就好像移民一样"，这才叫企业文化。另外，企业不仅要生存，更要发展，唯有发展，才能更好地生存。所以笔者认为，用生活方式更准确一些，包罗更广一些。

企业文化的核心概念是什么[①]

在我们谈论某一学科的时候，往往自然而然地想起有关概念、范畴、原理等。尤其是这一学科的核心概念，常常牵引出我们对于该学科的许多记忆和联想。比如经济学的核心概念稀缺性，政治学的核心概念权力，社会学的核心概念群体，人类学的核心概念文化。掌握这些学科的核心概念，有助于我们对该学科的属性、本质和意义的理解。于是笔者就想，企业文化学的核心概念是什么呢？比来比去，笔者认为是"约束"。

让我们先来看看《现代汉语词典》对"约束"以及相关词条的解释：

（1）约束：限制使不越出范围。同义词有拘束、制约。

（2）提出或商量（需要共同遵守的事）：预约、约定、约期。

（3）约定的事；共同订立、需要共同遵守的条文：践约、条约、和约、有约在先。

（4）约定俗成：指某种事物的名称或社会习惯是由人们经过长期实践而认同或形成的。

（5）约法：暂行的具有宪法性质的文件。

（6）约法三章：泛指订立简单的条款。

（7）约言：约定的话；誓约、履行约言、遵守约言、违背约言。

这里，有关"约束"的词意几乎都齐备了，条条都含有企业文化某些方面的元素，核心是："限制使不越出范围"。我们常说的企业文化是软约束、心理约束、心理契约、心理合约等，意皆"限制使不越出范围"，也就是做什么，不做什么。斯蒂芬·P. 罗宾斯、玛丽·库尔特在《管理学》中指出，组织文化和环境是组织的"约束力量"，"约束人们应该做什么，不应该做什

[①] 原载《企业文化》2013 年 4 月刊。收入本集时增加了第四小节。因为笔者发现谈"约束"只提《圣经》的"约"，而不提《易经》的"知止"是一大偏失。

么"。我们建设企业文化的目的就是给企业成员一个约束，统一组织成员的思想意识，规范组织成员的行为方式，使人人不出企业的文化边界。

其实，我们中国文化从一开始就特别强调用以化育天下的根本价值就是"知止"。《周易》的《贲卦》象传讲："刚柔交错，天文也；文明以止，人文也。观乎天文，以察时变；观乎人文，以化成天下。"这里的"人文"，是指与"天文"相对应的社会人伦。"文明以止，人文也"，就是说社会人伦的底线是"知止"。"知止"就是知道止于其所当止，就是约束，就是控制，就是知道不该做什么。这和中国传统文化价值的其他表述，如"克己复礼为仁"、"极高明而道中庸"、"适可而止"、"不为已甚"等都是一脉相承的。

《旧约全书》、《新约全书》也是这个意思。其中"约"字出自拉丁文，也是希腊字的译语，含有"契约"、"协约"或"合约"的意思。在《圣经》全书中，上帝与其子民之间的这种特殊关系，通常都被描述为一种契约的关系。我们有理由这样认为，西方文化也就是由这个"约"字缔造出来的。对于企业文化来说：

"约束"是凝聚。

凝聚功能是企业文化的主要功能。文化是凝聚力的基石和纽带，在特定的文化氛围里，容易形成共识，这种共识便是文化的纽带。而"约束"——限制使不越出范围，就是一种力场、一种磁场、一种凝聚力、一种纽带，把大家约在一起、聚在一起、系在一起，在这种特定的氛围和范围内，就会产生认同和共识，而这种认同和共识自会产生一种凝结和凝聚。

"约束"是规范。

企业文化的主要作用在于统一组织成员的思想与行为，而"约束"恰在于要大家做什么和不做什么。这是一种软约束，它像一种无处不在的目光，盯着每一个组织成员，使其"不越出范围"，这种规范比一般的规章制度等硬约束具有更为持久的力量和作用。契约、合约、协约都是约束，都是一种规范。

"约束"是导向。

企业文化是一个企业的旗帜，旗帜就是方向，旗帜就是导向。约束本身就具有导向功能，做什么和不做什么，就是一种导向。"限制使不越出范围"就是一种导向，导向就是一种约束。约言、约法、约定、约定俗成，都是导向。

"约束"是预防。

预防就是预先防范，也可以说是事前控制。文化管理的优势便是"治未病"，防患于未然。"礼者，因人之情而为之节文，以为民之坊也。""故君子礼以坊德"（《礼记·坊记第三十》）。意思是：礼，是因人之常情而加以节制，以对人们加以防范，因此，君子用礼教来防止失德。在特定的文化氛围笼罩下，在强有力的文化精神约束下，不需要那么多条条框框，甚至在没有任何规章制度的情况下，或是在许多规章制度达不到的地方，人们都能自觉地意识到该做什么，不该做什么。这种防范功能只有文化才能做到，这种功能就是文化约束具备的。

"约束"是一种氛围。

成功的文化是一种氛围。在这种氛围的感染、熏陶和裹挟之下，人们做人做事就容易取得一致。而只有约束才能构成一种氛围。一盘散沙，形成不了氛围，心不想在一起，劲不使在一起，形成不了氛围。

"约束"是一种内心修为。

社会文明的起点便是人类的自我约束，没有约束，便没有人类文明。人性中有善也有恶，约束就是扬善抑恶，不以善小而不为，不以恶小而为之。人的内心修为就是一种自我约束，自我约束就是人的一种内心修为，人人的内心修为，人人的自我约束，构成整个人类的社会文明。我们说企业文化旨在以文化人，以文化人重在化心，内省是化心的一种重要方法，而自我约束则是内省的一个重要内容。通过内省，以反观自照评价、修正或约束自己的言行，这是一种高尚，是一种难得的个人修养，也是企业文化内化于心的一个有效途径。

"约束"是一种自我管理。

管理的努力方向应该是自我管理。文化管理的至高境界便是自我管理。而约束就是一种自我监督、自我教育、自我管理，约束自己做什么不做什么，使之不越出企业的文化边界，这种管理便是成功的管理，这种文化便是成功的文化。

综上可见，"约束"涵盖了企业文化诸多重要的、主要的功能，体现了企业文化的主要属性。所以笔者认为，企业文化的真义就在"约束"二字。建设现代企业文化，"约束"是关键词，是核心概念。传统、风气、氛围、制度、契约、合同、信仰、理念、准则，都是"约束"，都是指做什么和不做什么。"约"的方法，也是"化"的方法，"约"好了，也就"化"好了，甚至在某种意义上，只有"约"好，才能"化"好。我们应该很好地理解这个"约"字，利用这个"约"字，在"约束"上做好文章。"约束"是看不见的手，"约束"是无处不在的目光。如果企业中人人心里都有了某种约束，就说明某种文化形成了。

有人说，把企业文化的核心概念界定为"约束"，难道企业文化就没有创新和激励吗？对此笔者要说：第一，"约束"是指做什么和不做什么，它与创新与激励并不相矛盾，创新和激励就是要做的。第二，约束并不代表保守（当然保守也是一种文化，是一种约束），核心也不是全部。我们不能因为说"约束"是企业文化的核心概念，就想到拘束，就想到保守。"约束"的实质是为特定企业和组织的全体成员所共有，是使之约为一个圈子，束成一个团体。无论是进取还是保守，都受特定组织所约所束。其实，任何文化都是一种约束，都是指做什么和不做什么。

沟通与企业文化①

　　说起企业文化建设，许多人感到无从下手，其实沟通就是一种简而易行且行而有效的方法。

　　从企业文化的来源来看，沟通是企业文化萌生和初建时期的主要方式。在创业伊始或创业阶段，由于百事待兴，要务缠身，又缺乏必要的物质基础和人文环境，一般不会立即投入有计划的、自觉性质的企业文化建设。但在这个阶段，大多企业家总会自然地根据当时的员工心理、企业氛围和工作需要，提出一些精神口号和思想理念，或者是如何搞好企业的想法、做法，私下里或会上提出来和大伙商量，征求意见，反复沟通，形成共识，用以凝聚人心，鼓舞士气，指导经营。由于反复宣传、贯彻、实施，久之被员工所接受、认同并自觉践行，犹如一颗颗思想的种子，经过不断浇灌和培植终于发芽长成，这就是企业文化的萌生。其中，沟通是主要方法，起着重要作用。再经过加工、提炼、充实，渐成系统，这其中，自然也少不了沟通。有的企业虽然并没有什么口号理念，但创业者凡事总要同大伙商量、沟通，形成统一意见后再行动。久而久之，就会形成些约定俗成的习惯、规矩、行事方式和工作氛围，这就是文化的形成。这种情形在我国民营企业创业初期比较普遍。但当企业大起来了，人员多起来了，这种自然的、正常的、无障碍式的沟通反而少起来了，更没有意识到它对于提高领导力、塑造企业文化的重要作用。

　　我们现在许多企业也倡导"无障碍沟通"。但据笔者考察，不是"无障碍沟通"，而是"沟通有障碍"。这种障碍就是层级障碍。突出表现在许多老板不敢、不能或不好意思隔一个或几个层级直接与直属高层以下的干部员工谈话、沟通、办事、了解情况，怕引起直接属下的猜疑、妒忌，破坏了层级

---

　　① 原载《中国企业文化研究》2008 年第 3 期。

管理，影响团队合作。其实老板的担心是直接属下引起的。有些高层干部怕自己的属下直接与老板见面，怕什么呢？怕属下告状，怕属下越级反映问题，怕属下比自己强，怕属下抢了自己的风头，怕这怕那。而一旦发现老板和自己属下在一起就疑心这疑心那，甚至借破坏层级管理而给老板和属下脸色看。这是一种以层级管理为借口而阻碍员工和老板直接沟通的不健康的心理在作祟。上有所忌，下必甚焉，等而下之，层层如此。这是一种很不健康的文化。有这种文化在，真正的沟通是无法建立起来的，真正优良的企业文化和氛围也是建立不起来的。

企业要不要层级管理？当然要。没有层级就没有权威，没有权威就没有服从，没有服从就没有统一行动。但是层级管理和沟通不应该是矛盾的，层级和沟通之间不应当有障碍。层级管理是指在组织、指挥、控制等管理环节上，坚持"一个头"原则，不能越级指挥，也不能越级汇报，否则便会发生组织混乱。沟通则是一种思想、意见、感情、友谊的交流。老板（或高一级领导）只要不是越级直接指挥，而是找基层员工和干部谈谈，了解情况，征求意见，以改善工作，有什么不可以的呢？再说，老板（或高一级领导）本身就有监督、控制属下工作的责任和权力，听听基层员工和干部对自己直接属下的看法和意见，这也是教育、培养、发现属下的正当行为，有什么不可以呢？反之，如果只能有一个渠道，只能听一个声音（这些人都是各管一片的头），老板又如何做到集思广益？怎能做到兼听则明，避免偏信则暗呢？即使在你，长此以往，你就不怕陷入闭目塞听的境地而任由属下摆布吗？

诚然，作为一个基层员工，理应遵循层级管理的规则，有问题、有意见、有建议要按正常渠道反映。但现实中，一些部门主管或为了一己之私，或为了打压部属，或由于别的原因，对于部下反映的问题或提出的建议，置若罔闻，既不给予答复，也不给予解释。在这种情形下，我们如果还刻板地恪守所谓层级管理，以此阻挠基层员工向上反映意见和问题，则势必使组织生活窒息，打击部属的参与热情，影响信息和问题的传递和解决。这种情况是任何一个老板都不希望出现的。如果有哪个老板认为宁可如此也不能破坏这种所谓层级管理的话，他就是天下第一傻瓜！如果有哪位主管宁见企业受损也不愿让属下与上级直接沟通的话，他永远是井底之蛙！连中国共产党的普通党员都可以直接向中央、总书记反映情况和问题，何况我们一个小小的企业呢？

　　在这种严重的沟通障碍面前，在这种不良的沟通文化面前，作为企业的主要领导应该怎么办？你必须打破这种障碍，改变这种文化，否则你迟早要倒霉——被誉为"现代管理咨询之父"的麦肯锡前掌门人马文·鲍尔，当年从11家公司倒闭案的第一手调查中就认定，导致这些公司倒闭的罪魁祸首就是企业层级制度。因层级障碍，员工不敢向上级报告真实情况，致使这些首席执行官本该获悉的信息被屏蔽掉了。这种经历也使马文·鲍尔更加坚信从一线员工那里获得信息的重要性。从此，在马文·鲍尔长达59年的咨询生涯里甚至退休后，都没有退出与层级制的战斗——针对这种不良文化，要倡导正确的价值观，建立良好的沟通行为和正常的沟通渠道。要把坚持层级管理的原则和建立无障碍沟通统一起来，自己要身体力行，亲自打破这种严重影响企业发展的沟通障碍。可以直接找最基层的员工到你的办公室来交谈，做个样子给部属看；你可以经常在公开场合与基层员工攀谈，故意做个姿态；你可以宣布"与基层员工直接沟通"是一项制度，每年要和基层员工谈话多少名多少次。久而久之，新的沟通文化就会建立起来，原来不习惯的会逐渐习惯起来，原来怀有猜忌的部属会逐渐认为正常，员工的心理就会舒畅起来，新思想、新主意、新办法就会滚滚而来。

　　前通用电气总裁韦尔奇就是一个以沟通塑造文化氛围的楷模。通用电气在价值观里明确提出"反对官僚主义"，提倡管理人员深入基层，进行调查走访。韦尔奇的一句名言就是"沟通、沟通、再沟通"。他经常找一些中层和基层主管沟通，他能叫出公司1000名以上管理干部的名字。他极力倡导"无边界"理念，全力打造"无边界"文化。这种"无边界"的实质就是消除一切有形和无形的障碍，实现整个通用电气员工甚至整个人类的智力共享和信息共享，促进无穷尽、无边界的思想创新和思维拓展。坦率和公开是这种文化的基石，沟通是营造这种文化氛围的最佳方式。韦尔奇和他的领导班子经常在午饭时与各类"高潜力"的员工见面，向员工学习，"攫取"员工智慧。在20年里，韦尔奇与将近2万名经理进行了直接沟通。通过这样坦诚、互动、直接的沟通，韦尔奇能及时捕捉最鲜活、最真实的思想和灵感，为公司的创新提供不竭的源泉；也能及时了解公司的行动计划给员工带来的影响，包括赞同的、反对的和困惑的，及时消除各种阻力和瓶颈，员工对公司的战略和远景目标也更理解。与之直接沟通的员工真切感受到自己受到的关注和重视，能真正把自己当作企业的主人，所以创新热情高，参与热情勃发，还能主动进行换位思考，自觉地从公司的角度、从企业领导的角度来献计献策，全心全意为公司谋发展。可以说没有无障碍沟通，就没有无障碍领导，也就没有无障碍执行，也就无从建立起强有力、持之以恒的执行文化。

习惯与企业文化^①

　　习惯，是一种生存方式，它应属于文化的范畴。列宁是将"风俗"和"习惯"都包括在"文化"之内，并且认为"千百万人的习惯势力是最可怕的势力"（《共产主义运动中的"左派"幼稚病》）。"文化学之父"泰勒说："所谓文化或文明，乃是指知识信仰、艺术、道德、法律、习俗以及包括作为社会成员的个人而获得的其他任何能力、习惯在内的一种综合体。"可见，习惯是一种文化，前人与我们的认识是一致的。

　　文化可以改变习惯，也可以培养习惯。我国《周易》就有"观乎人文，以化成天下"之说，意思就是要以文化典籍和礼仪道德来教化民众。这与西方"文化"一词中的培养、改变之意相吻合。企业文化建设离不开习惯的培养、改变、训练、利用和规范。坏习惯习非成是，必然产生文化糟粕；好习惯"润物细无声"，能够培育出优秀的文化果实。

　　据报载，有一家市机械厂，每到下班前几分钟，就有一群群职工在厂区内等候下班，这种提前离岗的群体违纪现象已存在多年，大家都习焉不察。在创建企业文化的过程中，厂领导意识到，这种提前几分钟下班的"习惯"虽然不会对工作产生多大影响，但是对企业文化的培育却是很不利的，"因为我们的企业文化是在广大职工'习惯'的土壤里生根发芽的"。他们决定"立新破旧"，以一种新的好习惯——"班后会"的形式来改变提前几分钟下班的"坏习惯"。下班时，以班组为单位集中在一起，多则五分钟，少则两三分钟，总结今天，计划明天，向大家道声祝福，然后离厂。这样既提高了生产水平，又养成了遵守纪律的好习惯，还加深了彼此之间的感情。久之，新习惯蔚然成风，竟出了许多企业文化建设优秀班组。

　　自觉运用习惯的力量，可以说是企业文化建设的规律之一。我们知道，

---

　　① 原载《中国企业文化年鉴》2005～2006年卷。

当解决某一问题的理念与方法反复起作用时，便逐渐被接受对象认为是理所当然的，进而进入无意识的习惯阶段，这是精神文化培育的一个重要原理。习惯是"人们重复地进行，逐渐养成的不自觉的活动"（《新华字典》）。企业文化建设就是要循着习惯形成的这一特性来加以自觉运用。尤其是在培养一种新的管理习惯的初始阶段，更需要不间断地反复灌输和反复行动。因为只有反复行动才能形成习惯，只有形成习惯，才能形成积淀，只有形成积淀，才能形成文化。待企业的制度成为员工的习惯了，这种文化建设才是成功的。就拿礼仪来说，企业礼仪是企业的一种行为标准，是企业持续经营所表现出来的程式化并显示凝聚力的文化因素。而统一的企业礼仪正需要习惯的力量来推行。中国平安保险是这样做的：早上7：40，25万平安人在全国不同地点、同一时间开始了"晨迎"仪式。由各地负责人一声响亮的"早上好！"伴随着标准划一的鞠躬动作，震动了每一位迈进平安大门的员工。平安保险的"晨迎"仪式，面向社会展示了他们出售的不仅是保险，更是一种承诺和责任。平安老总马明哲说："如果这项礼仪达到目标，至少产生100亿的价值，关键在落实。"他们就是以运用习惯的特性和力量，每天、准时、日复一日地施行着。平安人认识到"每个人都是一颗珍珠，散落在四处，一旦用线串起来，形成珍珠项链，就具有若干个体难以比拟的价值，这条'线'就是企业文化"。而企业文化正需要习惯来培育和维系。在企业礼仪方面是这样，在企业文化、企业管理的其他方面，同样如此。如海尔的"日事日毕，日清日高"，不正是靠日复一日的习惯养成的吗？

诚然，好的文化习惯的养成也不是一件简单容易的事。人都有惰性或者惯性，没有压力，能主动自觉去改变的不多。对于员工的不良习惯，笔者以为，在一般情况下，可以采取管理学上的三个步骤来解决：先教育、后强制、再适应，或先强制、后教育、再适应，实现由强迫到习惯、由习惯到自然的管理飞跃。当然，在进行这种改变的过程中，如能够采取一些灵活的激励措施，让员工感受到文化体验的愉悦和力量，这对于改变坏习惯、培养好习惯不无助益。

能否自觉运用习惯的特性来创建企业文化、来改变人们的不良习惯，以养成有利于培养积极向上的企业文化的好习惯，关键是对习惯有一种文化的认识。习惯是一种文化。播种一种观念，收获一种行为；播种一种行为，收获一种习惯；播种一种习惯，收获一种命运。习惯的力量如此，文化的魅力如此。前人如是说，笔者亦如是说。

暗示与企业文化^①

一谈到企业文化建设，人们总是说 CI 策划、理念设计、宣贯（不知什么时候报刊上忽然出现这个词，姑且顺之）、培训等一些大动作，却很少谈如何从细节入手。大动作当然是需要的，但真正要把这些大动作化到实处，化到人的心里，还是要靠细节，而暗示恰是最典型的由细而化的方法之一。

关于"暗示"，《现代汉语词典》是这样解释的：①不明白表示意思，而用含蓄的言语或示意的举动使人领会。②一种心理影响。用言语、手势、表情等使人不加考虑地接受某种意见或做某件事。从这个解释中，我们不难看出，暗示是一种指使人、管理人、影响人、化育人的方法、技巧和手段。而这种暗示的手法及其所达到的效果，又恰与企业文化以文化人的特性相暗合。企业文化建树的方法主要靠领导影响、环境熏陶、心理暗示和团队感染，这化人的方法、用人的方法、育人的方法在很多场合都要用到暗示。

暗示其实是一种很古老的管理艺术和政治手段，属于"术"。"术"就是君主驾驭、控制臣下的方法。所谓"心藏"不露，术不外显，只有君主用之，不能示人（《韩非子》内储说上七术第三十）。因为"言通事泄，则术不行"、"故明主之言隔塞而不通，周密而不见"（《韩非子》八经第四十八）。这就是艺术，这里面一定有暗示手段。比如《韩非子·难三》第三十八所讲的韩康子和魏宣子在车上用肘和足的暗示取得默契，从而使智伯的军队在晋阳城下被分裂的故事，就是典型的动作暗示（"魏宣子肘韩康子，康子践宣子之足，肘足接乎车上，而知氏分于晋阳之下"）。而《韩非子》外储说左下第三十三所讲的阳虎和赵简子的故事，赵简子用的则是隐喻暗示。

暗示是与明示相对应的。领导工作通常是以明示为主，布置工作、发号

---

① 此文发表在《企业文明》2011 年第 4 期和《中外企业文化》2011 年第 5 期，后被收入《中国企业文化年鉴 2011～2012》，这三个刊物发表时都有删节。

施令、进行管理，需要明白无误地发出指示、指令，或书面的，或口头的。但是并不是所有事情都必须或都以明示为好，所谓"辞言通则臣难言，而主不神矣"（《韩非子》外储说右上第三十四）。意思是如果君主的心思都用语言说出来，那么奸臣当道，真正的有识之士就很难发表言论了，这样，君主就不神圣了。所以，偶用暗示手段往往可以收到比明示更好的效果，或者有些事情不能用明示的方法，这时就需要用到暗示。尤其是企业文化建设，是要用心来建的，所以用心理暗示效果往往更好。

接受暗示是接受同化的一种形式。暗示是启发员工文化悟性和文化意识，进行文化管理、文化建设的一种方法和技巧，是体现企业文化管理艺术性的一个重要方面。我们说企业文化是管人的，而且是管人心的，是"心的文化"，因此就与心理暗示有一种天然的契合性，而暗示的方法与技巧也与企业文化的塑造方法如潜移默化、团队感染等具有一种天然的契合性，而且，暗示是一种特殊的强化和灌输，对人的文化心理的形成有特殊功效。

那么，怎样运用暗示的方法来传达文化信息、加强文化建设呢？首先，我们要知道，企业文化建设的核心便是员工共有价值观和统一行为的形成，这是运用暗示手法的着眼点和出发点，这叫万法不离其旨。即通过暗示，不着痕迹地、适时地将你的价值理念、好恶扬抑、态度等文化信息传达给对方，并能留下深刻印象。要有的放矢，"的"是施加暗示的对象，矢就是你要施放给对方什么样的文化信息，施加什么样的心理影响和文化影响，传达的是什么样的文化理念和文化教育，不能无的放矢。滥用暗示只会传达错误的信息，给文化传播和建设带来混乱。

暗示有哪些方式和方法可以为企业文化建设和实施文化管理所用呢？

动作、表情、双关语等一般性暗示。暗示的方法很多很多，而且在人际交往和日常工作中我们都会碰到、用到，只是往往没有从建设企业文化的高度和角度来认识它和运用它。比如，一个眼色，一个动作，一个表情，一句双关语，无意间的一个提问，甚至在一些特殊场合下的欲言又止或者沉默，都会给特定的人以特定的信息，传达的是施行者的态度和意思，或肯定，或否定，或表扬，或批评，或制止，或挑动，其背后则是价值观。有时候领导者的一声咳嗽、拍一下桌子就是一个暗示：某人正要张口说话，领导忽然咳嗽一声，心领神会的人肯定戛然而止；一件令人不快的事发生后，领导一言不发，却狠狠地拍了一下办公桌，全公司的人都知道领导对这件事的态度，但领导却为自己留下了解释的空间。因为在处理工作中，往往有时候可以做，但不可以说，可以暗示手下人去做但不可以明示，要让手下人心里明白，又为领导者留下退路。有时候，对某些事，领导皱一皱眉头，扬一扬眉毛，都会传给特定的人以一定的信息，所谓"明主之爱，一颦一笑，颦有为嚬，笑有为笑"（《韩非子》内储说上七术第三十）。而且，这种暗示还可以通过第三者传达。这种特定信息肯定会引起受传者心理上的反应，使他明白领导在鼓励什么、赞成什么、憎恶什么、反对什么，这种态度透露的是一种什么样的价值观，我该怎样应对？是坚持？还是改变？人可以自觉地利用表情动作表达自己的思想、情感，各民族也都有一些心领神会或只可意会不可言传的暗示手法，比如中国人善于以拍肩膀来表示意思，这拍肩膀的学问可大了，它可以表示关心，可以表示慰问，可以表示赞成，可以表示支持，可以表示亲密，在特定的语境和场合里，传达的信息可丰富了。

行为暗示。如甲乙两个人前因某事吵架，互生怨恨。然而，后来丙在乙面前或丙在众多人面前说甲不好时，乙却挺身而出为甲辩护，这种事如果让甲知道了，会有怎样的心理反应？效果会怎样？那就比在他本人面前说千遍万遍都管用。这就是一种通过第三者传达的行为暗示。

托喻暗示。有国外管理学家曾经提到过"隐喻"，但是没有展开。笔者单知道西方文学与中国文学中的象征与托喻，在理解和评价上有一定的差别。在西方文学批评中，象征和托喻的概念变得十分困难而复杂，不知道管理学上的隐喻与象征是否也有差别。这里，姑且当作有差别来诠释。托喻，修辞学上也称讽喻，是通过引述或自编的故事，寄托作者的思想感情，以达到教育或启发或讽刺或谴责的目的的一种修辞手法。而修辞学上的隐喻仅是一种"甲是乙"的比喻，比如"生活是海洋"。可见，管理学家所说的隐喻显然不是修辞学上的隐喻，笔者理解这个隐喻是指包括托喻和象征在内的一种暗示的管理手法和管理技巧。就说托喻，比如"理念故事化"，很多企业家都知道用讲故事的方式来宣传和贯彻自己的价值理念比其他方法更有效、更生动，更容易为员工所理解和接受。讲故事就是一种托喻的暗示方法。用讲故事的方法，领导者的理念会更好地为员工接受。

笔者在上文提到阳虎和赵简子的故事，是说阳虎离开齐国，逃到赵国，赵简子向他请教扶持人才的方法。阳虎举了自己三个失败的案例，说我并不善于扶持人才。然后赵简子"俛而笑曰：'夫树楂梨桔柚者，食之则甘；树枳棘者，成而刺人。故君子慎所树。'"（《韩非子》外储说左下第三十三）这里，赵简子出于礼貌，"俛而"（低着头）笑着用是"种香甜的楂梨桔柚"还是"种刺人的枳棘"来比喻聪明的人应该树什么样的人。也是对阳虎一种婉曲的批评。

象征是一种强烈暗示。2002 年 12 月 5 日，党的十六大闭幕不久，刚刚接任总书记这一重任的胡锦涛同志，第一个引人注目的行动便是率领书记处的领导同志来到革命圣地西柏坡这个"解放全中国的最后一个农村指挥所"学习考察，重温毛泽东同志在党的七届二中全会上的讲话，号召全党同志特别是领导干部，大力发扬艰苦奋斗的作风，为实现党的十六大确定的目标任务，开拓进取，团结奋斗。这一举世瞩目的象征性行动，给国人、给世人以强烈的心理暗示：新一届中央领导集体，将从自身做起，牢记"两个务必"，永葆政治本色，进行新的伟大长征，夺取新的更大胜利！

期待也是一种暗示。美国心理学家罗森塔尔的"期待效应"（即皮格马利翁效应）实验清楚地表明：如果教师具有一颗挚爱的心，对学生有良好的"期待"，则被期待的学生必然会喜悦、乐观，奋发向上，朝气蓬勃，焕发积极向上的信心，也必然激发学生的求知欲望，增强学生自觉学习的激情。企业家就是企业的教师，应当对每个员工都抱同样的期望态度，这种期待就能产生一种积极的暗示，甚至形成一种默契，从而给员工以激励。

为什么暗示对下属有这么大的影响和效果？因为下属对上级的任何言行都是极为敏感的，这就是暗示起作用的心理基础。所以领导者要充分认识并善于利用自己对组织的影响，善用暗示。暗示之所以能有用武之地，还与我们中国人的思维习惯有关。我们中国人不大喜欢用逻辑，而是习惯于通过更直接的"悟"来了解真理和真相。所以，暗示的运用，一要适事，二要适人，特别是要适人，要看具体对象，要看对象的悟性，一旦造成误解、误会，则会事与愿违，真的搞成指桑骂槐、指鹿为马，那就会害事、坏事；且在使用的次数上要把握度。暗示是一种艺术，不要把它弄成一种权术。企业文化是"心的文化"，要能心领神会，心知肚明，才能做到心心相印。暗示只有在不能明示或领导者认为此时此地此事用暗示比明示给对方的文化影响效果更强、更佳时才使用。

合唱与企业文化[①]

"第十三届青年歌手电视大奖赛"以其新增设的合唱比赛给人们留下了极其深刻的印象。大赛虽然过去了，可合唱带给笔者的思考却一直在继续：合唱最重要的是什么，合唱告诉了我们什么？

评委和演员都告诉我们：合唱是群体艺术，合唱最重要、最讲究的是统一与和谐。三四十人、五六十人或是更多的人合唱，无论唱哪种类型的歌，也无论在哪个声部，都不能有不和谐声音出现。在统一与和谐理念的指导下，每一个人都自觉地进行自我控制、自我约束，以融入集体的合声。为什么统一和谐的理念能够为合唱队的每一个成员所认可并自觉遵守，被每一个人视为这个集体的最高法则？是集体主义思想。

这使笔者想起了企业文化。企业文化说到底是一种群体意识，企业文化建设就是要通过共同价值观的培育，造成强烈的凝聚力，形成统一和谐的局面，以应对外部竞争而求得企业的持续成长和员工的全面发展。在这方面，合唱能给我们什么有益的启示呢？

首先是集体主义道德理念的灌输。统一与和谐的理念，产生于集体主义的思想，没有集体主义的思想，就没有统一和谐的局面。统一与和谐是合唱的灵魂，也是企业的灵魂。一个企业如果一盘散沙，没有统一指挥，不能和谐共处，你弹你的琴，我拉我的调，就不会有凝聚力，就不会有竞争力，就一定会败下阵来。企业文化建设的核心内容之一，就是进行以集体主义为原则的社会主义道德建设和以爱岗敬业为基础与核心的社会主义职业道德建设。在一支合唱团队里，统一与和谐这个要求，导演和指挥在组队之时，在排练之中，在演出之前，都强调再三；每个合唱队员也都完全认可，自觉遵守，万分注意的，这一共识似乎已融化在血液里，成为每个合唱队员的自觉要求。

---

① 该文未发表过。

企业文化建设要学习合唱文化，也要坚持不懈地向我们的员工反复灌输集体主义思想和统一和谐的理念。一个企业就如同一支合唱队，厂长就是指挥，赛场就是市场，消费者就是评委，员工就是合唱队员。获胜了是每一个队员共同努力的结果，失败了绝不是厂长一个人的问题，每一个集体成员都要反思自己有没有责任、自己的责任是什么。中国企业员工目前最缺乏的正是这种信托责任意识和集体主义观念，不是把干好本职工作视作当然的、应该的、毋庸置疑的，而是认为厂子是老板的，好坏与我无干，不行我就跳槽。而我们的厂长对员工也缺乏这方面的教育，这一点在民营企业尤甚。就应该明确地告诉每一个员工，我们是一个生命共同体，要让每一个进厂人员，就如同一名合唱队员，一入队就要接受统一和谐的理念、集体主义的道德理念、生命共同体理念。企业要时刻注意不和谐的问题出现，并及时采取纠正措施，使之纳入整体和谐。实在纠正不过来的，那只有把它 PK 下去，否则，在市场这个大舞台上，就要被消费者 PK 下去。能否认可集体主义的文化，是企业与员工双向选择的一个最重要因素，如同一个合唱队员，是否认可和接受统一和谐的理念，是决定去留的首要标准。

赵易山评委在解释为什么要考视唱练耳时说：合唱的和谐在于听力，不是听自己的，而是听别人的。一位嘉宾说，合唱时，不同的声音同时出现，如果光听自己的声音，就会把别人带到"沟里"，只有能听别人的，才能跟上集体的声音，才能融入，才能形成合声。我们的企业家是否也需要这种练耳的功夫呢？能够听别人的，善于听别人的，不要光听一种声音，而要听各种不同的声音，善于把不同的声音合成一个浑然一体的企业最强音。曾荣获合唱金奖的解放军艺术学院代表队的指挥桑老师说："合唱就是要在和谐中找到自己的位置，在我们这个合唱团里，没有'我'，只有'我们!'"正是这种境界、这种思想哺育着全体队员，正是这种境界、这种思想把指挥与队员融为一体。当他们走向胜利的时候，全体合唱队员由衷地从心底发出"桑老师，我爱你!"现在有些私企老板总是在抱怨找不到好的员工，甚至私下里说没有一个好员工! 殊不知正是这些员工在维系着这台"合唱演出"。所以，老板自己先要有集体主义思想，抱持那种没有"我"，只有"我们"的思想，融入职工队伍，去重视、关爱、帮助每一个成员，你就会发现人才就在你的队伍里，好员工就在你身边，和谐就在你的融入之中。如果你总是老板个人主义，只有"我"，没有"我们"，没有与员工同存共荣的集体主义，成天只知道拿个指挥棒瞎转悠，你永远也找不到你所谓的好员工，永远也走不上"大赛"的舞台。

一位合唱队员在现场说："合唱让我懂得了集体，懂得了团结，懂得了合作，懂得了和谐。"徐沛东评委说，合唱给每位队员带来的是自我的实现，能够培养青年人的团队精神、合作精神和集体主义精神。他讲了一个故事，说的是一支合唱团演出，因为人数的限制，不得不裁减一部分人，这些被裁减的人抱头痛哭，觉得失去的不是一次简单的演出，失去的是一次表现自我、实现自我的机会，更为离开合唱队这个集体而痛惜不已。一位获奖代表队的指挥在《艺术人生》节目现场更讲了一个令全场动容的故事：他们这支代表队因雨雪冰冻灾害在公路上被困6天，一位队员把从家里带来的仅有的一盒方便面找到一点开水泡好，然后端到队友们面前，那个香味顿时沁入每个人的心底！虽然已经六天六夜没吃到一点热汤热水，可是这碗热腾腾的面从第一位队员手里传到最后一个队员手里，却没有一个人吃一口！讲到这里时，指挥哭了，台下的队员们哭了，我们也哭了！写到这里的时候，笔者的眼泪又一次流了出来，笔者为这人世间最美好的集体主义情感所震撼！我们的企业文化如果能够培育出这样的集体和桑指挥那样的厂长，这样的企业文化建设就是成功的，这样的集体、这样的厂长一定会得到"评委"和"赛场"的认可！

前人有论："盖音乐者，使人有合群之德"，"由心意方面之考察，音乐能养成美之观念，使趣味高尚，精神快活，感纯良高洁之快乐，并涵养协和共同之心，而作圆满之人格"。合唱能够陶冶人的情感，维系人的感情，激发人的斗志，净化人的灵魂，培育出一种集体主义昂扬向上的文化。一次笔者出差到北京，在陶然亭公园晨练时被一阵合唱声吸引了过去。一位素不相识的歌者朝笔者微笑着点了点头，同时让出一点位置，让笔者站在他们中间。他们都是来公园晨练的人，男女老少都有，可以看出都是自发的，甚至也有笔者这样的临时来公园的外地人。一曲《天路》之后，又一曲《祝福祖国》响起，每一个人脸上都洋溢着自豪、幸福、真诚，那么投入、那么认真、那么整齐、那么和谐，听着他们的演唱，笔者竟然流出了眼泪！好像笔者好久没有这样被感动过，没有这样激动过，一刹那，多日抑制在心底的惆怅、苦闷、忧郁、不满一扫而光！

群体动力学理论认为，任何一个群体都是由活动、相互作用、思想情绪和群体规范四种要素组成的。为了提高工作效率，可以在类似工作环境的实验室中组成实验团队，提高受训者对于自己感情和情绪的管理，提高自己同别人之间相互影响关系的敏感性，进而改变个人与团队的行为，达到提高工作效率和满足个人需要的目标。合唱队就是这样的一种实验团队。我国音乐界前辈黄自说："音乐的重要元素有谐和、有节奏。谐和可以销蚀彼此内心的隔膜，节奏可以规律外体的行动，所以集大众于一堂，无论他是天南地北的生张熟魏，要是同唱一首歌，或听一个大家稔熟的曲子，内心定会同感而起共鸣成水乳交融之象，更因节奏的影响，步趋举动也容易整齐一致，必然得收可观的效果。"连拿破仑都说："书籍虽能传授知识，于人的感情所生的感化力，不若世俗的唱歌。"笔者认为，那些尚不知企业文化为何物或者尚不知道如何构建企业文化的企业，不妨从组建员工合唱队开始。这不仅能够活跃职工的文化生活，更重要的是让合唱来化育职工的心灵，让员工在合唱中领悟团队、集体、合作、统一、和谐的理念，通过合唱培育积极向上的集体主义的企业文化。而那些千天一律重复同一个晨仪（宣同一个誓词、讲同一句话等）的企业，也不妨穿插或替换为由不同部门组成的合唱队合唱，那效果恐怕是你所没有想到的，不信就试试。

乱扔烟头、罚款与企业文化①

中午到餐厅吃饭，赫然发现一条罚款公告贴在餐厅门上：

关于对××、×××随地扔烟头的处罚公告

经今天上午6S小组检查，在老厂区门口，发现××、×××两名员工随地扔烟头。违反《6S管理制度》中"5.5如在厂区（厂内、厂门口、大道）发现乱扔垃圾或随地吐痰、抽烟者，给予200元/次处罚。"

特对××处以200元罚款，对×××处以100元罚款（鉴于新员工处罚按50%处理）。希广大员工以此为鉴！

6S检查组

××××年×月×日

没过三天，又出了一个"关于对×××等（三人）随地吐痰的处罚公告"。末了，还加了一个检举者一次奖励100~200元的决定。笔者想，这下子乱扔垃圾、随地吐痰的现象总该刹住了吧。没有！笔者特意留心了一下，就在规定的区域内（厂内、厂门口、大道），甚至就在门卫不远处，依然有乱扔的纸团、烟盒、饮料包装和烟头。烟头还不少，笔者数了一下，在20米以内，至少有七八个。笔者不知道看到此情此景，被罚者心里怎么想，主管者又怎么想，厂里的领导又怎么想。

这个事情，引起笔者很深的思考。

我们这个公司应该说还是一个比较重视现代管理的企业。我们公司的历史几乎和"6S"管理的历史一样长，"6S"管理即"整理、整顿、清扫、清洁、素养、安全"。"6S"管理的展板室内室外到处都有，"6S"管理的制度又细又严，可为什么违反"6S"的现象屡禁不止呢？一个烟头200元，这处罚也不可谓不重，可为什么"重典"之下依然有人"勇往直前"呢？

---

① 原载《东方企业文化》2013年第11期。

问题一：时查时不查，时罚时不罚。打打停停，停停打打，从"6S"管理的教育到"6S"管理的检查，再到对违反"6S"管理的处理，始终没有建立起一个长效机制，造成人们"检查来了就弄一下，检查过了就松一下"的应对心理和临时性行为，而没有形成一种良好的习惯。

问题二：仅把"6S"管理当作现场管理的一种方式、一个活动，仅是为了表面上清洁、整齐、好看而已，而没有从心里唤起人们的文明意识和文化自觉。

问题三："6S"检查组是一个松散型的管理组织，不是常设机构。当然一个企业也没有必要专门成立一个"6S"管理部门。但仅把"6S"管理当作检查组的事，当作一个部门、某一主管的事，而不是全体成员的事、各个部门的事、全体干部的事，是错误的。其实"6S"管理不是部门管理，没有专业性、没有季节性、没有时间性，是每一个成员、每一个部门、每一位领导、每一刻都应该管理的事。你把违反处罚"6S"管理的员工连同他的上级一同处罚看看，效果肯定不一样。

问题四：责任区划分不科学。厂门口是企业窗口，就那么大一块地方，门卫人员就站在那儿，可那一片竟成了"6S"管理的无人区。可能厂方也认为这"6S"不归门卫管理吧。那么，是否还要增加一名专管"6S"的常年在那儿值勤呢？否则谁来管这一块呢？就不能将目力可及的这一片交给门卫管理吗？不能。而是交给鞭长莫及的某一个车间。

问题五：处罚手段单一。除了罚款没有别的。我们能不能尝试把违反"6S"的人集中在一起，用他们的业余时间，办一个学习班呢？能不能以劳代罚呢？比如让他们在业余时间打扫卫生，整理现场，以起"示范"效应。这一些方法更能唤起他们的羞耻心，增强他们的公德心和责任心，比简单的罚款作用大，影响持久。古人所谓"明刑弼教"，刑罚的目的还是帮助教育。而不能以罚代管，以罚代教。

问题六：教育方式单一，且力度不够。所谓教育，仅是宣读制度，这种方法过于单调，且不容易入人心。我们能否利用人的羞耻之心和爱面子的心理，对这种不文明的行为大加讨伐、讽刺、羞辱、打击。比如在晨会上、在小组会上、在大庭广众下，公开地、大声地斥责这种不良行为，以引起心灵震撼。在制度和理性无法到达之处，唯有文化能够激起人内心深处的觉醒，唯有面子和羞耻之心能够让人收敛不良行为。还有，我们是否可以收集国内外一些关于日常文明的小故事，开展对比教育，进行一些文明启蒙教育。这正是以文化人的方式。不要说这太浅了，其实这正是很多国人缺的一门课。我们不是到处可以看到不得随地吐痰的牌子吗？这在国外文明国家有吗？没有。人家已经成为一种文明了，不需要呐喊，不需要呼吁，不需要监督，也不需要教育，在人家看来，这是一种自然的习惯。有一位企业家说得好：随地吐痰罚款，是制度，不罚也不吐是文化。制度宣读只是一种强硬的思想嫁接，并不牢靠，只有文化的启迪才能传之永久。这种文化的功夫如何下，这种文化的启迪该怎样做，这正是我们企业文化工作者应该深入思考的。

文化手段、文化举措、文化方式运用得当，用当其时，不一定见效慢。罚款简单，往往可以收到立竿见影之效（有时候也不一定，比如此例），但要一罚到底，不能罚罚收收，那就把人搞疲沓了，这本身就是一种不好的文化。关于此例，笔者曾设想这样一个场景：把全公司员工或者是被罚者所在部门的全体员工，由部门经理带队，公司领导参加，集中在被罚的现场。先把现场全体打扫一遍，然后由被罚者现身说法，来个自我检讨，部门经理也要检讨自己应负教育和领导之责，最后再由公司领导作个总结，最后讲一讲文明素养的问题，然后再把这件事通报全公司。这比罚款来得麻烦，但效果远比贴个罚款告示好。对于一些事关全局的事，关系到全民教育的事，就要大动作、大声势、大场面，那才有教育效果，才能产生集体记忆。当然还有其他文化手段。一个最简单的方法，在集体大会上，由被罚者作个检讨，然后领导讲个话，从被罚说起，联系企业文化、企业形象，讲如何提高文明素质的大问题，也能起到教育多数的作用。

"6S"管理的核心是素养。开展"6S"活动绝不仅仅是图个好看，而是着眼于培育一种文化和提高人的素养。记得小时候经常参加义务劳动，打扫街道卫生，现在还有一些机关团体每星期五义务打扫所分区域卫生的制度。久而久之，真还起到一些移风易俗的效果。这也是一种群体教育的方式，一种自我教育的方式。

从这件小事也可以看出，企业文化建设任重而道远。

公德教育与企业文化①

　　企业的大门口是企业的脸面和窗口。可是不少员工在企业的大门口随地吐痰，乱扔烟头，乱丢垃圾，严重影响了公司的脸面、形象和公共卫生。笔者曾就这件事采访了几家企业，发现家家都有，程度不同，而且屡禁不止。大都停留在违反规章制度的层面上，罚款了事，很少提到文化层面来分析，更没有提到公共道德的高度来对待。而他们从来没有进行过公德教育。他们认为，他们是企业，公德教育是公家的事，是国家的事，是社区的事，社会的事，不是他们的事，不是企业的事。笔者以为，这种错误认识恐怕就是屡禁不止的原因之一吧，至少可以说进行公德教育是有效制止乱扔烟头、随地吐痰的重要措施之一。

　　在公司大门外随地吐痰、乱扔烟头和垃圾，是一种缺乏社会公德的表现。何谓社会公德？社会公德就是公共场所的行为规范和道德自觉。企业在社会中生存，在社区内活动，就不能无视社会公德，就不能缺失公德教育。而从目前的情况看，公德教育还是我们许多企业普遍缺乏的一门课，是许多企业文化缺失的一环。我们的企业文化建设仅盯住企业内部，外部如何，与我无关，八小时以外，与我无关，出了大门，与我无关，这是一种认识上的错误和偏颇。

　　企业文化肩负着建设先进文化的重要任务，而公德教育是建设先进文化的重要内容，是企业文化的必修课。企业要成为"企业公民"、"社会公民"，就不能没有社会公德，就不能不关心员工的公德教育。事实证明，一个人没有公德意识，没有公德意识培养起来的良好个人习惯，即使在厂区不吐、不扔，出了公司大门还会乱吐乱扔。而由于没有形成习惯，在厂区恐怕还会重犯相同的错误，因为他没有这种意识，没有形成习惯，要他不犯，很难。可

　　① 原载《现代企业文化》2013 年第 9 期。

能因惧怕罚款，在厂区会注意，而在社区没有罚款威慑，他就可能放松。所以，要治本的话，还是要唤起员工的公德意识，从而养成良好的个人习惯，才能杜绝这种不良行为的重复发生。由此也可知，公德教育与企业文化建设其实是息息相关的。如果我们的企业都能担负起社会公德教育，就会引导社会形成优良大环境；反过来，社会大环境又会影响企业这个小环境。我们经常讲"企业的社会责任"这个大问题，遵守社会公德应是尽社会责任题中应有之义。如果我们能切实地从不随地吐痰、不乱扔烟头这种公德小事做起，进而把企业的公德文化推及社区，这也是企业在尽社会责任的具体体现，从企业文化上说，也是实现辐射功能的一条重要途径。

随地吐痰、乱扔烟头和垃圾，也是缺乏社会文明的行为。社会文明、社会公德既要由法制来维持，也要靠个人修养来约束。何谓个人修养？个人修养就是内心自觉。自我约束是人类精神文明的基础。以文化人就包括提高人的修养，提高人的文明水准和道德水准。随地吐痰、乱扔垃圾，看似小事，其实正反映了一个人的文明素质、文化教养和道德水准。文化其实往往是从日常小事表现出来的，所谓细微之处看文化，细节之中见文明。我们曾为同胞在国外随地吐痰、乱扔垃圾、不分场合抽烟而遭侧目、鄙视、抨击而感到汗颜。我们曾经骂过这些同胞怎么这么不争气，可知，这些坏习惯是从国内带去的，是从家里带去的。我们应当学习文明发达国家人民的公德意识和自律意识。这个问题可以大到关乎民族的文明素质和爱国主义的问题。"文明"是党的十八大报告中提出的社会主义核心价值理念之一。践行社会主义核心价值理念，提高全民族的文明素质，就是要从不随地吐痰、不乱扔垃圾这些道德 ABC 做起。企业对员工进行公德教育实是践行社会主义核心价值体系的具体而又重要的举措。

在笔者的调查中，在这些受罚的员工中，新进公司的大学生占多数。按说这些人受过高等教育，难道不懂得、不知道随地吐痰、乱扔烟头是不文明行为吗？为什么这种不文明行为会发生在这些文化人身上？他们的文化虽然毕业了，可他们的文明意识还处于蒙昧时期。伟人是从点滴干起的，伟业正是要从小事做起。良好的文明习惯，可以陶冶我们的情操。有许多伟人从小就刻意培养自己良好的举止。比如，周总理在会见外宾的时候，从来不跷二郎腿……一个人的气质、素养、修养的形成离不开日常诸如不随地吐痰、不乱扔烟头、不乱丢垃圾、不当众挖鼻孔、剔牙要半遮住嘴巴、公众场合不吸烟、不大声喧哗等细节的培养和修炼。素养是一种修为。中国文化历来讲究修身，"修身、齐家、治国、平天下"，修身排在第一位。公司承载着我们各自的理想，是我们共同的家园，而实现这个理想，却需要从修身开始，从爱护这个家园的环境开始。

要有效遏制随地吐痰、乱扔垃圾的恶习，除了要坚持不懈地进行公德教育、社会主义道德规范教育、八荣八耻教育等，在管理上还须进行制度创新。对于屡教不改者，能否将罚款记录记入个人档案，将来作为晋升的依据。比如，把随地吐痰、乱扔垃圾视为不认同企业文化的行为，设一个分数线，零分者企业将不予晋升。当然在操作上可以探讨。华为有一个诚信管理制度，每个人有100分，员工拿了假发票报销就要扣分。一旦扣了分，员工以后报的所有东西都要认真查。如果是100分，半年没有出现任何情况，就可以实报实销。一个要认真核查，一个可实报实销，关系到人的尊严，这里面就有文化的作用。

三星公司把人性美、道德性、礼仪规范和行为规范看成三星宪法。李健熙认为，三星要发展成真正世界一流的企业，最重要的是所有的员工都要成为具有人性美、道德性、重视礼仪规范和行为规范的人，否则三星将永远摆脱不了二三流的水平。他认为，企业文化的创造就要以道德感和礼仪观为基础。什么是道德感？他举例说，无论多忙，见到小孩子摔倒了，也要停下匆忙的脚步，把孩子扶起来。三星集团的职员是韩国企业中最重视礼仪的职员。从接电话、接待访问办公室的客人时的姿态到递名片的姿势等，三星职员都要比其他公司的职员更有礼貌。

写到这时，笔者又想起了早年的"五讲四美"。"五讲四美"的核心精神就是讲公德，讲文明、讲礼貌、讲卫生、讲秩序、讲道德；心灵美、语言美、行为美、环境美。可惜很多人忘记了，可见我们一些人公德意识不牢，还须讲下去。在这一点上，笔者觉得社区做得比许多企业好。我们小区的所有门口、路口、道口都挂有宣扬社会公德的标语。其中有一句是"公德记于心，文明践于行"；还有"公德心中记，文明伴我行"，等等。奇怪的是，在他们的门口，还真没有发现乱丢的烟头。当然这绝不单单是几句口号的作用，是一种长期宣传教育的结果。

公德问题就是道德问题，归根结底是文化问题。国人公德意识差，是有文化根源的。与西方文化相比，中国文化缺乏"公共空间"意识。我们历来讲"忠孝两全",上对得起朝廷,下对得起妻儿老小。一些人更有"各人自扫门前雪,不管他人瓦上霜"的极端自私心理。其实在朝廷和家庭之间,还有一个辽阔的"公共空间"。国人长期无视公共空间的行为规范,这是中国文化的一个盲区。余秋雨老师说:"公共空间是最大的文化作品,同时又是最大的文化课堂。广大市民的集体人格和审美习惯,都在那里培养。"企业要做企业公民,要尽社会责任,就必须具有公共道德,而进行公德教育是企业文化应有之义。

论卑而易行^①

  "论卑而易行"出自《史记·管晏列传》，意思是政令少而浅近易懂，容易为百姓所执行。由此想起企业的规章制度建设问题。

  由于职业关系，笔者到过不少厂，每到一厂，非常留意该厂的规章制度，获益匪浅。但也看到有些厂的规章制度多是多、细是细，分门别类，条分缕析、洋洋洒洒，有的不惜铅字印刷、硬面装帧，厚厚一本竟比《邓小平文选》第三卷还厚。笔者不禁心中自问：这么多条条杠杠，工人们都能记得住吗？笔者有意对某些厂的厂长、部门负责人和工人进行测试，不要说许多工人不晓得，就是某些厂长、参与起草者也说不清、记不全，至于他们是如何贯彻执行、检查落实的就不得而知了。笔者不禁犯疑：这么多规章制度都是精简不得的金科玉律吗？笔者身边有几个本本，细学下来，觉得还是可以删繁就简的。归纳起来，下面这些问题都是造成制度冗繁的主要毛病：

  （1）穿靴戴帽。如开头总是"为了……特制定……"，结尾又总是"让我们……"

  （2）官话套话。有的规章制度竟一字不漏地把党的一个中心、两个基本点、四项基本原则乃至地方政府的标语口号都写进来。"宏观"的倒记着了，"微观"的却忘了。

  （3）重复出现。一项制度在安全条例中写了，保卫制度中也写了，交接班制度中还写了。

  （4）宁长不短。可以缩写为一条的，硬分成两三条，一句话就可明了的，写了好几句。

  （5）罚则烦琐。一项制度十几条、二十几条，条条有罚。这条违反了罚5元，那条违反了罚4元，有的竟只有几毛之差，单单记这些罚款都难以记

---

① 原载《企业文化》2002 年第 6 期。

准确。

（6）无的放矢。有的一味求制度健全，无的放矢，本单位根本用不着；有的纯粹是为了应付检查，这样汇在一起，以数量之众显健全之貌，有何必要？

（7）细而难行。有些条条订得很细，似乎不凑 10 条 8 条不成为制度；有的细到无法查处，细有何用？

凡此种种，能不多、不长？这么多、这么长，都能记得着？记不清、记不下，能执行好？

诚然，规章制度建设是企业管理的一项重要内容。笔者认为，必须坚决打掉上述种种毛病，贯彻少而精、用得上、记得住、管得好的原则，做到"论卑而易行"。"三大纪律，八项注意"短短 61 个字，铸造了一支伟大的人民军队。"海尔"起家时，只有"13 条"，其中有一条是"不许在车间大小便"，就是从这"13 条"做起，"海尔"成为了世界巨人。另外，"功夫在诗外"，要真正发挥规章制度的作用，还须注意以下几个规章制度以外的问题。

首先，一个企业要有权威。这个权威上至厂长，下至班组长一级，都能做到言出法随，令行禁止。如果说连各级管理人员的话都不顶用，更不要说写在纸上、贴在墙上、记不清、记不全的规章制度了。笔者的意思当然不是不要法制，而是强调"有法还须执法人"。

其次，要在提高全体员工的思想素质上下功夫。这就是要坚持不懈、以身作则地进行思想教育和精神塑造。这个功夫下得好，既可减除许多规章制度的制定工作，更可使已有的规章制度执行得好。需知思想是行动的先导，思想觉悟提高了，员工分辨是非的能力、执行制度的自觉性提高了，不知要省掉多少在规章制度的制定、宣传、查处上所使的劲。

最后，重视运用企业文化来解决企业内部矛盾。企业文化的整合功能、约束功能、控制功能、激励功能是解决企业内部矛盾的有效途径。如果企业的一切问题、一切矛盾都用法制或契约来解决的话，那是十分不利的，用经济学的话说，会大大增加企业的交易成本和管理成本。反之，如果建设了一个大家共同认可的企业文化，有了共同的价值观，有了高度认同的企业精神，人人达到"自我管理"的境界，那么企业的管理成本、交易成本就会大大降低。"同仁堂"300 年不倒，越老越好，靠的是什么？三个字：德、诚、信。它那两条家喻户晓的堂训："济世养生，同修仁堂"、"物料虽贵，必不敢减药力；工时虽繁，必不敢省人工"，是"同仁堂"百年老店的光辉写照，是"同仁堂"百年不倒的秘诀。这就是"同仁堂"的企业文化，"同仁堂"人的价值观和行为准则。

重复两句话以结束本篇："论卑而易行"、"功夫在诗外"。

荣辱观教育与管理者伦理形象塑造[①]

中国自古以来就有文化立国的政治传统，而在中国传统文化中，伦理道德又是其最重要的内容之一。如"礼义廉耻，国之四维"，是说礼义廉耻是国家的四个柱子。在马克思看来，伦理道德作为人类的精神活动，是在人类的经济活动中产生的，并随经济时代的发展而发展。在我国改革开放新的历史时期，胡锦涛同志提出的"八荣八耻"便是对中华民族树立正确的荣辱观、道德观所进行的高度概括，建设中国特色的企业文化应以此作为重要的价值导向。

当前，各地企业都在以"八荣八耻"教育为契机，努力实践、探索"八荣八耻"与企业文化的契合。我们注意到其中一个重要倾向：众多企业管理者游离于荣辱观教育之外，"八荣八耻"似乎只是对职工而言，而与管理者无涉。这是长期以来"从上到下"式思想教育的一种惯性表现，也是诸多企业荣辱观教育不见成效的一个重要原因。笔者因咨询业务需要，曾亲自参加了一家企业的荣辱观教育。在场者 50 多人，没有一个企业高管，只有一名中层副职召集学习，其他干部不是外出就是忙于工作。在学习文章、文件的过程中，许多工人不时摇头哑笑，这给笔者以强烈的刺激。事后笔者曾问一位工人，你们为什么摇头和发笑？他说："上头做好了，啥教育也不用！"他的话虽然有些偏激，但笔者却不无道理，遂产生了写作此文的动念。

企业管理者的伦理素质、伦理形象不仅对于荣辱观教育和企业文化建设的成效具有决定性的作用，而且对于企业整个管理功能的实现都具有不可低估甚至决定成败存亡的重要作用。

我们说，管理功能的实现会受到一定历史条件下、一定社会关系中各种因素的影响，而其中伦理道德因素是最具持久广泛作用力的因素。企业文化

---

① 原载《中国企业文化研究》2008 年第 4 辑。

正是在科学管理和行为科学管理的基础上，把人们在共同的社会文化中生成的伦理价值作为实现管理的纽带，赋予管理丰富的伦理内涵和精神价值。伦理道德因素正以一种稳定的、不断增长的力量融汇于管理实践的全过程，影响和制约着现代企业的活力和发展水平。当前，我国许多企业的管理仍呈较低水平，原因之一就是在完善技术、任务管理的同时，忽视了企业管理的伦理因素和伦理形象塑造，从而影响了职工的积极性、向心力和创造性，导致管理的低效。而管理者的伦理素质和伦理形象对于管理功能的实现却具有不可忽视的高相关性。

企业的管理者是企业中对群体活动和信念最有影响力的人，这种影响力有两个方面：权力性影响力和非权力性影响力。大家都知道，管理者的权力性影响力具有强制性，被影响者的行为和心理主要表现为被动地服从，它对人的激励作用是较小的、暂时的。而非权力性影响力是以内驱力的形式，通过潜移默化和熏染起作用，被影响者的心理和行为表现为主动自愿，因而它对群体的激励作用是深刻的、长远的。这种非权力性影响力除了管理者的能力、知识、情感等因素外，伦理因素起着非常重要的作用。管理者的伦理道德素质越高，在职工中的威信就越高，就越具有感召力、号召力，做出的决策就易于实现，组织的任务就易于完成，企业的目标就易于实现。孔子云："其身正，不令而行；其身不正，虽令不从。"所谓正，指具有高尚的道德、伦理、情操。管理者良好的道德素质是赢得感召力和影响力的精神动力，是企业的"心灵支柱"和"精神领袖"。好的品行是广大职工的楷模，坏的品行也会起到诲淫诲盗的作用。恰如《春秋公羊传》所言："诸侯好利则大夫鄙，大夫鄙则士贪，士贪则庶人盗。"管理巨匠德鲁克也说："一般下属通常都会以一个有魄力的上级榜样塑造自己。所以，在一个组织内，恐怕没有比一个有魄力但道德败坏的主管更糟糕的了。"可见，管理者的伦理形象对于管理功能的实现多么重要。

有调查显示，在我国企业中，普遍存在着职工主体意识不强、集体观念淡薄、劳动积极性不高的情况，即使在一些先进企业，职工的积极性也并没有充分发挥。调查表明，造成这种状况的原因，经济因素的影响度仅为50.2%，并非决定性因素。尚有49.8%的职工认为，公平因素、激励因素、尊重因素、期望因素、企业不良形象和不良行为等伦理因素影响了他们的积极性。一些企业大吃大喝，任意挥霍，一顿饭可以吃掉几万元、十几万元，开会要到风景名胜地甚至国外，耗资少则几十万元，多则上百万元；有的企业尽管亏损，老板却不断换车；一些管理干部弄权渎职，假公济私，以权压人，推诿扯皮，不负责任，虚报发票，贪污受贿，贪图享受，挥霍浪费；有的企业不顾国家和消费者利益，采取不正当手段，坑蒙拐骗，牟取暴利。凡此种种，极大地挫伤了职工的积极性和向心力，伤害了职工对企业的感情，影响了士气，从而导致了管理效率低下。由此可见，企业道德建设和管理者伦理形象塑造，实在是企业荣辱观教育中必须解决的一个问题，也是改善和提高管理效率和管理水平、提高职工积极性的一个迫切需要解决的问题。

我们所调研和咨询的这家企业做得就很好。他们很快接受了我们关于在开展社会主义荣辱观教育中重视企业道德建设和管理者伦理形象塑造的建议。他们的企业理念原本没有涵盖企业道德方面，除了职位说明书外，也没有其他关于管理干部方面的制度和道德要求。我们一块从职工普遍不满意的问题入手，以"八荣八耻"为指导，提出了"公平、公正、正义、正气"的企业道德理念，根据这个理念的总精神和干部中存在的问题，制定了干部十大戒律：

（1）令行禁止，不阳奉阴违。

（2）完成任务，不敷衍拖拉。

（3）廉洁奉公，不图谋私利。

（4）处事公正，不挟嫌报复。

（5）实事求是，不弄虚作假。

（6）深入实际，不脱离群众。

（7）注意保密，不自由主义。

（8）勇于负责，不上交矛盾。

（9）团结合作，不互相拆台。

（10）敢管敢谏，不怕得罪人。

为了进一步深化、细化和量化企业道德理念和干部十大戒律，把社会主义荣辱观教育和企业道德建设、管理干部的伦理形象塑造与企业文化建设和企业管理活动更加紧密地结合起来，公司还制定了企业伦理规范细则。其中干部篇总则提出："塑造管理者伦理形象，就是要求管理者成为职工的道德楷模、做人的榜样。管理干部要随时注意着力塑造公平、公正、亲和、真诚、清正廉洁、以身作则、说话算数、承担责任、关爱职工的伦理形象。"指出：

"要以道德的手段去获得利润，向与公司有业务往来或希望与本公司建立业务关系的供应商、客户或其他方面索取或接受礼物或任何形式的酬劳，都是不允许的；任何弄虚作假、坑蒙拐骗、以次充好、损害消费者利益的行为都是不允许的，违者撤职直至清除。"针对干部脱离职工的倾向以及职工特别关注的干部廉洁问题，细则规定：员工结婚、生日、生小孩，直管经理都要去职工家中祝贺；每位经理以上干部每年同直属员工谈心不得少于两次；干部的差旅费、招待费每季度要向职代会公布一次；各中心都要设意见箱，每天开箱一次，对职工提出的问题都要按规定的权限、程序和时限作出答复。细则在干部应带头执行企业规章制度和伦理规范的规定中特别制定了一条干部倍罚原则：凡要求职工做到的，干部从严；对于犯同类错误者的处理，干部从重。

伦理规范细则公布以后，笔者问先前那位工人的看法，他说："定的都很好。其实我们工人主要的还是看干部们怎样做的。"与他的两次直率的谈话，我们在给企业最后的咨询报告中总结道："任何思想教育和行为教育，如不是自上而始，最后都将是微效的，甚至是反效的；上教重于下教，吏教重于民教，身教重于言教，应该是我们这次管理咨询和管理培训中遵循的一条原则。"

截至发稿前，从该企业传来的信息说，自开展荣辱观教育与管理者伦理形象塑造以来，企业干群关系呈现了前所未有的融洽，职工对中层以上干部的满意度从原来的60.3%，提高到现在的76.2%，笔者因此感到一丝安慰。

论企业文化的初始效应^①

我们都有这样的体验，人与人交往，第一印象往往非常深刻；读一本书，也往往开始读的那部分印象最深，这些现象就是所谓的初始效应。初始效应对于建立人的信念非常重要。企业文化若能善于利用初始效应，就能收到事半功倍之效。企业文化的初始效应主要体现在初期、初任、初次三个方面。

第一，初期，也就是企业刚刚建立的时候，一群人为了一个共同的目标刚刚走到一起的时候。这个时候，企业的创始人就必须对建立什么样的企业文化有一个清晰的构想，并且以一种十分权威的手法将这种文化植入人心。在这方面，前人有一些教戒和思想可供我们学习。

比如，中国古代哲学有一个"慎始"观：重视开始，强调"慎始"。"慎始"之理在《周易》中就被屡屡言及。《周易·师卦第七》的"初六，师出以律，否臧凶"。《周易本义》释："律，法也；否臧，谓不善也。""在卦之初，为师之始，出师之道，当谨其始，以律则吉，不臧则凶。"意思是说，初六处《师》之始，为"兵众"初出之象，兵众出发要用法律、号令来约束，军纪不良必有凶险。它说的虽然是军纪，是硬约束，而我们说的是文化，是软约束，但是在建厂之初，在纪律制度不可能完备的情况下，企业家更多的就是用软约束，以后才渐渐地将一些软约束转化为硬约束，形成一系列规章制度。先"内化于心"，再"固化于制"，这是一般的过程，也是企业文化形成的一般规律。

再比如，《周易·讼卦第六》讲"君子以作事谋始"，意思是君子观《讼卦》之象，悟知"作事"之初，当先"谋"其"始"，如宣明章纪、判明职分等。"作事谋始"，就是告诉我们，万事须慎"初"治"本"。而建立什么样的文化就是一个企业的治本之策。总之，建厂之初，或一个组织成立之初，

① 发表于《现代班组》2012 年第 5 期，《中外企业文化》2012 年第 6 期。

作为当家人，一定要有清晰的理念，并善于利用各种有效形式和场合。比如在会议上当众亮出，给人一个十分清楚的第一印象。从某种意义上说，首战必胜，往往在于你开始定一个什么样的文化基调。建厂伊始，好像一张白纸，好写最新最美的文字，好画最新最美的图画，这种时候，是植入企业文化的最佳时机。一般来说，你种下什么样文化的种子，将来就会结出什么样文化的果实。这个时候，也是一个企业形成传统的时候，而传统是不易改变的，因此，应当"慎始"。

这种初期效应也常应用于新领导上任之初。新领导上任往往是新变革的开始。上任之初，员工对新领导都有新期待，新领导对新工作也会有新想法，这时，是塑造和建立某种文化的好时机。一位厂长在就职的全体干部会议上亮出了他的七句话（是经过精心设计的，首先七就是一个容易被人记住的数字）："是骡子是马拉出来遛遛"，是宣示他要凭实绩来用人，提拔干部，显示了他重在实干、实践、实绩的文化；"要成为一班人而不是两班人"，是针对该厂实际存在的"两班人"问题做出的警告，显示了他不怕困难、敢于面对问题的决心和不允许出现此类问题的坚强意志，也是给那些搞不团结的人的一个下马威。俗话说"约法三章"、"丑话说在前头"，这些都是重视和善于运用初始效应的工作方法，也是建立某种文化的重要方法。

第二，初任，就是首任。企业文化的初始效应关键在首任长官。《亮剑》中李云龙一段十分有道理的对于亮剑精神的塑造的话，对于我们建设企业文化具有重要的借鉴意义。他说："传统是什么？传统是一种性格，一种气质，这种性格和气质，是由这支队伍最早的首长的性格和气质所决定的……战斗意志和亮剑精神是我们部队的军魂。"首任长官是初始效应的重要环节和重要因素，一个有高度文化自觉的领导者，必定十分重视在一开始对组织的文化塑造、理念的灌输、思想的培育、精神的塑造。"海尔"、"联想"之所以能够建立起那么强势的文化，跟张瑞敏、柳传志这样强势的首任领导是分不开的。

第三，初次。是指企业的主要领导者以及整个管理团队，在与员工初次见面打交道时，一定要树立良好的第一印象。一般新进员工都是根据其所见领导的第一印象而对企业下判断的。包括在什么地点、什么时间、说什么话、做什么事、怎样说、怎样做，都会对以后相处产生影响，都会形成某种文化印记。所以一定要重视这个初次，善于运用这个初次。

从企业家文化到企业文化①
——杰克控股集团企业文化建设述评

一

　　"我是不会选择去做一个平凡的人，如果我能做到的话，我有权成为一个不平常的人。我寻找机会，但我不寻求安稳。我不希望在企业里平庸工作，甚至被淘汰，那将被人瞧不起而使我痛苦万分。我不怕失败，我要做有意义的冒险，我要梦想，我要创造，但我更要成功！"

　　每周一的早上，当新的一天钟声响起的时候，全体杰克员工整齐地列队站在杰克广场，庄严的升旗仪式之后，全体杰克人在领诵人的带领下，激情满怀地齐声背诵这篇"杰克人宣言"……

　　真像一篇短小、隽永而又精美的散文！这是每一个杰克人的宣言！这宣言饱含着杰克人的希望和憧憬、理想和追求、信念和决心、坚强与执着，这宣言宣示着杰克人不甘平庸的情愫，做一个不平凡的人的胸怀，不怕失败敢于胜利的豪情，寻找机会追求成功的冲天壮志！这宣言像旗帜、如战歌、似军号，呼唤着黎明，呼唤着梦想，呼唤着成功，呼唤着未来！它伴随着杰克前进的步伐，一次次在人们的心头响起，给人激情，给人鼓舞，给人力量！

　　一位员工这样说：宣言是我们的心声，宣言就是誓言，是誓言就要去实现。每当我工作遇到挫折的时候，每当我感到前路迷茫不知所措的时候，宣

　　① 原载 2006 年 4 月 21 日第 15 期《中国服饰报》，后发表在《中外企业文化》2006 年第 6 期，发表时题目被改为《杰克集团：从企业家文化到企业文化》。此后相继被《企业文化》、《企业家信息》、《东方企业文化》等刊转载。

言都给我力量。要在平凡的工作岗位上做一个不平凡的人，就要像宣言所说的那样，不怕失败，寻找机会，追求成功！

还有一位员工这样说："'杰克人宣言'是我一生的宣言，不论我将来走到哪里，天涯海角，'杰克人宣言'都是我心中的一面旗帜。"

宣言的故事很多。但最有代表性的是宣言的作者——一个从修鞋匠成长起来的亿万富翁，总部设于浙江台州的中国杰克控股集团总裁（以下简称"杰克"），杰克企业文化的设计者、践行者——阮积祥。

时下，浙江省台州市以其强大的产业集群优势和唱响国内外的"台州制造"品牌，成为上海经济圈15＋1的成员城市之一。杰克就是这个"圈"中跑出的一匹"黑马"——这是当地政府和新闻媒介对杰克的普遍称誉。成立于1995年的台州杰克缝纫机有限公司，经过不到十年的艰苦创业，从一家名不见经传的家庭作坊式小厂，成为拥有缝纫机和机床两大产业、7家子公司、年销售产值6亿元的中国杰克控股集团，并建立了一套独具特色的企业文化体系。2003年被评为"中国企业文化建设先进单位"、"未来之星——21家最具成长性中小企业"之一；2004年入选"中国机械500强"，被中国企业家联合会评为"中国优秀企业"。由中央编译出版社出版的《活力之源》一书，曾以纪实文学的手法，记录了杰克富有传奇色彩的创业经历和与众不同的企业文化。

阮积祥总结杰克快速崛起、后来居上的经验时，把企业文化、人才战略、信息化和科学技术视为杰克发展的四大支柱。记者曾问阮积祥，在支持杰克快速崛起的四个支柱中，为什么把企业文化摆在第一位？阮积祥说："企业文化渗透在我们的生产、营销、人事、财务、科技开发、车间科室、上上下下、方方面面，对我们整个工作起着一个精神动力和智力支持作用，从管理上来说，我们是从企业精神起家的。"

杰克创业之初，资金不足，人才不济，技术不精，设备不全，要在这困难重重的起跑线上奋勇赶超，主要靠什么？靠人的精神。可以说，阮积祥当时尚不知企业文化为何物，甚至可以说连企业管理懂得也不多。但他懂得一个人没有一点精神是不行的，一支队伍没有一股士气是不行的，干事业没有一班同舟共济的人是不行的。靠什么去凝聚人心、鼓舞士气、指引方向，他提出"和、诚、拼、崛"四个字，即"兴和谐之道，立诚信之企，为拼勇之事，创崛起之业"，把它作为杰克的企业精神，时时告诫员工，教育员工，武装员工，鼓舞员工。杰克十年，在"和、诚、拼、崛"的精神培育和鼓舞下，一批批工人成长成才，杰克一天天发展壮大。现在，凡杰克人无人不晓"和、诚、拼、崛"的精神定义和思想内涵，它已成为杰克的第一理念。

可以说，杰克的创业初期也是杰克企业文化的萌生时期。在这一时期，阮积祥还提出了"我们一直致力于创新"的理念，并请人设计了行书标准字，一直沿用至今。当时，产品转型给杰克带来了发展机遇，阮积祥越发感到创新是一个企业不竭的动力源，是杰克基业长青的保证，要鼓励创新、致力创新、持续创新，让杰克在创新中发展，在发展中创新，因此提出了这一理念，现在已成为杰克的核心理念。正是在杰克精神理念和核心理念的统领下，杰克衍生和创设了许多理念，经过不断地提炼、加工、充实，逐渐形成了杰克理念体系。

我们说，由于各个企业创立的年代不同，由于企业家的见闻、学识有异，又因为和是否了解企业文化、是否有文化自觉有关，所以各个企业在创建企业文化的发端与路径上会有不同。企业文化就是企业家文化，这不无道理。任何一个企业的文化总会有企业家的个人印记，尤其在创业时期，这种企业家个人印记尤为鲜明。创业伊始或创业阶段，由于百事待兴，要务缠身，又缺乏必要的物质基础和人文环境，一般不会立即投入企业文化建设，更不要说企业文化兴起以前和没有企业文化理论准备的创业者。但在这个阶段，大多企业家总会自然地根据当时的员工心理、企业氛围和工作需要，提出一些精神口号和思想理念，用以凝聚人心，鼓舞士气，指导经营。由于反复宣传、贯彻、实施，久之被员工所接受、认同并自觉践行，犹如一颗颗思想的种子，经过不断浇灌和培植终于发芽长成，这就是企业文化的萌生。再经过加工、提炼、充实，渐成系统。这种情形在我国民营企业比较普遍，所以阮积祥说"我们的管理是从企业精神起家的"。

萌生阶段的企业文化，是一个自发、自为的过程。在这个阶段和过程中的企业文化，更多地表现为企业家的个人意识和管理体验。但是精神动力如果没有制度保障是不能持久的，理念形态的文化如不能转化为制度文化并进而化为员工的行为文化，则这种文化的智力支持作用也是不能持久的，这种带有强烈个人色彩的企业家文化最终也不能成为企业文化。尤其当企业规模不断扩大、人员不断增加、管理日渐复杂时，这种转化工作就更加重要。

杰克的企业文化建设，经历了一个从企业家文化到企业文化的转化过程。

他们把这个过程称为"四化四从",即：把企业家的个人意识化为全体员工的群体意识，把群体意识化为制度规范，把制度规范化为自觉行动，把行动化为实际效果；从开头抓起，从苗头抓起，从头头抓起，从典礼仪式抓起。

阮积祥本人对于企业文化的认识和运用就有一个从自发到自觉的过程。而一旦具有了这种文化自觉，他就敏锐地认识到，只有把他本人的文化意识、文化理念化为公司全体员工的共同意识、共同理念和自觉行动，"他的企业文化"才是真正的"企业文化"，才能达到建设企业文化的目的，企业文化的作用也才能发挥出来，否则只能是"阳春白雪，和者盖寡"。他确定了一个"化"的方针：从自己头脑中来，到员工头脑中去；从员工中来，经过公司认同，再到员工中去。这个来来去去、上上下下的过程，是一个反复磨合、达到共同认可的过程。他笑称他这是"活学活用"毛泽东思想。"和、诚、拼、崛"四个字的前三个是阮积祥提出来的，马上得到全体认同，另一个被大家否决了。阮积祥说，"这一个你们来！"大伙一起议，反复琢磨，最后推出一个"崛"字，说明"创崛起之业"，阮积祥一拍大腿，"好！"于是"和、诚、拼、崛"从此印在员工的脑子里，成为杰克的一面旗帜。

杰克就是在这个"来来去去、上上下下"的"化"的方针指导下，在这个"上上下下、来来去去"的过程中，逐步建立了一套涵盖企业精神、愿景、使命、作风、营销、人事、学习、质量等诸多方面且已"化"为全员共识的理念体系。

深入塑造企业文化，把企业家文化化为企业文化，不能停留在理念宣传阶段，而要把这些化为共识的理念转化为制度和行为规范。"言之无文，行之不远"，优秀的企业文化正是要先落实在纸面上，让大家有章可循，有法可依，继而贯彻到企业生产经营的各个环节中去，落实到员工待人处事的行为规范中去，化为员工的自觉行动。且制度文化本身就是企业文化的重要组成部分，企业制度规范必须体现企业文化、企业理念，这是固化企业文化理念的一种重要形式和巩固文化成果的重要载体，是从企业家文化到企业文化的一座桥梁。在从理念到制度的转化工作中，杰克遵循的是"对应呼应"原则，即：理念中有的，企业制度中一定要有，有什么理念，就要有相应的制度与理念对应，倡导什么文化就要在制度设计中呼应这种文化，凡是杰克已建立的文化理念都要融入杰克的制度规范，这就是杰克的"对应呼应"原则。

比如：杰克有"创世界杰克，塑世界品牌"的共同愿景，对应的就有《杰克控股集团中长期发展规划》和《杰克品牌战略规划》。杰克的人才理念是"不管白猫黑猫，抓住老鼠就是好猫；不唯资历学历，多大能力多大舞台"，与此对应的不仅有《杰克人才建设五年规划》（此规划为滚动式），还有一系列"育才之法、选才之制、用才之道、留才之略"的明细制度和运作机制。杰克的学习理念是"学习是应变之道，培训是永不折旧的投资"，与此对应的不仅有各层级、各工种的《年度培训计划和预算》制度、"关于创建学习型企业的决定"、"关于开展读好书活动的决定"，还有被职工称为"比上班还严"的培训管理制度。针对"和、诚、拼、崛"的精神理念，光是一个"和"字，在《杰克员工行为规范》中就有多处诠释和体现，如在关于员工与员工的行为规范中，就有这样的规定："尊重同事的工作，体谅同事的处境，多看同事的优点，多给同事以信心和能力的肯定，主动询问对方需要的帮助，主动与对方协作，多谦让，少计较，谋求共同进步"；等等。

在主管对员工的行为规范里，则有这样的规定："尊重员工的人格，公正对待员工的成绩与失误，做到奖罚分明，用宽容和发展的眼光看待员工，帮助员工成长，关心员工生活，为员工排忧解难。"

而在员工对主管的行为规范中，则又有这样的规定："尊重主管，维护主管威信，与主管意见不统一，执行时以主管意见为准，但个人意见可以保留；对外关系中以主管为第一发言人，自觉当好配角。"

在员工对顾客的行为规范中有："企业价值是和顾客共创的，我们需要和顾客更接近些，不和顾客之间留下任何一个裂缝。"

在企业公共关系行为规范中有："企业是社会关系的总和，将公益事业视为企业的社会责任等。"

所有这些行为准则、行为规范，无不闪现着"和"的思想和理念，体现着杰克"和"的企业精神。而如何将"我们一直致力于创新"的核心理念融入、贯彻到各项具体的制度中，杰克更是面面俱到。

阮积祥这样诠释"我们一直致力于创新"的理念，他说："'我们一直'就是全员全面、持久创新"。为了体现和贯彻这一创新理念，杰克建立了一个"三级五星制"的奖励办法。该办法开宗明义地规定："凡涉及技术、管理、制度、产品开发、生产制造、营销等方面的有效改革或创造发明，包括产品设计、工艺改革、合理化建议等，切实能达到降低成本、提升质量、提高效益、简化流程及便于管理、改善形象等效果的都属于奖励范围。"该办法分创造发明、提案改善、合理化建议三个级别，每个级别又分五个档次，谓之五星级，每一星级都有评分标准和奖励标准。在技术创新方面，为了把创新的理念"化"到每一个部门、每一道工序、每一个环节、每一项具体的工作中，杰克编制了一部 2 万多字的《技术研发体系工作程序》，是杰克的一部重要的企业标准。该标准从系统、集成的创新思想出发，对营销中心、研发中心、制造中心、技术质量部、采购部等相关部门参与技术研发的工作职责及工作流程概要作了具体描述，对从提出开发建议到组织市场调研、正式立项、编制设计任务书、设计图纸、零件采购、工量夹具准备，到样机试制、测试和型式试验，到批量生产、跟踪服务等 30 多道工作程序都作了明确规定。与这个工作体系和工作程序相配套的还有从产品调研到新产品鉴定确认等各种表格 45 种之多。这套程序规范充分体现了杰克技术创新的系统性、集成性思想，同时也是一项管理创新和巩固企业文化的重大成果。

在如此全面的制度安排和激励措施之下，"我们一直致力于创新"的理念便化为经年不息、深入持久的群众性创新活动。自主自愿组合的 QC 小组遍布全公司，小改、小革、小发明、小创造层出不穷，专利申请逐年增加，新产品新工艺不断涌现，每天都有许多合理化建议和提案改善，一种创新文化蔚然成风，不断推动着杰克的技术进步和管理提升，给杰克带来了勃勃生机。JK－798 超高速包缝机填补了国内球连杆工艺空白，获得了两项专利，在 2004 年全国缝纫机行业质量评比中，被评为最高级别 7500 转/分的第一名。JK－5878 光机电一体化开袋机，共有 6 项专利，获 2004 年国家重点新产品项目，从而使杰克成为全国第一家拥有自主知识产权并已批量生产的开袋机生产企业。

二

杰克的"四化"是和"四从"紧密结合的。"四化"虽然也有方法，但更多地还是体现为方针、方略和方式。而"四从"却更多地表现如何使"文化落地"的具体方法。可以说，自觉创建企业文化，在正确的方略、方针确定之后，关键就是找到行之有效的方法。许多企业都困惑于企业文化不知从何抓起，从企业家文化到企业文化不知从何化起。杰克的"四从"可以给我们方法上的启示。这个"四从"就是：从开头抓起，从苗头抓起，从头头抓起，从典礼仪式抓起。

杰克有句话，叫"文化是根，从'头'长成"。这个"头"就是事情的开头、事件的苗头、各级管事的头头。要建设积极向上的企业文化，就是要从这些"头"抓起。

从企业家文化到企业文化，杰克是从招聘开始的。

招聘是一个企业向一个准员工展示其企业文化的开篇，应聘是一个准员工融入该企业文化的头篇。抓好这开头的一篇，对一个新员工的精神塑造和文化感染，进而使其融入本企业的文化之中，以及奠定今后合作的基础非常重要。

一次招聘时，有位硕士生在应聘时问："如果我到杰克，你们能给我什么职位？"负责招聘的杰克工作人员告诉他："我们杰克的用人理念是不唯资历学历，多大能力多大舞台。"还告诉他，杰克的制度规定，不管什么学位的求职者，一律都要到生产车间实践半年，然后视企业需要，公开招聘，竞争上岗。那位硕士生一听扭头就走，丢下一句话："什么理念不理念的！"杰克认为，文化相融是合作的基础，不能认同杰克文化的求职者，即使招进来，也是留不住的。文化是一种生存方式，一个不适应企业生存方式的人，即使企业不辞掉他，他自己也会走人的。事实如此。2003年，有一批大学生应聘进了杰克，也经过了基层锻炼，但由于害怕竞争，拒绝竞聘上岗，期望"拜相求贤"而终不见动静，最后一半的人离开了杰克。对此，杰克欢送而不强留。阮积祥说："我们的文化是'能力文化'，不是学历文化，这种文化是杰克的历史和传统形成的，是全员认同的，也是杰克生存和发展所需要的文化。我们不能容留两种对立的文化存在，那样将会破坏文化的统一性，从而降低凝聚力。"正是这种坚定不移的用人理念、能力文化和与此对应的用人机制，使得一大批在实践中锻炼成才的、没有学位但有能力的工人走上了企业领导岗位，也使一大批从开头就接受杰克这种用人理念和能力文化的、既有学位又有能力的大学生，担任了企业重要职务。一位28岁的河南籍北京农业大学毕业生，从干机床操作工开始，经过两年多的努力奋斗和企业培养，就走上了公司总经理的领导岗位。一位江西籍的北京科技大学毕业的女大学生，从车间仓管员、核算员到做公司财务的应收应付、预算决算、会计报表，一步步走上高层领导岗位，现在已是享受年薪和公司专车待遇的财务中心副总监。而一位参与杰克创业的只有初中文化的老员工，因为有能力、有威信，担任了公司常务副总经理。他们的成功，既是个人努力奋斗的结果，也是杰克企业文化结出的成果，他们的成长，既有激励杰克员工的榜样的力量，更彰显着杰克文化的力量。从而使得杰克的人才理念和能力文化更加深入人心，对杰克人才队伍和各项工作的推动发挥着持久的激励作用。

有道是"良好的开端是成功的一半"。杰克通过抓开头，给新员工奠定了一个良好的"文化"基础，使老员工看到企业文化的传承和巩固，坚定了大家坚守本企业优良文化的方向和信念，对"化"企业家文化为企业文化起了非常重要的作用。

我们再来看看杰克是怎样通过"抓苗头"来促进企业文化建设的。

许多苗头问题、现象，往往是某种文化发酵的结果。好苗头及时引导，可以酿成一种优良文化，坏苗头如不及时纠正，则可能造成破坏现有文化的不良结果，对此，杰克有着高度的文化自警。在杰克，有两座引人注目的企业雕塑，一座曰"蝴蝶效应"，一座曰"青蛙效应"。雕塑的铭文上写道："'蝴蝶效应'告诉我们，有些小事可以糊涂，有些小事如经过系统放大，则对一个人，一个企业、一个国家很重要，就不能糊涂。所以，我们对很多问题都不能常作表面的思考而忽略了本质的思考。在'蝴蝶翅膀'动一动之前，我们要想清楚将会出现什么问题。""'青蛙现象'告诉我们，一些突发事件，往往容易引起人们的警觉，而易置人于死地的却是在自我感觉良好的情况下，对实际情况的逐渐恶化，没有清醒的察觉，没能作出及时的反应。所以，我们做任何事情都要学会看出问题缓慢、渐进的变化过程，防微杜渐，把问题解决在萌芽状态。"

杰克的企业作风是："决策：谨慎思考，果断行动；执行：面向市场，立即行动。"这一理念从决策和执行两个角度和方面都强调了面对竞争激烈的市场，反应要快，行动要快。这是杰克的作风要求。

1999 年的夏天，杰克的发展驶入了"快车道"，东北市场打开，产品供不应求。许多客户都签下了来年的订单。随着冬季的来临，东北片区的一些销售部门陆续收到客户的反映：机器出现故障。销售服务人员凭借多年的实践经验，马上告诉对方处理的办法，有的亲自帮助处理。情况好了一些，所以就没有向总部报告，各销售部门也没有互通信息。过了一段时间，问题又出来了，且反映问题的面越来越大，故障频率越来越高，就像东北的冬季寒风，愈演愈烈，终于发生了退货现象，有的甚至取消了来年的订单。这时他们慌了，赶紧把情况向总部报告，总部又汇总了各地的情况，证实反映的问题基本一致，有关部门又拖了半个多月才派工程师赶往东北。经过调查分析，确诊由于产品设计没有考虑到东北冬季寒冷的具体情况，冷缩导致几个塑料部件出现变形造成的。这次质量事故，从发现问题苗头到采取补救措施，前后拖了三个多月，给公司造成了不可弥补的损失。阮积祥认为，退货原因是材质问题，是工艺问题，是质量问题，更是作风问题。他对各有关部门和人员面对市场不能马上行动的工作作风提出了严厉的批评，对相关责任人员作了严肃处理。他抓住这一事件，在公司上上下下进行了一场声势浩大的作风教育，使"面对市场，马上行动"的作风理念连同这次惨重的教训一起深深地印在了员工的脑海里，并制定了更为严密的信息反馈处理细则。这次大面积质量事故，在杰克是第一次，也是最后一次，此后再也没有发生过质量事故，皆因遏制了破坏企业作风的事故苗头。

"从头头抓起。""抓头头"很容易理解，可真正抓起来就不那么容易了。事实上，头头比职工难抓，而一旦头头真正被"抓"起来了，职工就很容易被带起来了。而在企业文化建设上抓头头，更具有特殊性。这种特殊性表现在两点：其一，在企业文化与企业管理的关系上存在误区，认识不足。头头们常常认为工作这么多，正事都忙不过来，哪有时间弄这个。他们把企业文化看作额外的、与管理无关的添加剂和附属物或者是软的东西。其二，正因为企业文化属于"软"的东西，所以一般很难用硬指标去考核，很难与这些头头们的政绩挂起钩来，所以抓起来很难。由于传统宣传方式的影响，现在很多人把本来就是一种企业管理方式的企业文化硬是和企业管理分开来。其实，企业文化的本质就是企业管理，而且是更高层次的管理，是企业管理发展到当今历史阶段的一种新兴的管理科学、管理理论，是具有更持久、更基础、更具根本作用的企业管理。只是这种管理的某些深层运用同教育一样，不是立竿见影的，所以往往为人们所忽视或轻视。杰克认为，要抓好头头，必须从解决这些认识入手，而提高认识的最有效途径是让他们去亲身感受和体验企业文化，由感性上升到理性。杰克分期分批组织了大大小小头头到海尔、大连三洋去参观学习，让他们切身体验企业文化的魅力和功效。回来进行连夜大讨论：是什么引领海尔不断创新和跨越式发展？为什么一个普通女工在临死前还要让家人把她推到海尔公司门口再看一眼？偌大的三洋为什么没有一个清洁工，没有一个检验员？通过这样的参观讨论，大家得出一致的结论：正是先进的思想理念和优秀的企业文化，才使得这些优秀企业具有如此的凝聚力、高速发展的生产力和如此高境界的自我管理。从而在理论上对企业文化的管理学属性和强大的管理功能有了一个从感性到理性的飞跃，又把这种理性认识化为文化自觉，从而在自己的管理实践中开始注意运用文化的手段、文化的方式、文化的理念并结合其他具体的管理技能去从事日常管理。但是思想问题是会有反复的，一次参观和讨论并不能一劳永逸地解决人的认识问题，必须用制度来巩固。其中一个关键的制度是把企业文化建设工作纳入对各级头头的绩效考核制度之中。在这项制度建设中，杰克经过了一个由粗到细、由浅入深的过程。从开始背记理念到文明生产；从组织文化活动的次数、读书数量、读书人数到接受企业文化培训的人数、次数；从办文化展板的次数到个人写文化管理文章的数量；从企业文化理论知识考试的分数到运用企业文化理论解决实际问题的次数，都尽可能做到量化、细化，从而从制度上促进各级管理人员和干部自觉地学习运用企业文化管理。

"从典礼仪式抓起。"典礼仪式是企业文化的要素之一，是指企业根据自己的宗旨，围绕文化渲染的要求而组织的能体现企业风采、价值追求的各项有特定意义的活动，是企业持续经营所表现出来的程式化并显示凝聚力的文化因素。企业的活动或仪式一旦程式化，形成传统和习惯，就会形成自然风气和职工的习惯化行为。因此，从典礼仪式抓起，是化企业家文化为企业文化的一条有效途径和必然选择，是企业文化发育成熟的一个标志。杰克在长期共同经营生活和管理实践中，形成了一套颇具文化功能和企业风采的典礼仪式，他们说这叫"以礼化文、以礼化人"。这些仪式主要有：

（1）晨迎仪式。每周一早上7：30，凡是在家的杰克的所有总监、主任以上高层领导，分列两队站在杰克大门口，微笑着鼓掌欢迎员工入厂。杰克的晨迎仪式向社会展示的是杰克领导对员工的尊重和热爱，员工感受的是自尊和荣耀，它传达的是企业尊重员工、依靠员工的理念。一周的好心情从这一刻的微笑和掌声开始，许多隔膜在这一刻的微笑和掌声中消弭，管理者与被管理者的关系和感情在这一刻的微笑和掌声中拉近。"晨迎"是杰克领导者对员工的欢迎，由此领导者也受到了员工的欢迎。

（2）升旗仪式。每周一早上8：00，"晨迎"仪式之后，全体杰克员工集合在杰克广场，举行庄严的升国旗、司旗，奏国歌、司歌仪式。在庄严的国歌和雄壮的司歌声中，爱国、爱厂之情油然而生，在鲜红的国旗和鲜艳的司旗面前，报国之志和兴厂之忧激荡澎湃。升旗仪式激发了全体杰克人的爱国爱厂之情，国歌、司歌像战鼓和号角，永远鼓舞着杰克人"前进，前进，进！""让智慧和汗水铸就杰克的辉煌，让信念和向往托起明天的太阳！"

（3）颁奖仪式。杰克公司的颁奖仪式都是安排在每周一晨迎、升旗仪式之后和厂庆日、年终全体员工大会等一些重大场合，由公司高层领导为荣获各种奖项的员工和集体颁奖。颁奖仪式上，有两个固定程序，一个是领导讲话，另一个是获奖员工或代表发言。领导的讲话主要围绕宣传获奖员工和集体的优秀事迹，对他们的表现和贡献表示肯定、感谢和表彰，并通过他们的事迹来宣扬企业的理念，号召员工向优秀人物和先进事迹学习。公司运用颁奖仪式通过树立先进典型和英雄人物来弘扬本企业文化，让获奖者和广大员工在感动和激励中接受企业的理念，增强了忠诚感和向心力。员工的发言既是自我激励，也是对其他员工的激励，言者要更进一步，闻者欲后来居上，榜样的力量就在这种互动中经久不息。

（4）厂庆仪式。每年7月18日厂庆日，是杰克最隆重的庆典之一，公司都要提前多日进行筹备，员工们也都翘首以盼。厂庆的会场隆重而热烈，司旗、彩旗环绕，庆祝口号和理念标语高悬，员工们必定换一身干净的厂服，喜气洋洋地参加庆典。厂庆大会上，总裁要发表热情洋溢的讲话，总结公司的工作，阐释和宣传企业的精神理念，大会要集中表彰一批英雄人物和先进集体，并进行隆重的颁奖仪式，英雄人物和先进集体等代表要登台发言，大会之后要进行丰富多彩的文体活动，董事长、总裁等公司高层领导和员工一起拔河、游戏、唱卡拉OK，这一天必定要比往日多几个好菜，公司的报刊等宣传阵地都要发表纪念厂庆的文章、图片。

（5）队训队歌队会仪式。除每周一升旗日之外，在其他工作日，每天7：30做完广播体操之后，以各中心为单位都要举行队训、队歌、队会仪式。所谓队训就是本中心的工作理念或口号；队歌，有的词曲全是自己创作的，有的是按别的曲谱自己填词的，都是反映本中心的精神情怀的，各有特色。喊队训、唱队歌的时候，整个杰克你方唱（喊）罢我登场，像集会时啦啦队的赛歌一样，一浪高过一浪，热气腾腾，令人精神振奋。队训队歌之后是开队会，由各中心总监或负责人对本中心昨天的工作、今天的任务或其他事项作简短的讲话，或总结，或下达任务，或表扬，或批评，或提示注意事项，三五分钟，简洁明快，队会之后立即进入工作岗位。队训队歌队会仪式，宣传了企业理念，培育了团队精神，活跃了团队气氛，提高了工作效率。

"礼制"是中国传统文化中的一朵奇葩，中国古代就有"以礼治国"的政治传统。《周易》中所谓"观乎人文，以化成天下"之说，意思就是要以文化典籍和礼仪道德来教化民众。知道礼仪对"育人"、"化人"有如此妙用，我们就不难理解为什么现代企业文化管理要把典礼仪式作为其理论体系的要素之一了。

当前，企业文化建设在我国已进入正常发展阶段，文化管理的普遍运用和运用中的疑问与困惑并存。企业文化"无用论"、"难化论"、"务虚论"在许多企业人士的认识中仍然存在。一些卓有成就的企业家也苦于自己的文化理念不能化为大家的共识和自觉行动，一些企业文化工作者也陷入企业文化和企业管理"两张皮"的痛苦之中。与其在困惑和痛苦中不能自拔，不如放眼看看人家是怎么搞的，实践第一嘛！比如，在如何将企业家的个人文化化为全员共有的企业文化这一问题上，杰克的"四化四从"方略及其"上上下下、来来去去"、"对应呼应"、"以礼化文、以礼化人"的做法，能否给我们以灵感和启发呢？

招工难，招工难，杰克为什么不难？^①

在经济危机的冲击下，各地"用工荒"、"招工难"的问题频见报端。而浙江的杰克控股集团有限公司（以下简称杰克）大半年已招进新工人近千人，尤其春节前后是各家企业招工最难的时候，杰克却一下子就轻松招进了四五百人，不仅满足了自己扩大生产的需要，还向其他企业介绍和输送了大批工人。别人招工都那么难，杰克为什么不难？他们有什么特别的招数吗？带着这个问题，也怀着一颗好奇心，笔者对杰克进行了一番探访。

只有不断发展的企业，才能不断地招进人来

杰克是一家总部位于浙江台州的民营企业，主营业务是工业缝纫机，在浙江台州、宁波，上海、江西，湖南以及德国共有 6 家子公司，主要生产自动铺布机、自动裁床、平缝机、包缝机、绷缝机、特种机、开袋机、伺服电机和机床八大系列 200 多个品种，广泛服务于服装、鞋帽、箱包、家具、皮革、汽车、航空和机械制造等领域。公司成立 14 年来，稳健经营，不断创新，始终保持高速发展，从一家名不见经传的作坊式小厂，成长为拥有缝纫机、机床和裁床三大产业、6 家子公司的企业集团，先后获得中国大企业竞争力 500 强、中国民营企业 500 强、中国机械 500 强、中国企业文化建设先进单位等称号，被当地政府、媒体和企业界普遍誉为"台州制造业的一匹黑马"。就在 2009 年 7 月，经济危机最困难的时候，杰克一举并购了德国拓卡和奔马两家世界著名的裁床企业，成为目前世界唯一一家集缝前和缝中为一体的成套缝制设备制造商，一时成为国内媒体和业界的热门话题。紧接着，9月，杰克又与中国服装协会建立了战略合作伙伴关系，成为独家冠名中国服装品牌大奖赛的赞助商。2010 年 1 月 "杰克 JACK" 被中国国家工商总局认

① 原载《中外企业文化》2010 年第 5 期，发表时编辑将标题改为"杰克为什么招工不难"。

定为"中国驰名商标"。一个又一个胜利和喜讯极大地振奋了杰克员工，增强了员工的向心力、凝聚力和归属感，也极大地提升了杰克的品牌影响力和社会影响力，全国各地的求职者纷纷登门求职，他们以成为杰克一员而骄傲和自豪。杰克总裁阮积祥说："无论是招人还是留人，最根本的还是企业要不断发展，只有不断发展，才能不断地招进人来，也才能留住人才。"

以"文"聚人，以人为本，杰克招工从不难

杰克一向重视企业文化建设，是台州地区最早荣获"中国企业文化建设先进单位"称号的企业。在长期发展过程中，杰克紧密结合生产经营的实际，紧紧围绕人，积极开展企业文化建设，形成了以"文"聚人、以"文"化人、以"文"育人、以"文"养人的民营企业文化建设新模式，在工人中和社会上形成了良好的口碑，这种好口碑在企业招工过程中，发挥了巨大的文化感召力，取得了以"文"聚人的丰硕成果。

一个企业业绩好，不一定口碑好，就像一个富人，有钱但不一定有好名声；而一个企业口碑好，就不仅代表业绩好，还说明有人缘得人心。在对待员工问题上，杰克向来遵循"以人为本"的人性化管理原则。他们按工种制定了员工最低工资保障线，最低一档为1600元，最高一档为2600元，目前员工月平均工资已达3000元；按时为签约员工缴纳"五险"，大学生还有一金——住房公积金；按时发放工资，从不拖欠一天；他们实行"不唯资历学历，多大能力多大舞台"的用人理念，不遗余力地为员工提供多种培训，积极开拓员工的上升通道；每一位员工生日，公司都会送上精美的生日蛋糕和总裁贺卡；职工餐厅，每顿都会呈上30多个品种的丰盛饭菜；员工宿舍，设备齐全，明亮而舒适……员工们都说：杰克对我们像家里一样，我们要把杰克当作自己家一样对待！

春节前，为了迎接新一轮生产高潮的需要，杰克制定和出台了一系列人性化的招工举措，发动全公司员工老乡招老乡，对员工介绍新工人加盟杰克给予一定奖励。新工人按时报到的报销车路费，即使试用不合格的也给报销。其间公司提供免费住宿一个月，并给每人100元的餐费补贴。员工们纷纷响应公司的号召。零件制造中心的两名员工一下子就带来了70多人，他们说："我们身在杰克，杰克待我们好，老乡相信我们。"一批安徽来的新员工说："杰克工资高，五险都交，从不拖欠工资，很正规，还有很多培训机会，这

样的企业上哪儿找！"笔者问当地的一位新员工为什么到杰克，他说："到杰克工作好找对象。"还有一位员工说，是他父亲一定要他到杰克来的，说是在杰克能成人成才。当地人才市场的一位负责同志对笔者说："杰克口碑好，他们招工从来不难。"而当笔者问杰克集团董事长阮福德先生你们招工为什么就不难时，阮董事长自豪地说："我们有企业文化感召法！"

不轻诺，重承诺，凡是说的一定做

时下，招工难问题在一些地方、一些企业确实存在，原因当然很多，但政策措施不到位、招工方法不妥当不能不说也是一个重要原因。笔者就听说有些企业在招工过程中，采取连哄带骗的手段，招人时把自己的企业说得天花乱坠，随便承诺，求职者所提要求几乎都能答应，而实际上却兑现不了，结果即使人给带进来了，没多久就又走了，到头来，人没招到，还落了个坏口碑。笔者就问过从某地转来杰克打工的几位湖北工人为什么到杰克来，他们齐声说，那家公司说话不算数，杰克实事求是，说话算数。杰克人力资源中心总监黄展洲在接受笔者采访时说："招工这活，功夫在内不在外，平时不烧香，临时抱佛脚，肯定难！这样难，那样难，发动员工就不难！还有，就是重承诺。要说招数，许多企业都比我们多，要说硬件，许多企业也比我们强。我们最主要的一条是说到做到，凡是跟求职者承诺的一概兑现，不是说就这一次，我们历来重视兑现承诺！"不知黄展洲说的这番话，对一些正在为招工难而大伤脑筋的企业来说，有没有启示。

企业文化的"三化一统"①

　　所谓"三化一统"是指以文化心、以文化境、以文统管、以文化行，是笔者对企业文化主要特性和主要功能的一种概括。

　　（1）以文化心。这儿的化主要是教化、感化、同化、化育，当然也有改造、打造的意思，而心则是指人的头脑、思想、灵魂、精神。以文化人我们已经说了很多年，其实以文化人包括化心和化行两个方面，笔者要强调的是以文化人重在化心，也就是人们常说的"洗脑"。最基本的方法当然还是学习与教育。学习和教育能改变人的心灵和思想，就好像竹子性浮，成束则沉，金子性沉，载船则漂，又仿佛"素之质白，染之以涅则黑，缣之性黄，染之以丹则赤"（《淮南子》卷十一《齐俗》）。在这方面，传统的思想政治工作有许多地方值得我们学习和借鉴。比如"上政治课"，进行理念灌输；举办民主讨论会，进行批评与自我批评；干部以身作则，关心爱护员工，帮助员工解决实际问题等。甚至我们可以借鉴宗教的某些仪式和做法（埃德加·斯诺就把红军的政治课说成"像传教似的"）。松下幸之助是宗教信徒，他把许多宗教思想和宗教仪式运用于企业经营，形成了许多举世闻名的松下精神和松下仪式。他就说过：（对员工）"除了心存感激还不够，必须双手合十，以拜佛的虔诚之心来领导他们"（王超逸、马树林《最经典的企业文化故事》）。对现在的员工来说，以文化心要特别注意把实现组织的目标与满足个人需求和价值实现结合起来，兼顾起来，统一起来。还有，以文化心虽然大多是在潜移默化中完成的，但对于组织中的某些错误思想、不良文化和个别不良分子的改造，有时也要运用舆论、压力、控制、惩罚等手段。

　　以文化人要化心，化心要入心，入心要懂心。在这方面学习一点管理心理学，对于如何利用人们的心理机制，遵循人的心理活动规律，依靠心理的

---

　　① 原载《中外企业文化》2012年第11期，发表时内容文字有删改。

促进力量，以收以文化心之效，是很需要的。

（2）以文化境。这里的化是改造、营造、渲染、熏染、美化的意思。以文化境是说用文化来改造环境、营造环境、美化环境，渲染一种氛围。环境包括工作生活方式、群体的风气、人的面貌、人际关系、工作氛围、厂容厂貌、工作场所的布置等，这些都能直接影响并改造个人的观念、态度和行为。环境透出一种氛围，氛围是一种感染，这种感染就是"化"，这种"化"踏雪无痕，润物无声，却能改变人的行为和灵魂。一个组织的氛围是和谐还是紧张，是亲密还是疏离，是正规还是混乱，是进取还是保守，是蓬勃向上还是死气沉沉，有凝聚力还是没有凝聚力，不仅内部人感觉强烈，外人也能感觉得到，就像一个人的气质，一望便知。管理的任务之一就是创造一种氛围，管理的艺术性在很大程度上也体现在能否营造一种氛围。任何空洞的说教和漂亮的理念都不如气氛的营造和渲染，这种氛围是一种"场"，在这种"场"的力量下，可以改变你想改变的，可以塑造你想塑造的，可以达到你想达到的管理效果。这种由文化所产生的特定的组织环境和心理气氛使所有组织成员受到熏陶而接受其影响，从而使组织文化得以延续和发展。

如何以文化境？我们说，以文化人、以文化心的方法都是以文化境，"境由心造"嘛。当然，以文化境也包括一些物质条件和物质环境的改善和改造，也就是所谓的硬环境建设。但是这不是以文化境的要旨，以文化境绝不是以物化境，以文化境的核心和重点是营造一种氛围，塑造一种精神，打造一种力场。笔者一向反对那种形式主义的、表面上轰轰烈烈的、只要面子不要里子的形象工程一类的所谓"物质文化"。想想我们的革命前辈，他们当年是什么"物质条件"？煮皮带、吃树皮、啃草根、住窑洞，小米加步枪，他们靠什么打败了武装到牙齿的一切内外反动派，打出一个新中国？靠的是革命理想、革命意志、革命精神、革命思想，靠的是领导干部和共产党员吃苦在前、冲锋在前、牺牲在前！靠的是阶级情、同志情、战友情、军民鱼水情！当然，以文化境，有时需要美化环境，但是笔者要强调，美化仅是以文化境的一种手段、一个方面，美化也不是说一定要花多少钱来装点环境，而是指环境的改造和营建重在给人以美感。就是说能够满足人的审美需要而产生一种美的情感，而这种情感又能够带到工作中，从而产生提高效率和效能的力量。豪华、气派是一种美，简洁朴素也是一种美。美化的目的是要树立一种形象，给人以振奋，给社会以良好影响。总之，化境最终要为化人化心服务。

（3）以文统管。统是统领、统驭、统合的意思。以文统管是说以企业文化来统领、统驭企业管理。这里面既有它的客观性和必然性，也有我们建立在这种客观必然性基础上的主观意图在里面。从客观上来说，文化是一种客观存在，无论你意识到还是没有意识到，无论你承认还是不承认，它都以一种无形的力量，有力地影响着整个组织甚至每件事。任何企业、任何企业的任何管理方法，都是在一定的文化背景下存在和使用的，这种文化背景便构成一种约束力量，正是在这个意义上，德鲁克才说管理"要顺着文化走"。明乎此，于是我们就要自觉地运用这种客观必然性，自觉地运用文化的手段、文化的力量来统领企业管理，这就是我们建立在文化客观性基础上的主观意识，也正是在这个意义上，笔者说企业文化是一种意识形式。

企业是一个包括多要素、多部门、多重活动、多管理的复杂系统，唯有企业文化具有把人的思想和行为融为一体的功能和价值，能够将这多因素、多活动、多管理黏合在一起，共同发挥系统作用。企业文化是以培育企业共同的价值理念作为基本手段的管理方式，它像水、像胶、像磁、像线，将企业的管理对象、管理工具、管理过程天然在联结在一起，这就是文化的整合优势和统驭性优势。文化管理并不排斥硬性约束、硬的措施，而是强调着眼于文化的视角和观点，以企业文化管理的思想为武器来统驭和指导一切管理手段、管理方法、管理措施、管理方式和管理过程。通过向员工宣传企业信念，建立与员工共享的集体价值观；以细致入微的同化过程来团结员工，以文化的微妙暗示来激励和管理员工，以平等、信任和亲密来团结和凝聚员工，以坦诚、开放、沟通为基本原则来实行民主管理；既要运用统计报表、规章制度、数字信息等清晰鲜明的控制手段，又要注重运用文化的非正式控制，还要注重对人的经验和潜能进行积极的启发诱导；既要突出和强调集体价值观和整体观念，又能引导和帮助员工在为企业共同愿景而努力工作的过程中，实现个人价值。核心是以人为本，以文化人，凝聚和激发员工以真诚的态度对待企业，化精神为物质，产生最高生产率，形成最高生产力。

我们说统驭，绝不是说用文化管理代替其他一切管理方式和管理方法，绝不是要舍弃其他一切管理工具和管理理论。企业文化不是万能的，而只是强调文化的统驭作用、整合作用、凝聚作用、指导作用，是指一切对企业有用的管理理论、管理方法在企业文化的旗帜下联合起来、结合起来、整合起来、黏合起来，在企业文化这根贯穿线上联结起来、串联起来。在人员的聘用与解雇、决策的制定与执行、各个环节的组织与控制等一切工作中，都要养成从文化中寻找答案的思维习惯和管理习惯，通过支持和塑造文化对企业实行领导。以文化维系企业，默契就会增加，凝聚力和向心力便会增强，企业的竞争力自然会上升。

（4）以文化行。这儿的化是化合、形成的意思。这儿的行我们不仅要理解为行为、活动、工作等，更要理解为生活方式，而不单是个别的行为和行动。以文化行是以文化心、以文化境、以文统管的结果。《周易》早就有"观乎人文，以化成天下"的认知（《周易·贲卦第二十二》，意思是观察人类的文采，可以推行教化促成天下昌明，达成大治）。笔者认为，企业文化是由传统文化、时代意识和管理经验融合而成的一种意识形式和生活方式。所谓以文化行，就是化为一种生活方式，只有化为一种生活方式，才能成为一种文化。企业文化和企业管理"两张皮"，不能说化成；说的和做的两个样，不能说化成；墙上挂的、纸上写的和实际行的是两码事，不能说化成。以文化行要在结合、融合、化合、合成、实践、实行、形成上下功夫。

"三化一统"是相互联系、相互作用、相互渗透、相互转化的。化心影响化行，化行包括并影响化境，化境也影响化心和化行，化心化境化行最终化成一种生活方式。一定的生活方式必定会影响人，同化人，而它们都是在以文统管的旗帜下，都是要经过建设企业文化来实现的。在以上意义上，我们也可以说企业文化是一种以文化心、以文化境、以文化行、以文统管的意识形式和生活方式。化心重在化为意识形式，化行重在化为生活方式，以文化心而形成的意识形式，和以文化行而形成的生活方式与以文化成的环境融合一体即成为一种文化了。

学道则易使^①

——学习型组织功能谈

笔者在思考学习型组织的功能时，想起孔子说的"学道则易使"。这话出自《论语·阳货》篇，原意是（老百姓）经过学习便容易听从使唤。用现代管理学的语言来阐释，就是经过学习接受教育的人容易动员、组织、指挥和管理。细细品，还真有点学习型组织的功能之意呢。

学习型组织的五项修炼之一便是团队学习，团队学习就是集体的学习，即"组织化的学习"。组织化的集体学习有什么好处或者说功能呢？其一就是容易形成共识。大家知道，认识是行动的先导，这是辩证唯物主义认识论。我们为什么常说统一思想、统一行动，而不是说统一行动、统一思想？就是因为只有统一了大家的思想，才能统一大家的行动。在一个学习型组织里，通过"组织化的学习"，容易产生思想共振，从而形成共识。思想通了，认识统一了，就会产生服从，就能实现服从命令，统一指挥，统一行动。一个企业的文化也就是在这种"共识"之中形成的。

其二，学习使人进步，学习使人明智，学习可以提高人的素质，学习可以启发人的文化自觉。我们应该承认，员工素质普遍偏低是目前的真实情况，突出表现在职业道德素质低、劳动纪律性差、理性思维能力严重不足。提高员工素质的有效途径之一便是学习，尤其是"组织化的学习"（这里"组织化"暗含点强制性的意思，不知是否彼得先生的原意，但对于素质偏低的员工来说，却也是必需和有益的），引导和培养他们成为"有理想、有道德、有文化、有纪律"的一代新人。通过组织化的学习，使他们认识并体验到学习给他们带来快乐，学习使他们增长了智慧和才干，这种快乐、智慧和才干都能转化为生产力和财富，从而自觉地为企业的共同愿景和个人价值的实现

---

① 该文写于2004年前，没有发表过。

去努力、去奋斗。在这种文化自觉下，人便容易被调遣、被使用，从而达到共同的目的。

其三，我们说企业文化是一种氛围，这种氛围具有激发向上、凝聚人心的作用，而学习型组织正有助于营造这种文化氛围。在一个集体学习的环境中，人们相互之间容易交流思想、沟通感情、达成共识，在这种集体主义的精神感染下，就会产生积极向上的氛围，这种氛围就像一种无形的力量，推你催你向前，你就是不想积极、不想进步、不想干都不成。在这种文化氛围下，人们就容易动员，容易组织，容易指挥，容易管理，所以说"学道则易使"矣。

当然，学习型组织的功能远不止这些，笔者仅是从为什么说"学道则易使"这个角度谈这三点而已。

跨文化管理方案写作之一①

背景材料：（略）。

要求：针对该跨国公司当前企业文化现状，回答应如何做企业文化建设实施方案，并且，针对跨国经营，回答如何解决文化冲突问题，要回答企业文化建设实施的一般步骤。

根据该企业当前的文化现状，依据企业文化建设的一般规律，建议按照导入、变革、制度化、评估总结四个阶段和步骤来制订企业文化建设实施方案。各阶段重点和要旨如下：

一、导入阶段

导入期的主要任务是从思想上、组织上、氛围上、人力、物力、财力上为文化变革和文化建设做好准备，让所有人意识到文化变革的到来。

（1）该企业是一家跨国公司，跨国经营回避不开的首要问题就是跨文化管理。跨文化管理必须先确立跨文化意识，所以该企业应先统一高层思想，以跨文化意识制定一个能够融合不同文化的企业文化发展战略；组建一个旨在长远、代表广泛的企业文化建设委员会和具体工作机构。

（2）对现有文化状况进行调研诊断，分析文化冲突的产生原因，在明确战略的基础上，研讨确定新的文化基调，制定企业文化建设规划、年度计划和项目计划。

一般来说，产生文化冲突的原因，既有因国家、民族文化不同而产生的，也有因企业核心价值观不同而产生的。该企业应该针对实际情况，分析具体

---

① 此文原是笔者 2007 年 9 月参加全国首期高级企业文化师培训期间的课后作业，作为自己的思想资料保存了下来，收入本书时作了增改，聊补本书没有跨文化管理内容的缺陷。

原因，尽快定下新的文化基调和文化建设规划，以便让大家尽快在共同的企业内有个一致的价值判断取向和文化建设方向。

二、变革阶段

变革阶段是企业文化建设的关键阶段。要从理念层、制度层、行为层、物质层全面开展企业文化建设，中心任务是企业共同价值观和统一行为的形成。

（1）组织引导广大员工积极投入新文化建设的讨论和实际运动，发动大家献计献策。在集思广益的基础上，提炼设计以企业核心价值观、经营哲学、企业精神、职业道德等为内容的企业文化思想体系。

（2）在以企业价值观为核心的企业文化思想体系确定之后，要采取灵活多样的方式方法进行大力宣传推广。

（3）重新审核任职合格状况。企业在早期选拔建立管理团队时所持的是当时的标准和文化，在新的文化变革之后，对现有的管理团队是否认同新的文化理念，是否具备新文化要求的思想素养、知识技能和行为能力，在进行企业文化转型的过程中，都需要进行重新审视和澄清、梳理。

（4）建立新的选拔任职标准。按照新文化的要求，建立新的干部和职能队伍的选拔标准，包括行为意识、行为素质、知识技能。这是企业文化能否化成企业行为的重要环节，是激励新文化、新人才的重要举措，也是贯彻新的文化理念、推进文化转型、文化创新和企业变革的有利举措。

（5）培养一批强烈认同新文化的员工，表彰践行新文化的先进典型。榜样是最好的思想政治工作者和强有力的文化传播者，是指南针式的英雄。通过树立榜样所传递的信息比其他任何方式都要多。如果一个公司处于必须变革的境地却又没有合适的榜样，将有损变革的吸引力和说服力。

（6）根据新文化要求，对现有工作流程、管理制度、活动方式进行修改，使之与新文化相统一。

（7）本着求同存异的方针，制定出一套大家都能接受的新的行为规范，以便让大家在不同文化共存的环境里有个一致的行为准则和行为取向。

（8）解决难点问题，促进文化整合与再造，减少文化冲突，推动企业创新发展。

跨文化管理的难点就在于同时管理国家民族文化和企业文化。后者是能够随着时间的推移被调整、被整合、被同化的,而改变国家文化、民族文化却是一个极其艰巨、极其困难甚至极为冒险的过程。如何尽量减少文化冲突,创建新的"合金文化",笔者认为,以下几点值得关注:

(1)根据该企业目前的实际情况,最明智的办法是先接受现有的文化维度,发扬其积极的层面。

(2)从企业的总体目标和整体利益出发进行文化识别和筛选,积极挖掘、发现和吸纳不同文化先进优秀的一面,促进跨文化的交流和学习,为文化整合做好铺垫。

(3)整合不同文化,在相互借鉴、融合和创新中建立新的企业文化与管理模式。考虑到该企业本身作为一个特定文化群体的整体均衡性,整合初期最好选择各自保留型的文化整合方式,等企业运作一段时间后,再转向其他整合方式,以减少文化冲突。

(4)在这种现状下,不同的公司文化与国家文化应该平行相容,求同存异,互为补充,相互融合,充分发挥跨文化优势,把各方文化中的积极因素结合起来,从而创造出新的企业文化与管理模式。

(5)要选拔适应不同文化差异的管理人员,这些人员要具备在多元文化环境下工作所必需的特定素质,以减少文化摩擦。

(6)加强跨文化管理培训。采取集中授课、专题研究、环境模拟、情境对话、角色扮演等方法进行跨文化管理培训。包括对不同文化的认识、文化的敏感性训练、语言学习、跨文化沟通以及文化冲突的处理等,以便打破每个人心中的文化障碍和角色束缚,增强员工对不同文化的适应性,提高员工的合作意识。

(7)对国家文化带来的文化差异和文化冲突,需要双方都能够尊重对方,相互包容,分别做一些工作,如编小册子提醒大家在与对方交流时应注意的问题等。

(8)淡化个人国籍或任职国家因素,使之主动接受全球公司文化,灵活对待不同的国家文化。

(9)对海外分支机构,要尽可能地实现管理团队的本土化,这样不仅可以减少文化整合中的摩擦成本,而且可以充分发挥当地管理者优势,构造出与本土实际相契合的管理机制。

三、制度化阶段

这是文化变革和文化建设的巩固阶段。主要工作是总结前期企业文化的经验教训，将成功成熟的做法制度加以固化，建立和完善企业文化体系。

（1）要用新的文化理念审视现有经营管理制度，把理念转化为制度，做到制度与理念的统一。

（2）建立文化考核制度，行为规范的共性要求要纳入新的日常考核体系，以强化新文化管理。

四、评估总结阶段

这是企业在基本完成文化变革的主要工作之后所进行的阶段性总结。主要是围绕事前制订的变革方案进行对照、评估、总结，看看变革的效果是否达到预期的目标，是否有助于企业素质和绩效的改善与提高，以及如何保障企业文化的持续健康发展，对今后的企业文化建设具有十分重要的作用。

（1）用问卷来测评，主要是看员工们对新文化的认同程度，调查因文化差异而发生的人际冲突和信任问题，为文化的持续创新与发展提供依据。

（2）挖掘典型事件，利用典型引路，将文化变革推向深入。所谓典型事件，是指在活动过程中出现的，能够反映大家跨文化意识提升的具体事件。

（3）提出企业文化持续创新的建议，以保证企业文化持续健康地发展。企业文化的持续创新包括两方面的内容。一方面是企业文化本身需要发展变革的内容，这是企业文化持续发展的直接目标；另一方面是关于企业文化建设工作需要调整发展的内容，这是企业文化持续发展的方法和手段。

企业文化与企业领导[①]

改革开放 30 多年，企业文化建设在我国也已走过了 30 年。下一步，或者说下一个 30 年，企业文化怎么搞，许多专家学者都开出了长长的一串课题。这些课题都很重要，都很值得我们研究。可笔者老是觉得还有一个课题需要解决，并且觉得不解决或者说解决不好这个课题，其他课题都不会解决好。这个课题就是"企业文化与企业领导"。从目前中国企业文化建设的现状来看，许多领导者和管理者的文化自觉还远远不够，个中心结就是企业文化"无用论"，这是许多企业文化建设落后的重要原因。关于提高企业领导者和管理者的文化自觉，应该有很多方法。本文是想从企业文化之于企业领导者个人的效用和功能角度，来激起领导者的文化自觉，以图促进企业文化建设。

企业领导，大到企业一把手，小到一班之长，一组之长，他们都离不开企业文化，他们都需要企业文化。为什么？因为不管哪一级领导，都是通过自身的威望、职务、权力和责任来引导和影响属下完成目标和任务的。一个出色的领导常常主要取决于领导者的领导权威、领导者个人素质和行为方式、领导团队和领导技巧等方面。在影响领导者的这几个方面中，企业文化是一个重要因素。

第一，企业文化影响企业领导权威。

领导者的权威是其实施领导的基础。这种权威分为正式权威和非正式权威两种。正式权威是法定的，是上级授予的或是通过法定程序获得的；非正式权威则靠领导者自身的能力与威望，靠对领导者的认同，是在实际工作与生活中自然形成的。而企业文化对这两种领导权威都会产生影响。

---

① 原载中央文献出版社出版、中国领导科学研究会主编的《求是先锋——领导干部提高文化发展能力的理论与实践》一书。

随着改革开放的深入发展，我国企业的领导制度也发生了重大变化。大家普遍要求通过竞争上岗来获取正式权威，他们认为人生而平等，都有自我实现的强烈愿望。在选聘、竞争的过程中，企业文化不仅对领导者获取正式权威的方式产生影响，而且对领导者的评价标准也发生影响。在不同的企业文化之下，人们判断领导的标准是不同的。在不同的企业文化里，人们对正式权威的认同度是不同的。比如，在传统的政治文化下，人们往往对上级委派的领导人心生敬畏，被委派的领导者容易产生正式权威；在改革开放的影响下，人们对创业的领导者极为崇敬，这种正式权威往往比较牢靠。这都是不同的文化心理作用下的结果。

企业文化对非正式权威的形成也产生很大的影响。在注重知识和才能的企业中，德才兼备的领导者往往容易获得大家的承认和拥戴，获得非正式权威。在注重等级和身份的企业里，某一领导资格老、身份高，尽管能力不算很强，往往也容易获得非正式权威。可见，领导的非正式权威，除了与领导者本身的才能和工作成绩有关之外，往往还与这一企业中企业文化的价值观念、企业理想、管理思想和管理传统等因素密切相关。

第二，企业文化影响企业者个人素质。

企业文化给企业领导者以基本的气质、价值观、理想、信仰、能力等。企业文化既决定领导者对企业领导体系、管理现象的态度和感情，也决定领导者自己的管理风格、管理思想和管理方式。企业领导者的素质的形成是有一个过程的，是在社会实践和企业实践中逐步形成的。一个企业领导者，在进入企业之前，就受到社会或企业环境的影响，其中一个主要的因素就是企业文化。即使他还没有进过企业，他也不会不受到企业宣传的影响。因为我们生活在一个商品社会之中。当他进入企业后，企业文化的各个方面还会继续对他的素质产生影响。由于企业文化对于社会成员影响的差异和各人努力的差别，就形成了领导者不同的素质。当他换了一家企业，在新的企业文化影响下，领导者的素质还会发生新的结构性变化。

第三，企业文化影响企业领导行为方式。

企业文化决定企业领导的主要行为方式和行为作风的选择。领导者的行为主要指影响被领导者的行为和作为。企业文化既可以促使个体在企业生活中接受某种领导行为，也可以阻止个体倾向于某种领导行为。企业文化对主体来说，构成其内在的心理倾向和主观意识，领导者所接受和具备的企业文化指导和决定着自己的领导行为。

任何领导行为的产生都是以思考、判断、选择为前提的。而这一切都与企业文化的引导有关。

企业文化影响着领导者领导行为的方向。企业文化是企业人的行为取向，它深刻地反映了人们对自己行为的评判。领导者对企业发生的任何重大问题都自觉不自觉地按照自己的价值取向决定和选择自己的行为。一定的企业文化则决定着领导者对企业领导的取向模式和行为方向，这就构成了企业文化对领导行为的作用，影响着领导行为的进程和方向。

一个领导者是从多种行为和作风中作出自己的判断的。而领导者在作出自己的判断时，既不可避免地受到自己已有的价值观念、理想信仰、心理素质和个人特征的影响，也受到领导者对下级的认知和感情、信任程度等各种因素的影响。当领导者具有民主领导作风时，就会采用以群众为中心的领导行为。当然这也要求领导者本身有很好的文化素质和较高的管理水平。反之，个人专断的领导行为就不会发扬民主精神，倾听群众的意见。这两种情况在实际生活中都不乏其例。

第四，企业文化影响企业领导机构。

企业领导体制是企业领导方式、领导结构（包括组织机构）、领导制度的总称，是企业制度的核心内容。企业的领导体制受生产力和文化的双重制约。生产力水平的提高和文化的进步，就会产生与之相适应的领导体制。不同历史时期的企业领导体制，反映着不同的企业文化。企业文化之于领导方式、领导制度的作用无须赘言，我们着重谈谈它对组织机构的影响。

企业的组织机构是企业领导体制的重要内容。企业的组织机构是在企业领导者的直接领导下工作的，企业领导是企业组织机构的设计者。不同的企业文化对应不同的组织机构；反之，不同的组织机构也反映着不同的企业文化。因为企业的决策者总是在一定的文化背景下，在一定的价值观念的指导下，根据不同的企业理想，不同的企业理念和原则，去选择、确定或改革企业的组织机构；而企业的组织机构形成后，在机构范围内又会形成具有本组织机构特色的文化。所以，企业领导在设计企业的组织机构时，自觉不自觉地总要受到企业文化的影响与制约；同时，企业的组织机构是在一定的文化环境中建立和发展起来的，它也必然要受到这种特定文化的影响与制约。因为构成组织机构的基本要素是职务角色和管理行为的承担者，他们本身必然会受到企业文化的影响与制约，而对这一切，企业领导不可不察。企业文化对企业领导机构的影响作用主要表现在：

（1）价值观念影响企业组织机构。就企业组织机构的结构形式而言，有集权型和分权型两大类型。企业组织机构选择哪种形式，与该企业的价值观念直接相关。集权型的企业组织是以权力为中心的价值观建立起来的，这种组织形式权力高度集中，等级森严；分权型的组织机构是按照以群体的价值为中心的价值观建立起来的，下级和员工有较多参与管理与决策的机会。又如，创新意识强的企业，必然会加强企业的研发机构；具有全球化视野和国际化战略意识的企业领导，必然会在企业组织机构的设立与人员的配置上，要加强或注重这方面的力量。

（2）企业的组织文化还与一定的民族文化传统有着千丝万缕的联系。企业的传统与习惯对企业的组织结构也会产生影响。这种影响往往是间接的、潜在的。它除了通过人们的传统观念外，还通过企业成员的传统气质和传统习惯对企业的组织机构产生影响。比如，具有较强等级观念的人，往往会对企业机构中出现的等级结构表示认同，从而加强了企业组织机构中的等级关系。除此之外，传统习惯中的惰性因素也常常影响企业组织机构的改革与完善。所以，企业的领导必须自觉发挥企业文化的积极影响，防止企业的文化传统变成组织机构改革与完善的阻力。而具有企业文化意识的领导者，在设计企业的组织机构时，除了要考虑企业的行业特性、管理水平和技术水平等因素外，自会根据本企业的历史与文化传统、文化现状、干部员工的思想文化素质等文化因素来设计和选择适合本企业的具有生气与活力的组织结构与管理机构。

第五，企业文化影响企业领导技巧。

企业文化是孕育和产生领导技巧的温床。企业文化是一门科学，更是一门艺术。说是艺术，是有些只可意会不可言传的意味，有些管理技巧也是教科书上所没有的，也可以说是教也教不会的。而任何领导技巧都是在一定的文化背景和文化氛围里形成的，产生的，是由一定的文化演化出来的，孕育出来的。不同的文化背景和文化氛围会产生不同的领导技巧，并为这一文化氛围里的人们所理解和接受。也就是说，不同的领导技巧只有在特定的文化背景和文化氛围里才能生效。不注意培育自己的企业文化，只是照搬别人或教科书里的技巧，是不会奏效的。在这个意义上，企业文化是学不来的。比如，日本企业的一些老板，常常在员工面前斥责工头和主管，其用意是想激起下属员工对工头和主管的同情和服从，以期同心协力完成任务。这是一种管理技巧。但如果不考虑具体的文化背景和文化氛围，盲目照搬，却不一定有好的效果。笔者就有这样的经历。笔者当厂长时，有一位车间主任因为一项工作没有完成好，笔者便在全厂职工大会上点名批评了他。笔者的目的同日本老板一样，也是唤起工人对车间主任的同情，从而把这项工作搞好。没想到适得其反。会后这位车间主任找到我，感到委屈。笔者同他讲了本意，并说日本的企业厂长常用这种方法。这位主任说（他说的话笔者一辈子都记得），"那是日本，在俺这儿不行。本来俺厂车间主任的权威性就不足，你再这样当众喝呼（斥责），工人会更加瞧不起俺！今后工作会更不好做。"笔者一下明白了：笔者忽略了不同的文化背景，错用了文化方式和文化手段。

第六，企业文化关系企业领导安全。

良好的文化氛围是企业领导者的安全屏障。良好的文化氛围能够形成领导者与员工的感情默契，这种感情默契会使领导者敏捷而准确地预见周围世界对自己行为的反应，形成一种安全感。我们常有所闻，某某厂长经理因为什么什么事情被手下人杀害，或遭恫吓、围攻、殴打等。原因当然很复杂，但我们不难分析出，没有建立起一种良好的文化氛围，也是原因之一。领导者要重视与属下人员的感情沟通，要重视感情的凝聚力量，一旦建立起一种家庭式的文化氛围，就等于给自己筑起了一道安全屏障。笔者有一位国企厂长朋友，几乎所有的员工都说他是一个好人，许多手下都不叫他厂长，而是叫他大哥，连社会上的人谈起他都说"老×是个好人"。当他因企业债务纠纷将要被公安机关带走讯问时（最后还是免予起诉），全厂员工自动自发地把他层层围住，保护起来，硬是不让公安人员给带走。后来，还是他本人好说歹说才说服员工，跟公安人员走了。连执法的公安人员都说，从来没有看过有这样保护自己厂长的员工。这与那种因与员工关系紧张而遭报复和人身伤害的情况形成鲜明对比。

第七，企业文化影响企业领导用人。

毛泽东主席说过，领导的职责就是出主意、用干部两条。用人就关系到企业文化。我们知道，企业的群体心理是企业文化形成的重要来源；反过来，企业文化又会对人们的心理环境产生一定的影响。一个人在企业如果受到重视或重用，人际关系比较和谐，心情就会舒畅，这时虽然工资低一些，或者工作条件差一些，但他还是乐意为该企业工作，做贡献。这是因为人除了低层次的需求外，还有高层次的需求。许多"跳槽"者往往埋怨原来企业的文化氛围、心理环境不好。因此要留住人才，领导一定要十分重视企业文化建设。企业员工的晋升和奖励等激励措施应该是企业文化的形象化和具体化。员工晋升要看他是否与企业文化相融合，如果不好好工作，又不认同企业文化的，应当使他退出企业。这些都是要让员工明白，企业在鼓励什么，反对什么，从而在用人的价值取向上，为员工指明方向。

第八，企业文化关系企业领导心理健康。

有统计说，改革开放以来，我国共有1200多个企业家自杀身亡。这是一个很惊人的数字，也是一个很值得研究的企业文化现象和问题。原因当然有很多，但我们不能不提出、不能不重视、不能不面对的一个重要原因，就是我们这些企业家自身的文化心态问题。许多企业家是因为心理承受能力不够而自杀的。如果有一种健康的、科学的、百折不挠的、能够缓释压力的文化修养来滋养他，武装他，就可以避免许多这样的悲剧发生。在这个意义上说，我们的企业文化建设，就应当把强化企业领导和员工的身心健康纳入自身的职责范围。比如增加一些有关心理、情感、意志、减压等方面甚或文明史、文化史方面的培训之类。余秋雨先生说："文化能够滋润生命。"

第九，企业文化有助于企业领导实现"无为而治"。

我们知道，不用管理是管理的最高境界，这是每一个管理者都向往和追求的终极目标。2004年7月，施振荣全面退休，不再出席宏碁、明基、纬创三家公司的任何会议，也不担任包括名誉职位在内的任何职务。施振荣说，在"群龙无首"的分散管理体系中，他希望做到无为而治。他这个领导应该是无形的，这也是他一直在追求的。如何做到无为而治，文化就是最有利、最重要的工具，也可以说是最终的工具。我们知道，文化无处不在，它以无形的力量影响和约束着每一个人。施振荣虽然不在其位，可他的理念在，他的形象在，他的影响在，他所缔造的文化在，所以他的领导力还在，他靠文化实现了"无为而治"，达到了"无为而无不为"。

春联 家庭教育 企业文化^①

时近春节，一些亲友找笔者代书春联。所要多为"艰苦奋斗，勤俭建国"、"勤是传家宝，俭是聚宝盆"、"忠厚传家远，诗书继世长"、"向阳门第春常在，劳动人家庆有余"之类。这些连不识字的大人们都说得上、笔者自儿时起即耳熟能详且至今仍可脱口而出的春联，一下子牵出了笔者的许多联想。

记得从小时候起，父母就经常教育我们："待人要忠厚……学习要用功……'忠厚传家远，诗书继世长'！"在那物质极度匮乏的年代，每逢课余和假日，父母总要我们姐弟去挖野菜、拾地瓜、割青草、捡麦穗等以贴补家用，诸如"勤是传家宝，俭是聚宝盆"、"劳动人家庆有余"之类的话，不知讲过多少遍。现在想来，大人们是在有意识无意识地用联语教育我们，教育我们怎样读书、怎样劳动、怎样做人，他们告诉我们的正是一种理念，一种精神，一种价值观！于是从很小的时候起，我们就懂得忠厚做人，就懂得"勤劳致富"，就懂得刻苦学习，将来报效祖国。大而观之，这种家庭教育，在中国无数百姓人家普遍存在，已经形成一种文化传统，世世代代地传承着，成为中华民族优良传统的重要组成部分。

也许是身为厂长的原因吧，笔者不由又想到，企业文化不也是如此吗？企业文化说到底就是一种以共同价值观为核心的文化现象。企业就是一个众人"共同"的大家庭，把家庭教育的某些方式、方法和内容搬到企业文化建设中，或把企业文化的某些内容以家庭教育的某些方式加以实施，会有同样的功能和效力。我们贴在墙上、悬在门上、写在影壁上的诸如"团结务实，改革创新"、"企业是我家，产品即人品"、"创新、创优、求进、求强"、"信誉第一，顾客至上"、"敬业报国，追求卓越"等，不就是一副副"春

---

① 原载 2002 年 2 月 18 日《江苏工人报》。

联"吗？这些凝练为一句句口号式的企业理念、企业精神，如果也能如我们自小受到的家庭教育一样，像那些影响了我们一辈子的春联一样，融入到血液中，落实在行动上，真正转化为企业职工的价值观，它就必然具有企业文化的导向功能、约束功能、凝聚功能，乃至影响职工一生的辐射功能！笔者有一个例子，"艰苦奋斗"是我们厂的企业精神之一。厂里的一名工人每年春节都要笔者为他写一副春联以自励，内容是多年不变的"艰苦奋斗，勤俭持家"。于是，他虽然下岗了，却办起了"上岗小吃"；于是，仅仅过了三五年，他就盖起了小楼房。这不就是精神的抑或说是企业文化的力量吗？当然，真正的企业文化建设绝不是单单几副"春联"、几句口号的事，那是一个系统工程。

拜年　家庭走访　企业文化①

　　春节，真是一个沟通感情拉近人际关系的良好契机。一年中各类节日，传统的也好，现代的也好，就此功能来说，都不如春节。而拜年又是拉近这种人际关系的一种最普遍、最自然、最合时宜、最有年味的活动和礼仪。一个"拜"字，多少隔阂与误会都在"拜"中消弭，多少情谊和关怀都从这里延伸。

　　古语所言拜年的主旨乃是"以联年谊，以敦乡情"，就是通过拜年联络友谊，增进感情。最普通的是"走拜"，有诗文曰："路上相逢共长揖，恭喜发财贺新年。"可见拜年路上所遇邻里朋友，都得恭谨相贺。关系近些的，还得特意到他家里，连其长辈都拜一拜，才算够礼儿。古今皆以这种挨家挨户的"走拜"最为隆重。

　　古时也有"团拜"，且强调须围成一圈，为的是相互都看得见，防止拜不到。拜不到就是失礼，失礼就是失敬，失敬就会影响人际关系。这么多人难得在这么个特殊的日子聚在一起，谁都不肯有错失，因此礼数格外周到。这种"拜"法热闹、省时。

　　古时也有"贺卡"。不过历经数千年，称谓多变，计有"名刺"、"贺启"、"拜年帖"、"门状"、"柬"、"笺"等。与现在不同的是，"沿门投递"，不走邮路，且制帖都为手工。照今日观念，越是手工的，越是徒步送达的，越传真情，你看这年味足不足？

　　现在时兴电话拜年，短信拜年，互不见面，甚至不闻其声。当然也是拜年，但味道就是不相同了。更有的短信拜年，采取群发形式，千人一词，发错了对象也不知道，发对了的接到后，往往也是感觉彼此之间不是近了，而是远了，这种拜年法就有些变了味了。

---

　　① 原载《企业文明》2010 年第 2 期，发表时题目被改为"拜年 家访 企业文化"。

今日的过年，真是得向祖先学习。当然，今人有今人的性格，也有新鲜的理念，不必拘守旧俗。但人际关系总得"拉近"，不能"走远"，而尤应"复兴"古时人际关系的那一份质朴、真诚、周到和"讲求实效"。

由拜年想到小学时老师的家庭走访。记得这种家庭走访中学以后就没有了，其中的原因大概是因为学生已经长大了。记得上小学时，老师经常在节假日或星期天，甚至在劳作了一天之后的晚上，不辞辛苦地到学生家里走访。这种走访主要是老师想就学生的在校表现和学习状况与学生家长作一沟通，因此大多是叫学生先通知一下家长，怕的是去时家长不在。在笔者的记忆里，这种家庭走访，多是不好的信息，要么是学生在学校里犯了事，要么是学生近期成绩下降。家长接到老师要家访的通知后，都慎重对待，老早在家里恭候。学生则是一种复杂的心理，一则感到荣幸，老师能到学生家里，总归是一件有面子的事；二则诚惶诚恐，不知老师要跟家长谈什么。然不管是福是祸，学生和家长总是以非常的热情期待着和欢迎老师的到访。

家庭走访因施教的地点、时间、氛围的不同，不是上大课，是一对一，所以给家长和学生的印象就特别深，因此效果就特别好。一般来说，家庭走访过后，学生都会有更好的表现。这种家庭走访，加强了学校和家长的联系，加深了家长和老师之间的感情，拉近了学生和老师之间的关系，加强了对学生的教育效果。许多学生和家长对老师的家庭走访都有着终生难忘的印象。有些家长就因为这么一次家庭走访，一辈子都记得老师的好，想起来就对孩子说，你看人家老师对你多好！有的家长因此跟老师建立了良好的个人关系和友谊，这对加强学生的追踪考察和不断教育有着极好的促进作用。有的学生因为一次家庭走访而整个发生了变化，甚至影响了学生一辈子。也有因好事到学生家里走访的，是老师特地告知家长，让他们高兴，是对学生的一种特殊的奖励形式，而学生也因此更加努力。总之，家庭走访是一种行之有效的教育方法和沟通方法，是加深彼此了解，加深相互感情，拉近彼此距离的一种好方法。在我们幼小的心灵里，因为家庭走访，似乎对老师除了师情之外，又多了一份亲情，除了激励之外，又多了一份感激，表现在回到学校后对老师格外尊敬，还有一种说不出的亲近。

由拜年、家庭走访又想到企业里的沟通。现在沟通的方式比我们上学那会儿多多了，有口头、有书面、有音讯的、有网络的。当然效果不同，有好的，也有不好的，这且不说，笔者就是感觉没有像拜年和家庭走访那样如礼如仪，记忆深刻。我们可不可以从拜年和家庭走访中汲取一点营养和要素，改进一下、加强一下我们企业的沟通文化呢？就说拜年吧，我们的董事长、总裁，我们的主管、主任、总监，除了被下属拜上，是否也拜拜下呢？让职工、让部下也感受一下我们这些企业家的春节问候呢？也给他们增加一些格外的年味呢？如果再搞一个像模像样的团拜仪式，那年味一定与众不同；如果再像中央领导那样，每年过年到困难职工家里过个年，或者和加班的农民工集体过年，那一定会有轰动效应；如能再把这种仪式固定下来，传扬下去，形成具有自己特色的春节礼仪，久之就会成为一种企业文化。我们的企业家们真该把春节当作一种拉近员工关系、增强企业凝聚力的机会和文化资源来对待，在这方面传统是有借鉴意义的。

再比如家庭走访。时下，企业家或企业主管家庭走访的恐怕不多。我们是否也可以尝试一下这种小学老师的沟通方式呢，那效果一定比人机对话强。都说企业是一个大家庭，也有不少企业在倡导亲情文化、家庭文化、和谐企业，过年了在这个大家庭里上上下下拜拜年，是不是更像一家人？不时地走访走访职工小家庭，是不是更加强了家庭成员之间的联络、感情和相互关系呢？如果一旦形成了这种拜年式的、家庭走访式的沟通文化，那一定是一个有凝聚力的大家庭，在这种大家庭里工作，那氛围和劲头也一定不同，构建和谐社会、和谐企业、和谐文化又多了一道感人的风景。

年味　家庭氛围　企业文化①

　　每到年底，总是想起鲁迅在小说《祝福》里开篇的那句话："旧历的年底毕竟最像年底"。先生为什么这样认为呢？那最像年底的东西是什么呢？慢慢地，笔者从回忆和对比中品出了那最像年底的东西其实是一种心情，一种氛围，一种气象，这种心情、氛围和气象综合起来，也就是人们所说的年味。

　　现代生活的富足和匆忙已经使年味褪色了不少，这更加唤起我们对那种传统年味的回味与向往。在笔者的感觉和记忆里，小时候的过年才最像过年。

　　先是一种向往和等待的心情，用我们的土话说就是巴过年。这种向往和等待是因为身怀一种希望，希望吃一顿饺子，希望穿一件新衣裳，希望看到满街的行人，希望大人给的压岁钱，希望与小伙伴一起燃炮仗，希望一家人围坐在一起吃那顿盼了一年的年夜饭。记得每到年三十的傍晚，贴好父亲撰写的春联，给父母磕头之后，我们一边蹦着、跳着，一边帮助家人收拾桌凳。桌上摆上母亲新买的红漆筷子，父亲坐在上座，温和地笑着，母亲在忙碌。不久，鲜美的年夜饭摆满了一桌，母亲吩咐我们燃放鞭炮，然后全家人团坐在一起，举起杯箸，在温暖的油灯下，其乐融融地吃年夜饭。这时，周围的邻居家也陆陆续续地响起了鞭炮声，空气中弥漫着那种欢乐亲切的硝烟味，我们都陶醉在那种浓浓的年味里，沉浸在温馨、亲切的家庭氛围里，感觉到了幸福的顶峰。

　　现在的过年，最动人心的是春运。每年的春运已经成为全中国人最温馨、最浓烈、最难忘的集体记忆，成为当代中国最浓重的年味！亿万人从四面八方，从天涯海角奔向同一个目标，这个目标就是家！回家，回家！风刀雨箭、

---

　　①　原载 2014 年第 36 期《企业文化》。节文发表在《中外企业文化》2015 年 5 月号，题目被改为《企业的家庭氛围》。

冰雪严寒、山高水险、路途迢远、交通拥堵、漫长等候、几天几夜不睡，都阻挡不了回家的脚步！都动摇不了对家的思念和向往！不管这个家是大还是小，是豪宅还是寒窑，"我不在乎有没有梦里的天堂，握在手中的票根是我唯一的方向。""回家耶，回家，回家是我梦中的泪花，回家耶，回家，回家是我永远的牵挂，回家耶，回家，回家是我坚定的步伐！"

家为什么对中国人有那么大的吸引力、凝聚力、向心力？

中国传统社会是以家庭为本位。中国传统文化讲孝悌，讲忠于家庭，"家庭观念"是中国的传统观念，爱家、重家、顾家、护家是中国的传统文化，家是避风港，家是大后方，家是根据地，家是老营盘。"养家糊口"是中国人最起码的责任意识，"家和万事兴"是中国人从家引出的对事业的哲学思考和经验总结。家永远是我们的情感归宿和精神依托！

由家，由年味，很自然地想到企业，想到企业文化，想到企业的"家文化"。

中国文化的一个宝贵传统是家国同构。就是把家庭的伦理关系和治家方式推及到国家管理，由此形成的凝聚力和亲和力，是中华文明生生不息的一个内生性资源。这在春节就有体现，中国党和国家领导人每年与基层民众一起过春节已经成为一个惯例，这使得中国人的春节更增添一份"大家庭"的年味。中国文化的一个特点是重人伦，强调对个人的责任感，重视组织内部家庭气氛的形成。中国历史上的儒商就特别重视感情投资和情感沟通，特别注重营造家庭氛围，对店员都以亲友看待，在店中大家以叔伯兄弟相称，还给店员分红等。我们应该承继这份文化传统。

成功的企业文化会让人感到一种"味道"，这种味道是一种氛围，一种气息，一种不同于人的感觉，这种氛围、味道、气息、感觉，就是一种文化的形成。其中，就有我们常说的"家文化"，也就是家的氛围，家的味道，家的气息，家的感觉。

威廉·大内说："文化是由传统和氛围组成的。"管理的任务之一就是创造一种氛围（包括家庭氛围），管理的艺术性在很大程度上也正体现在这里。任何空洞的说教和漂亮的理念都不如气氛的营造和渲染。这种氛围是一种"场"，是一种"力"，是一种"势"，是一只无形的手，是一双无处不在的眼睛，是一种看不见、摸不着、却能让你强烈感受到的内部气象。在这种"场"的力量中，在这种氛围和气象的笼罩和感染之下，任何你想达到的心理效果、情境效果和思想效果都能达到，都能实现。所以，企业文化要善于通过化境来化人。所谓化境，就是运用政治的、经济的、文化的、精神的、物质的等各种手段来营造环境。家就是一种环境，家就是一种场，那种如同甚至胜过兄弟姐妹的亲密的气氛，使人感到心情舒畅，工作起来有使不完的劲儿。

索尼公司董事长盛田昭夫认为"一个日本公司最主要的使命，是培养它同雇员之间的关系，在公司创造一种家庭式情感，及经理人员和所有雇员同甘苦、共命运的情感"。盛田昭夫也说过，企业家最重要的任务是在于培育起与员工之间的健康关系，在公司中产生一种大家族的整体观念。《财富》杂志评出的最受欢迎的 100 家最佳公司中大多数都慷慨为员工提供诸如理发、修鞋和免费早餐等看起来不起眼却充满人情味的"软福利"。

如何把中国的"家文化"发扬光大？怎样在企业营造家庭氛围？笔者觉得，企业的领导者、管理者要有"企业家庭"的文化观念，真心实意地把企业当作一个"大家庭"、"大家族"来经营，把员工当家人一样来对待，不断地向员工宣传"我们是一家"的思想。要让员工把企业当家一样来效力，那就要把对待父母的感情，对待兄弟姐妹的感情倾注在企业每一个成员的身上，真正像亲人一样对待他们，努力在企业内营造一种关怀、体贴、温馨、和谐、互敬、互爱、亲密、默契的家庭氛围，让每一位企业成员都感受到家庭般的温暖和关爱。要把员工的工作、生活、发展、休闲、娱乐统筹起来考虑，把他们的一切都纳入公司的管理中来，为他们排忧解难，与他们同呼吸共命运，让他们从心里产生"家"的感觉，让他们离不开、舍不得，他也就自然而然地把心交给了公司。

笔者为什么强调企业文化要努力营造家庭氛围，因为家是社会的细胞，是社会这个组织最基本的单元，家庭是最富凝聚力和战斗力的单位，家庭关系是最富有生产力的生产关系。产业革命是从家庭手工作坊发展起来的，中国的改革开放是从家庭联产承包责任制开始的，中国的民营企业是从家庭手工作坊成长起来的。家庭成员最可以放心地在一起倾诉衷肠。有了家庭氛围，大家亲如家人，就自然增加了互动互助互补，这就降低了交易成本，沟通成本，管理成本。有了家庭氛围，增加了兄弟情感，就自然增强了凝聚力、向心力、战斗力，所谓打仗亲兄弟，上阵父子兵。我们看到，营造"家文化"正在成为现在许多企业的文化追求。在唐山机务段的中心广场的草坪上，有一块一人多高的大石头，石头上镌刻着一个红色的大大的"家"字。员工们走近大楼上班看到这个字时，心里就顿生浓浓的暖意，有一种家的感觉，有人说，在唐山机务段，"伙计胜过夫妻"。其实，有没有家的感觉，是不是把员工当家人一样看待，有时候就看企业的老板和你的上级跟你一投足、一蹙眉、一伸手、一说话是不是有那种哥们、姐妹、爷们的感觉。

文化建设既需要点滴积累，也需要把握重要时机来推进重点建设，而春节就是一个重要时机。没有哪个节日像春节这么容易拉近人与人之间的关系和感情，它是那么自然、合宜。有"文化"意识的企业家应当善于把握这个时机，把年味融进企业文化，借春节促进企业"家文化"的建设。给职工拜年，和职工一起吃个年夜饭，给职工发个红包，方式很多，重要的是要有那个"年味"，那个家的味道，家的氛围，家的感情。坚持每年这样做，相信一定会给"家文化"添色不少。北京贵友大厦视人性、人情、人情味为企业管理的精髓。每逢过年过节，把年货送到员工家中，从米面、肉、油到咸菜，一件件交到员工手中。在笔者看来，那咸菜比鱼肉更为可贵，它透出企业领导对员工关怀的细致入微，令人心动。

"家"就是凝聚力，"家"就是向心力。信息经济时代对知识型员工的管理是企业领导者的工作重心之一，关系到企业的经营成败。由于知识型员工具有自主性、独立性、创新性、成就性、复杂性和价值追求多元化等特征，因而流动性也较大；他们有理想、有抱负、有志向，渴望被倾听、被理解、被关注。所以更需要给他们一个家，为他们创建一个家庭式的企业环境，给他们家庭式的情感抚慰，给他们希望和期待，给他们机会和舞台。不仅关心他们的工作，叫得出他们的名字，而且关心他们的衣食住行，婚恋嫁娶。让他们感到像家，是家，甚至胜于家，自然就有归属感。员工只要有了归属感，企业就有了凝聚力和向心力。留人的方法有很多，重要的是对人家要有情有恩，有时候，一个问候，一次慰问，一杯酒，一顿饭，一场道别，一次掏心掏肺的谈心，一次雪中送炭，就能留住一个人，即使走了，也可能再回这个"家"。

"非人格化"管理与企业文化^①

给"非人格化"加了个引号，表明这是引用的。

与泰勒、法约尔齐名，并称为西方古典管理理论三位先驱之一的韦伯（1864～1920年），是继卡尔·马克思之后最有影响的德国社会科学家和经济学家。韦伯提出的官僚组织结构理论，以理性、制度和规范进行组织构建和管理，已成为各类组织普遍运用的典型结构，广泛应用于国家机构、军队、政党、企业和各种社会团体之中以及所有的管理工作，人们不断从他对管理的探索中得到启发。

韦伯总结提出的理想的行政组织的几个主要特点中，有一个是组织管理的非人格化。他认为，组织管理应明确划分公事与私事的界限，公务活动不得掺杂个人感情等非理性因素的影响，组织成员之间只是工作与职位的关系，而非对人的关系，仅表现为一种指挥和服从的"非人格化"的关系。他认为，这样有利于提高组织的工作效率，并能有效避免和防止人与人之间不必要的矛盾和摩擦，维持了组织的和谐运行。

现在，有人依据中国的"国情"，对韦伯提出了批评。认为韦伯忽视了存在于正式组织之中的非正式组织，说非正式组织是普遍、客观存在的，它的行为准则是以感情作为基础的，做什么和不做什么的标准都是满足非正式组织成员的感情需要。

笔者也是非正式组织的客观存在论者。但笔者并不认为非正式组织的存在，否定了韦伯的非人格化管理的思想的价值和在当今中国管理现实中的需要。相反，笔者认为，越是在非正式组织"普遍"、"客观存在着"的组织，更应该贯彻非人格化的管理，更需要培育和建立非人格化管理的组织文化。

---

① 发表于《企业管理》2012年第5期，《现代班组》2013年第4期。《企业家日报》2013年1月5日转载了此文。

韦伯也不是"忽视"了，而正是正视了非正式组织的存在，才提出了"非人格化"管理的必要。

诚然，人都是有感情的。非正式组织是客观存在的，他们的某些行为（不一定是全部行为）当然是以感情为基础的。那是不是就因为这种现实的存在，而任由我们的管理以"满足非正式组织成员的感情需要"作为标准，而决定"做什么和不做什么"呢？这显然是荒谬的。正式组织和非正式组并存的客观现实，客观上要求我们必须要实行非人格化的管理，即如列宁所说的"公事归公事，交情归交情"（《列宁全集》第35卷第52~53页）。否则组织管理如何实行？另外，我们也应看到，非正式组织的成员也并非都是非理性的，在一切事情上不论是非曲直、不问青红皂白、不管公事私事都仅依感情取舍。依现在的情形看，这样的非正式组织，正式组织的当家人是不会让它存在的，其成员也是不会被长期安排在组织的重要岗位上的。

但从现实情况看，这种人格化的管理，就是凭感情办事，不顾组织利益，只顾满足个人感情需要的情况确实不同程度地存在着。这也正是我们许多好事被办坏，许多政策贯彻不下去，许多好经被念歪，许多工作做不好，许多管理不到位，管理水平长期上不去的重要原因之一。正因为如此，所以我们重提韦伯的"非人格化"管理是十分需要的。

贯彻和实行"非人格化"管理，"公事归公事，交情归交情"地去处理日常工作事务，不是不要感情，不是不用感情，恰恰相反，要真正实行"非人格化"管理，正需要人性化，需要人情味，需要非人格化的管理文化。

中国历史上有许多"公事归公事，感情归感情"所谓非人格化管理的典型案例。

唐王朝是中国历史上一个黄金时代，粮食连年丰收，一斗米只值三四钱，社会安定，夜不闭户，工商业随着社会安定而蓬勃，中国人特别强烈的复兴潜力，完全发挥。632年，全国判处死刑的囚犯共390人。年终，李世民准许他们回家办理后事，命于明年秋天回来受死。633年9月，390人全部回狱，无一个逃亡。在这个典型案例中，李世民凭着"公事归公事，感情归感情"来处理案件当事人的，当事人也是奔着"公事归公事，感情归感情"来复命的。这就是非人格化的力量。我们不能不说这390个死刑犯是被李世民的这种非人格化所包含的人格力量所感化，现实生活中，就是有这样的一些人，他们能为朋友两肋插刀，他们信任人格力量强大的领导者，他们愿意臣服那种"公事归公事，感情归感情"的办事方式，这是我们实行非人格化管理方式的现实基础和心理依据。

从这个典型案例中，我们可以得到以下启示：

第一，公正严明的管理制度和领导魅力。在这个案例中我们不难看出唐太宗在处理这件事情上的个人魅力。唐太宗是中国历代帝王中最初一个被中国人真心称颂的人物，是为"开明君主"。开明者，公开、公平、公正、明鉴、严明者也。唐太宗这种"公事归公事，感情归感情"的开明，所建立的社会公正已经取信于民。他们甘心服法，服的是一个唐太宗的一个正字，一个明字。做事正就能得人心，做事明就能得民意，做得正行得明正是实施非人格化管理的基础和保证。由此可以看出，非人格化管理需要公平、公正、公开的管理制度。我们要学习唐太宗，要实施非人格化管理，就要做到公正严明，使人心悦诚服。

第二，非人格化并非排斥感情，不要感情。恰恰相反，为要实施非人格化管理，正需要强大的人格力量，需要感情的投入，需要以感情为基础。只是当与公事发生冲突的时候，个人的感情服从公事的需要。也正因为有感情的存在，才能使非人格化管理得以顺利进行。唐太宗是一个勤政爱民、富有人情味的君主，在处死这批死囚之前，放他们回家处理个人事务，而且放的时间那么长，正体现了一个大政治家的宽宏大量和待民如子。从某种程度上可以说，正是这种感情才激起了死囚们赴死的勇气，这也映衬出那个时代是多么和谐。

第三，实行"非人格化"管理，必须建立一种"非人格化"管理的文化。建立非人格化管理的文化需要从两方面入手，一是不因感情而影响公事，二是不因公事而不要感情。也就是既不要因情害公，因情伤公，也不要因公伤情，因公废情，真正做到公事归公事，感情归感情，做到因公事而使感情升华，因感情而使公事进行得更加顺利。从上述这个故事中，我们可以看出李世民与其臣民所建立的那种互相信任和默契，这就是一种文化的力量。如果我们真正建立了一种亲密、微妙与信任的关系，激发干部和员工人人都以真诚的态度对待企业，为企业忠心耿耿地工作，满足员工对亲和、独立和被尊重地控制等文化心理的需要，非人格化管理就能得以实行。关键是有没有这种氛围，有没有这种环境，有没有建立起这种团队，也就是有没有这种文化。一旦建立起这种文化，这样一种团队，大家都认为这是正常的，实行起来就方便和容易得多了。当然，建立起这种文化也是从无到有的，抓住和抓好一个开头，然后坚持一贯地推行下去，就能建立起来。

另一个典型案例是有关司马迁的。司马迁因"李陵之祸"而遭腐刑，为了写《史记》他勉强活了下来，但是没想到，他后来反而升官了。关于汉武帝对司马迁做的这件事，余秋雨认为："把一些高官一会儿投向监狱、一会儿又投向高位，是他们的乐趣。他们似乎在这种快速转换中享受着权力的快感。"并且"越是有成就的皇帝，越喜欢玩这种故意颠覆性的游戏，并由此走向乖戾"（余秋雨《中华文化四十七堂课》第二十二课）。笔者觉得在这件事情上对汉武帝我们还不能作这样随性的解读（撇开这件事本身的是非曲直来说）。笔者倒认为，这是汉武帝的用人之道，或说是政治之术。他之所以这样做，是显示他的"感情归感情，公事归公事"的"非人格化"的御人之道和人格魅力，是一种胸怀。倒是现代中国，却有不少因人废言、因言废人、一旦犯错，永世不得翻身的"乖戾"之事。从这个故事中我们应当吸取的是，领导者在选人用人上应当秉持功是功，过是过，有功当奖，有过当罚，有功既有过，既奖也罚。这就是非人格化管理，这就是公事归公事，感情归感情。

中国有"爱之切，责之严"、"桥归桥，路归路"、"大义灭亲"、"内举不避亲，外举不避仇"等古训，这些都可看作"非人格化"管理的早期理论。我们在影视和文学作品中，在现实生活中也常看到在一个团队内、一个组织内，领导者与属下的那种非人格化管理所彰显的人格魅力，使他们不徇私情，秉公执法甚至不惜壮士断臂，而依然情同手足，共赴伟业，甚至"以德报怨"，生死与共。这种境界，这种人格乃是一种文"化"的结果，是文化的力量。

人际关系协调与企业文化①

　　管理的最简单定义就是"通过人做工作"，所以，企业人际关系的好坏直接影响企业的管理和运转。"中国社会的前行，摩擦系数太大。"如何处理人际关系成为许多领导者和管理者最伤脑筋的事情。

　　协调是处理人际关系的重要技能，也是管理的职能之一。协调就是指组织中所有的人为了共同的目标结合在一起采取协作一致的行动。协调的本质就是人际关系协调，否则协调什么？物的运转，事的进展，钱的流动，都是靠人的协调进行的，协调得好，钱流得就畅，物运得就快，事办得就顺，协调得不好，就可能出现障碍。我们在管理中所产生的矛盾、纠葛和问题，多半是由人际关系处理不当而产生的，领导不力，也多半是因人际关系协调不力。而如何协调，这与企业文化有关，与运用文化有关。协作、协调是现代企业文化必须强调的重要内容。企业文化要以文化人，就不能不重视人际关系的研究，企业文化研究人际关系的直接目的就是调整和改善人际关系，为提高生产力服务。

　　人际关系的协调与企业文化有何关系？企业文化为什么有助于协调人际关系？我们应该如何运用企业文化来协调人际关系？

　　第一，人际关系与文化是不可分的，任何人际关系都体现为一种文化，相同的文化自然有助于人际关系的协调。

　　任何人际关系都是在一定的文化环境中形成的，任何管理方法都是在一定的文化背景下产生和运用的。文化即化人，化人即包括协调和处理人际关系。文化是管理的约束力量，管理要顺着文化走，所以协调与文化就密不可分。即便采取制度与政策协调、组织结构协调、操纵与合作、命令与强制、

---

　　① 原载《企业文化》2015 年 9 月号。节文发表在《中外企业文化》2015 年 9 月号，题目被改为《协调人际关系浅议》。

优化组合等，也都与文化有关。文化对人具有凝聚力、约束力、融合力、同化力，所以也就有天然的协调力。

可见，建设良好的企业文化对于人际关系的协调与改善是非常重要的。相同的文化构成了一种普遍协作的氛围，有了大家都认可的哲学观、价值观，就有了共同的语言，这在相当大程度上推动和促进了特定问题的解决进程。"同声相应，同气相投"，共享一个意义系统，自然就容易协调；反之就较难。而人际管理艺术、人际关系协调的过程也是企业文化的生长点。

人际关系不协调的原因之一是态度和价值观的不一致，所谓"酒逢知己千杯少，话不投机半句多"。心理学家伯恩于 20 世纪 60 年代做过多次实验，实验者编造了一张调查表，上面描写一些与被试者素不相识的人对某事物的态度、观点，然后问被试者喜欢哪种人。统计的结果表明，被试者都喜欢与自己相似的人，而且，对方被描述得越像自己，被试者就越喜欢。这说明，态度和价值观越是相似，就越容易建立亲密关系，越容易得到对方的支持。而企业文化的核心便是企业成员的共同态度、语言、理想、信念和价值观，当这些东西成为员工普遍遵循的价值标准、思维习惯和行为方式，即使是最复杂的人际关系问题，也往往在企业文化面前迎刃而解。

第二，个人素质与道德修养对协调的影响是显而易见的，而树立良好道德和提高员工素质恰是企业文化建设的重要任务和内容，它们相互促进，相得益彰。

道德主要是个人自我约束的协调方式，是外在约束力量的内化。企业道德是社会道德在企业行为中的具体体现，作为培养企业文化的一种手段，可以统一成员的思想，增强企业的凝聚力，加强员工的自我控制，有利于改善人际关系。诸如忠孝、感恩、敬畏、敬业、诚信、修身、礼义廉耻、气节、集体主义、爱国主义等各种文明都一直遵从的道德信条如能在企业生根，便会自然生发出一种道德自律，对人的自我约束和人际关系的协调产生助力。事实上，我们现在社会上的许多问题，包括人际问题，如果道德面貌一改，其问题便迎刃而解。

培育良好的企业道德，要从树立人们的道德感做起。所谓道德感，是关于人的行为、举止、思想、意图是否符合社会道德行为准则而产生的情绪体验。就企业而言，主要包括对企业的自豪感和荣誉感；对影响和破坏企业利益和形象的仇恨感和厌恶感；对本职工作和企业事务的责任感和义务感；对企业全体的集体主义感；对工友和同事的友谊感和情感；对自己过失和错误的羞耻感和内疚感等。

树立道德感的方法有很多，除了我们正常的宣传教育和典型引导以外，利用周围的舆论以议论、褒贬、意见、奖惩等形式来反映人的道德状况和道德评价，可引起人的情绪波动和思想上的考虑，并促使人调整自己的行为，这些也都是调整和改善人际关系的文化手段。

人们的素质高低常常是协调工作所必须考虑的重要因素，很多矛盾都是个人素质不高导致的。企业文化以人为本，以文化人，当然包括提高人的素质。现代社会是合作共赢的社会，现代化先是人的现代化，而善于协调与合作是现代化人的必备素质和必要技能。没有合作，便没有成功，无论企业还是个人。企业必须将这种思想和文化理念深植到每个员工的心底。通过加强教育培训提高员工素质，从而达到协调的共同文化基础，这是企业文化以人为本的具体体现。而调整和改善人际关系对于提高人的素质，促进人的全面发展又具有重大意义。

第三，加强人员交往，增加互动频率，可收强化文化和密切人际关系双效。

文化是在交往与共事中逐步形成的，人际协调与和谐是在互动中达成的。企业文化建设离不开与企业员工的交往，而且是不断地交往，在交往中不断地灌输、培育，慢慢就会形成一种文化。这种交往不一定都是一次要很长时间，也不一定非要抽出专门的时间不可，见面打一声招呼，问候一声也行，说个一两句也行，重要的是通过不断地接触保持那种亲密的关系。真正心心相印，是需要时间和交往的次数的，没有这个量，是达不到这种质的。我们都有一种体会，再好的亲戚，久不走动，也会远了。我们现在有些企业领导，是用人上前，不用人退后，这如何能建立持久良好的人际关系呢？又如何能建立一种文化呢？

心理学有一种社会系统理论认为，人们交往和互动时，会引发一定的感情，交往越多，感情越深，感情越深，交往越多。可见交往的次数，也就是互动频率对人际关系和文化形成的影响是重大的。文化就是同化。企业文化建设的根本目地就在于同化，化为统一认识，统一理念，统一指挥，统一行动，使具有不同文化背景的个人和群体融化为一个同质文化单位。这是一个潜移默化的过程，不是一蹴而就的，这一过程就要靠互动来完成。没有互动，便没有同化，没有同化，便没有文化。

在人际互动中，一般来说，员工不会主动与领导套近乎，怕人家说拍马屁。因此在人际互动中，领导、管理者要有主动意识，要主动套近乎，要主动接触，主动联络。这不是低人一头，这是领导必须做的，要么就不做领导。

人的交往与互动讲究平等和礼仪，尤其是领导与员工之间的交往与互动，因为员工和你相互依赖的程度不一样，员工依赖领导多，因此在这种互动中，领导更要注意平等和礼仪，这有助于增加亲切感和亲近感，消除心理障碍，拉近心理距离。你看《永远的忠诚》中，沈浩大年三十到明亮家，还带了两瓶好酒和鸡等，这跟不带东西肯定不一样。当然不是说凡是互动都得带东西。

第四，以感情、友谊为基础，建立亲密文化。

当代激励理论中有一个著名的成就需要理论（创立者戴维·麦克里兰），成就需要理论从同一层面揭示了人的三种需要，其中之一便是人有亲和的需要，即寻求与别人建立友善且亲近的人际关系的欲望。人是有感情的动物，情感性是人际关系的一个重要特征，只有以感情为基础，人们才能建立起亲密的人际关系。毛泽东说："谅解、支援和友谊，比什么都重要（《毛泽东选集》第四卷，第37页）。"有了友谊才会有信任、牺牲和忠诚，员工才会发挥出巨大的创造力量，才会有好的主意贡献出来。有亲密文化打底，人际协调就简单容易多了。民营企业在初创时期为什么多选用家族的人员担任管理工作，就是因为亲情关系，节约管理、沟通和协调的成本。

建立亲密文化的方法是多种多样的，可以通过工作后的聚餐、郊游等形式来增进同事之间的私人感情和协作精神，在同事的关系之外加上朋友的关系。在日本企业界，很多经理几乎每天晚上都要和年轻的员工一起聚餐、聊天，直到深夜，这种聚餐已成为日本各公司的普遍做法和生活方式。在美国，过去工作后的社交活动，一般不涉及同事，近年来也逐渐向同事扩展。"功夫在诗外"，不要临时抱佛脚，平时不烧香，届时便不中用。平日注意彼此感情，帮助解决困难或问题，搞好双方关系或给足对方面子，而在遇到麻烦问题需要对方支持时，就比较容易达到目的。

建立亲密文化，要正确区别和妥善处理"感情归感情，公事归公事"（列宁语）。公开、公平、公正、合理地面对和处理在管理中出现的人和事，努力做到不因事伤情，而是因事增情，通过具体处理每一件事，把感情化大，把事情化无（即得到妥当处理）。在这种文化氛围里，人与人之间的关系就比较容易处理，容易协调。要做到这种境界，每一个圈子里的"一把手"要不断地宣传这种对事不对人的文化，并做出切实的案例，用行动来诠释这种文化。

建立亲密文化，要使员工参与决策和管理工作。吸收有关人员参与相关决策和管理，是协调人际关系的一种方法。心理学的研究证明，当人们亲身参与了某项决策的制定过程时，他们一般会倾向于坚持立场，并且在外部力量作用下也不会轻易改变立场。

建立亲密文化，更要注重解决员工的具体问题，满足个体具体需求。人际关系的变化和发展取决于双方之间需要满足的程度，因此寻求解决员工需要解决的问题，是建立和处理人际关系的一个重要方法。思想政治工作有一句名言：为职工解决实际困难是最好的思想政治工作。

威廉·大内在《Z理论》中就现代组织管理提出了处理人际关系应该采用信任的微妙方式。好朋友和友好气氛应该从亲密关系中体现出来，这种亲密感就像一根无形的线把组织成员联为一体。在一个组织中，领导者和被领导者、上级和下级之间就应该建立起亲密感，互相得到真诚的关切和尊重，彼此信任和体谅，共同关心组织活动的绩效。努力营造家文化，一家人好说话，在这种家的氛围中，容易达成一致，容易协调。

笔者曾与一名车间主任谈心，他说，他在大学里学的一些管理理论，在工作中一点也没有用。要在实际工作中顺利推进一项工作，最主要的是要把人搞好，这就关系到自己做人的问题。人顺，工作就顺。我以为他抓到了管理的本真。美国福特汽车董事长比尔·福特就说："我认为，到最后一切都归结到人际间的微妙关系……我认为，我们要想在未来取得成功，就必须始终建立良好的关系。"

第五，沟通和商量是协调人际关系的法宝，应当成为中国式的管理文化。

美国的一些研究表明，企业管理人员用于信息、情感沟通的时间占其工作时间的50%～90%，足见沟通的重要性。人们在传达工作信息的同时，互相将自己的知识、经验、意见、情绪、心理状态等告知对方，求得对方同情与共鸣，以求确定与对方的人际关系。

协调离不开沟通，协调不力往往是沟通不善造成的。沟通是协调的纽带，沟通也是营造企业文化的重要方法。经验表明，经常沟通足以影响接受者的知觉、思想以及态度，进而改变其行为，起到踏雪无痕、润物无声的"文化"作用。早在霍桑实验中，梅奥就注意到创造良好的沟通环境不仅可以营造和谐的工作气氛，可以提高员工的满意度。在沟通的过程中，通过激励、情感表达和信息交流达成一致，取得相互支持和理解，保证反应迅速，配合顺畅。

在公司内部相同职级部门的人常常具有相同的专业和伦理倾向，这也是一种文化；不同职能间也存在不同的文化：如营销、制造、研发和人事等。在一个企业，如果过分强调个人的刺激机制会引起群体内部个人之间的过度竞争，使部门和个人之间的协作精神丧失殆尽，这种不良文化应当避免。因此，企业除了强调个人与个人之间的沟通，还要注意号召和强调部门与部门、团队与团队之间的沟通，比如车间与车间、小组与小组之间的沟通；除了正式沟通之外，还要利用非正式沟通，这种非正式的沟通，在促进合作、通力完成任务的同时，还能满足群体成员的社会需要。心理学上"交往的测量"证明，非正式交往的频度、程度，更能反映人际关系的友好和密切程度。非正式沟通又具有沟通形式不拘一格，不受组织约束与干涉，直接明了，速度快，可以提供正式渠道难以获得的信息的特点，是正式渠道的必要的补充。

在沟通的方法选择上，以面对面的交谈为最佳。它传递的信息量最大、最丰富（除了信息本身以外，还有其他信息线索，如体态、面部表情、手势、语调等），并能得到即时反馈以及亲身的接触，所以走动式管理的出现决不是偶然的。电子邮件、视频、QQ、微信永远也替代不了面对面的交谈，互联网、物联网都不能取代"人脸网"。

要记住沟通的重点是对方，而不是你自己。要高度关注对方的所思所想、所需所求、所忧所虑。沟通是要帮助对方满足他们的需要，对他们有价值。企业文化是"心"的文化，戴尔·卡耐基说："了解别人心里想什么，你才能得到自己想要的。"要了解和懂得别人的心理，就必须成为别人的"知心"，或通过他的"知心"来了解他的内心。最好的沟通者是出色的倾听者和专注对方的人。当然倾听和专注不是不问不答，在沟通的过程中，要适时、适度、自然而巧妙地提醒对方企业或团队的核心价值和使命，确保自己的期望得到正确的传达，沟通目的得以实现。

商以求同，协以成事。商量是沟通和协调的重要方法，包括商量的姿态，商量的口吻，商量的语言。商量的处事态度和方法是中国的文化传统，是有历史，有渊源的。被称为"统治大法"的《尚书·洪范篇》以箕子语武王曰："汝则在有大疑，谋及乃心，谋及卿士，谋及庶人，谋及卜筮。汝则从，龟从，筮从，卿士从，庶民从，是之谓大同。身其康强，子孙其逢，吉。"意思是"你（国王）有大疑难的事，自己先想一想，再和卿士（高级贵族）商量，和庶民商量，和卜筮商量。如果您自己赞同，龟卜赞同，蓍卜赞同，大臣赞同，庶民也赞同，这就叫做'大同'。这样，您身体就会强健，子孙后代也会昌盛，这是大吉。"

"会商"是一种重要的协调方法和机制。现在党中央、国务院、人大、政协，经常开会与有关方面召开协商会议，并且特别重视吸收一线的群众代表、专家学者、企业家等参加，已经成为一种国家治理方法的制度性安排。在企业，无论是公司总部、各部门、各基层组织都要学会开好上下级共同参加的协调会议。在协调会议上，管理人员和员工共聚一堂，商讨一些彼此关心的问题。这对于取得一致很重要，参加决策的机会越多，则下级与企业的一致性就越强，一致性越强大，则协调就越容易。文化学有一个与分裂相对的概念叫"一致"，是指团体内部在目标、价值或观点上的相同看法。如果员工的意见得不到表达，这个组织一定会被一种压抑、郁闷的气氛所笼罩，人们的心理健康必定受到损害，企业文化必定受到伤害。

第六，充分发挥企业家和各级领导者的管理权威和人格魅力，人格与权威都是文化生成和人际协调的成功要素。

著名文化学者余秋雨先生说，文化要表现在现实的人际关系中，一切文化最后都表现为人格。现代管理过程实质上是群体交往与相互作用的过程。在群体交往与相互作用的过程中，通过某种情感的传播，一方对另一方在心理上产生一种无意识的不自觉的服从，而这个过程对于人际关系有着明显的整合作用，有助于形成凝聚力。在任何一个企业中，员工们都会受到企业家高尚的人格及体现这种高尚人格的感情、道德力量的感染。

协调需要一定的权威，权威有助于人际协调，这种权威一部分是由权力和职务所带来的，另一部分则是由影响力所构成的。而一个人非职务权威的形成是一个人文化逐步积累的过程，要有对本企业文化深邃的理解和认同，才能利用好企业文化做好协调工作。企业文化是群体文化。一组之长，一班之长，一车间主任，一公司董事长，是这一群体人际关系的中心，这是职务所赋予的，但要真正成为人际关系的中心，则仅靠职务权力是不够的，还需要影响力。如果你从里到外真正成为该群体的人际关系中心，则你的工作就好做了。现实表明：企业群体的向心力同企业家人格吸引呈正相关，只有企业家在人格上堪称表率，才能真正得到员工信赖，受到员工的敬佩，这是实现其领导效能的前提条件。

第七，正确分析和理解个体文化，是协调人际关系的基本功。

我们以往关注的是国家文化、民族文化、组织文化、群体文化，而较少注意到个体文化。而我们日常打交道的却是一个个不同的个体，因此研究个体文化，是我们协调人际关系的基础，这种个体文化分析是做好管理工作的基本功。事实上人与人之间是有文化差异的，这种文化差异既表现在文化水平上，也表现在文化背景上，也就是所接受的家庭教育、传统教育上，还有社会历史遗产和地域文化的影响。以往我们只是注意到员工的性格和心理，而没有把它放到文化下进行考察。而不同文化背景下的人对同一个人、同一个事物的表现和处理的方式往往是不一样的，一个说月夜真美，一个却说美什么，一个说这本书非常有趣，一个则说不值一读，这就说不到一块儿。所谓缺少共同语言，往往指的就是缺少文化话语，这其实反映了不同文化环境出身者之间的隔膜（即使是兄弟姐妹，也会有截然不同的价值理念和文化，正因如此，所以笔者向来不赞成企业文化基因说）。因此，开展互动和协调就必须研究分析人的文化背景，以便采取与他的文化背景和文化心理相适应的协调行动。

我们常常高呼"理解万岁"，就是因为我们身边存在着"理解危机"，而这种理解危机往往就是文化隔膜造成的。所以，一定要充分理解员工的文化，理解他们的价值观和工作动机，没有理解就没有成功的协调。事实上有许多不和谐、不协调是由于互相不理解造成的。只有理解才能得到信任、配合与支持，而要学会理解就需要有一颗友善之心。在这个劳动力日益多元化的社会里，理解他人和提高对他人生活方式的敏感反应，对于我们的社会和企业成功是至关重要的。在一个组织中，雇员是不会轻易放弃他们的文化价值观、生活方式和心理偏好的，而这些未必和组织的目标、价值观一致，这对管理者是一个挑战。我们只能努力去理解他们，特别是了解和理解他们的思维方式和价值观。面对雇用和留住高素质员工的激烈竞争，管理者建立工作团队的能力，与各个层次的员工沟通的能力，掌握每一位员工情况的能力比任何时候都显得更重要。

同事、朋友间的理解可以用言语表达，也可以不用言语表达，点个头，使个眼色，或微微一笑，就会彼此会意，而别人对此却全不注意或不解其意。这就是我们常说人际间微妙的表现之一。

"认同"是人相互理解的有效方法。所谓认同，就是把自己的沟通对象视为自己相同的人，寻找双方的共同点。因为人类具有相信"自己人"的倾向，共同点较多的人容易形成"自己人"。比如性格和生活方面的共同点，工作上的共同点，兴趣爱好上的共同点，甚或寻找双方共同熟悉的第三者，作为"认同"媒介。共同的东西越多，双方也就越熟悉，越容易形成"自己人"心理，"自己人"之间的协调自然就比较容易了。

第八，表扬与批评包括自我批评对文化具有强化、促进作用，也是人际协调的一门艺术。

马斯洛认为，荣誉感和成就感是人的高层次需求。表扬就是一种承认他人的长处和成就的方式。人若受到肯定和认可，就能在一定程度上满足自己在荣誉和成就方面的欲望，从而受到鼓舞，也能拉近人与人之间的关系，从而增加工作的协调性。

国外有些社会心理学家把表扬比作"仙人的魔棒"、"点石成金之术"。当年，有一本风靡全球的管理小册子，叫《一分钟经理》，其中就讲到"一分钟表扬"、"一分钟赞美"的妙用。人与人之间有时难免要发生一些隔阂，对于和自己关系不太亲近的人，恰到好处地赞誉他的一些长处或成就，也会增加亲近感，建立更进一步的人际关系。当然，表扬作为一种交往艺术，也不是随便说几句好听的恭维话，或者吹吹拍拍就能奏效的。它具有一定的原理、原则和技巧。尤其要注意表扬要具体、得体，越具体，说明你对对方越了解，对方就越感到你越诚实、越亲近，你与对方的人际距离也就越近。把表扬作为一种沟通手段和协调手段，就必须注意观察他人的长处和优点。经常、适时地表扬、称赞能够不断增进彼此的感情。

认为批评只会伤及人际关系的观点是错误的。但批评更要讲究方式、方法、时间、场合、力度、对象等，俗话说，会说说人笑，不会说说人跳。与人为善的、恰当的批评有时会收到比表扬更好的协调效果，一般的心理认为，只有亲近的人才会批评你。而发自肺腑的自我批评更能收到感化人心、拉近关系的效果。表扬与批评也从正反两个方面强化了企业文化，尤其是批评与自我批评，一旦蔚然成气，则对人际的改善和文化的建设善莫大焉！

第九，团队和非正式组织在许多现代企业中已成为建设企业文化和协调人际关系促进企业职工协作精神的有效手段和组织形式。

或以班组，或以部门，或以临时任务组织，或以兴趣小组为基础建立起来的团队，是一个企业最基层的战斗单位，是企业文化最基础的载体。团队一般组织规模小，联系紧密，沟通便捷，易于协调，凝聚力强。美国管理学家哈默指出，团队是一个伟大的创造，是现代企业管理的基础，是重新构建公司的一个基本出发点，具有强大的生命力。非正式组织是由组织成员的感情和动机上的需要而形成的，往往是由于情趣一致或爱好相似、利益相近与观点相同以及彼此需要等原因而联结在一起，如自发组织的各种兴趣小组、同学会、同乡会、朋友圈子等。他们当中的有些人可能影响力很大，或者是人际关系比较好，企业充分发挥他们的作用，对开展工作和人际协调往往可以起到正式组织都起不到的作用。企业非正式组织和非正式渠道是一种普遍的客观存在。企业不能不正视，压制是不可取的，杜绝更是不可能。唯一的解决方法是最大限度地发挥非正式组织及非正式渠道的积极作用，抵制其消极作用。善用之，会形成一种特殊的文化氛围，从而为企业内部形成共同价值观，对企业文化的传播和人际关系的协调起到促进作用。

第十，学习传统文化，掌握人际技能。

人际交往不仅有内在的心理和行为规律，而且还存运用和掌握这些规律的艺术和技巧。人际关系学派的领袖人物梅奥早在《工业文明中的社会问题》一书中就阐述了这样一种观点，他认为，真正威胁到文明的并不是原子弹，而是企业和政治领导者缺乏管理人际关系的技能。在罗伯特·卡茨所提出的三项管理技能中，认为人际技能是对于各个管理层次的管理者都必须具备的技能。人际技能的高低，直接影响人际关系协调。有一种成才理论认为，一个人的成功30%靠专业知识，70%靠人际关系。

中国是一个注重人际关系的国度，中国文化向来重关系导向，讲求人与人之间怎样相处。我们的先贤在这方面留下不少名言和轶事，我们一方面要很好地向传统文化学习，另一方面也要学习掌握现代人际技能，这方面的书籍和培训很多，它对我们提高人际能力会有不小的帮助。

有人说，人际关系是人世间最高深的一门学问。我们现在有不少年轻管理者，他们通常只有很少的实践，缺少管理经验，只有课堂得来的理论知识。而对于缺少真正管理经验的人来说，对人的行为的判断力是不能够通过教授，也不是三言两语能够说清楚的，有时运用之妙，存乎一心，只可意会，不可言传。日本以及东南亚地区的许多公司，都是通过人际关系实践来实现企业的凝聚力和目标的一致性的。而我们的管理培训，只是把一个人放到基层（这是对的），就算完事，培训者只是学习一些业务上、技术上、流程上的东西，至于人际关系管理，没有人教他，启发他。而企业中有些事情根本就没有（或不能）按计划进行，或按原设计进行，究竟应当采取什么样的方策，只是取决于企业所处的真实环境，尤其是人际环境。管理的实际情形往往是，只花很少的时间进行所谓理论上的计划、组织、协调和控制，而大部分时间是在不断回应处理那些不断变化的环境情况，通过面对面的谈话、通电话及视频及邮件来积累个人的判断力、人际知觉和管理能力。对于那些没有实际经验的学生们来说，不考虑实际情况，尤其是人际情况，只靠课堂讲授，是做不好管理工作的。

我国已处在一个劳动力多元化的时代，劳动力的多元化必然带来文化的多元化，管理不同的员工是当今管理者面临的一个关键挑战。今天的管理者，明天的管理者需要何种管理技能？就是运用文化管理的方法来处理日益多元化的劳动关系的技能。有"现代管理之父"之称的巴纳德曾明确指出"现代管理就是人文管理"。人文管理力图塑造协调的人际关系，从而增强企业成员之间的亲和力，促进他们的集体主义合作精神，创造出极大的群体合力，有效消除内耗。怎么处理不同的生活方式、工作方式和家庭需求，使组织更适合多元化的员工群体，更加需要我们自觉地运用文化融合的观点、文化管理的方法来指导人际技能的运用。随着员工构成的变化，一个组织的努力方向应该是：长期深入地观察组织文化，以判断和寻求一个与员工比较接近的能够共享的价值体系和生活方式，创造一个支持和鼓励接纳所有不同背景的员工和观念的工作文化，以促进人际协调，保证企业的顺利运转和长足发展。当然，我们所说的协调人际关系不是庸俗的关系学，不是无原则的一团和气，更不是拉关系，搞帮派。

变 "起飞落地式" 为 "无声一体化"①
——谈我国企业文化运作方式的改变

在我国企业文化建设的领导方式和运作方式上，有一种方式叫"起飞落地式"或"起飞落地论"。"起飞落地"是一种比喻，是指在观念上先有一套价值理念体系，然后去落地。此种方法绵延至今，是当前我国企业文化建设的主要形式。此种方式在理论上和实践上都有许多问题，我国企业文化建设中的种种问题，都与这种理论和运作方式有关。为了正本清源，我们有必要对"起飞落地式"作一个剖析。

一、"起飞落地式"的主要问题

（一）"起飞落地式"错把企业文化当作一次性工程

以为设计了几个漂亮的理念，然后让企业去落地，企业文化就大功告成了。以笔者担任 18 年国有企业厂长兼书记的经验来看，文化哪是这样容易形成的。我们通常是先有某件事和某种情况的发生，然后大家对于怎么办形成共识。最多的表现形式就是领导人的讲话或者公司文件，有时候也会定下几条规定（这些讲话、文件和规定有时候是有明确的文化动机和文化目的的，有时候也并不是自觉地渗透着什么文化策略或管理原则的），然后大家就照着做。久而久之，形成习惯，成为员工日用而不知的"常识"和潜意识，任何违背这种常识的行为都会被视为错误的，不对的，不好的。在组织权力所笼罩的空间中，在多种要素与形式的作用下，一种伦理道德和行为方式的同一性被逐渐建构起来，一种普遍被认同的思想世界逐步形成。再以后，可能大家把具体的制度或领导人的讲话给忘了，可事情还是自然而然地去做，一

---

① 原载《中外企业文化》2013 年第 5 期，发表时编者删去了第二大段和第一大段的第六小节。后全文发表于《企业文化》2013 年 7 月刊。《企业家信息》2013 年第 8 期转载了此文。

种文化也就形成了。有时候也会推出一两句口号（那时不叫理念、价值体系），但都是顺势而为、顺情而为，不是一下子推出那么多理念和价值体系，没有这样正式"起飞"然后"落地"。至于员工手册理念体系，笔者那时候还没有。笔者想如果是现在也许会有的，但那一定是经过长时间已经"化"成了的，而不是像"起飞"一样集中在一个时间人工合成的。

文化是一天天渐进的。企业文化不是一次性完成的，说"起飞"是不确切、不科学的。它似乎并没有人们所认为的那样，有明确的起点，因为人们的认识过程是有继承性、延续性的，不存在一个截然分明的起飞时间。人们在进入一个企业的时候，就有自己的价值观，有自己的文化记忆，而且这种文化记忆已经有一些共同性，这就是企业文化逐渐形成的思想基础。文化是隐藏在人的内心深处的潜意识（沙因语），人们的认识规律是实践—认识—再实践—再认识，不是"起飞落地式"一次完成的，它有一个不断反复培植的过程。

企业文化不同于ERP，也不同于平衡计分卡，可以有一个起始时间和实施仪式，它不是一个简单的工具，它是要深植或改变人们内心深处潜意识里的东西。它是一个工程，但它不是一次性的建筑工程，它是与企业同生死、共始终的长期的灵魂工程。文化的建树要顺时而为，顺势而为，顺情而为，顺人而为，是靠一点一滴的积累，不是建造房子，宣布某日开工，某日落成。文化的积累有它的规律，规律是不能创造也不能违背的。"起飞落地式"有违企业文化的建设规律，所以注定没有好效果。这种"起飞落地式"就好比人工降雨，不是春风化雨，毕竟不是云气交互作用的结果，没有了那种自然功效。"雨过地皮湿"，充其量只能是推一推，动一动，不推，不动，直到推而不动。因为它实质上不是群众自发的、自生的、自愿的，形成不了持久的文化力量。

（二）"起飞落地式"错把企业文化简单地归结为价值理念

以为有了一套设计好的价值体系，然后去实施就能建成企业文化。企业文化是一种意识形式和生活方式，不是一朝一夕就能养成的。企业文化也绝不仅是一套价值理念，还包括传统、习惯、心境、环境、氛围、文化网络等，没有这些，仅仅是干巴巴的几条理念，就成了文化？岂不是笑话？

一些人错误地认为，只要能提炼出几句漂亮的、富有哲理的、与众不同的理念，就能形成自己的文化了。其实，仔细想想，现代企业文化所提炼出来的理念，无非来自三个方面，一是传统文化，二是时代意识，三是管理经验，包括别人的和自己的经验。可以说，我们的许多价值理念都是从这三个方面总结、加工、改铸、提炼出来的，其绝大多数思想精神不是现在才有的，更不是谁独有的，只是往往用词不同而已。明乎此，即使我们没有设计出那些漂亮的理念，只用日常语言，同样可以达到深入人心的作用，发挥出文化的功能和作用。一位老工程师曾经对我说，我们那时候没有口号，也没有理念，更没有企业文化，但上上下下都重视质量，没有一丝一毫的马虎，每一个人都很严谨，成为一种风气。现在质量口号、理念一大套，可质量问题仍层出不穷，你说哪种是文化？这就生动地说明了不是有了理念体系，就有了企业文化。我们很多理念，可以说几乎所有的理念，都是人们心里已有的东西，并不是什么新玩意，只是说词不同。问题是是否真正化入人的灵魂，化为人们的潜意识，化为人们自觉的行为方式，化为无处不在的目光。

"落地"就是执行，"落地"并不代表生根，它与"文化"还不同，这里关键是个"化"字，没有这个"化"字，这次执行了，下次不一定执行。有个故事，说中国人擦桌子，你规定他擦五遍，他第一次可能擦了五遍，第二次就可能擦四遍，看看擦四遍也很干净，下一次就可能只擦三遍，再下一次可能只擦两遍，以后，每况愈下，直到几天擦一遍。这就是强调"落地"和强调"文化"的不同。企业文化是心的文化，改造人心不是几条理念能奏效的。当然，笔者不是否定理念，问题在于理念是从哪里来的，是如何化的。事实证明，"起飞落地式"在我国多数是一阵风，有的连一点雨都没下，根本就没有进到人们心里，多数职工都把它当作一种形式，而没有把它当作一种文化。

（三）"起飞落地式"错把 CI 当作企业文化

企业文化可以借助 CI，但 CI 绝不就是企业文化，企业文化远比 CI 丰富、深邃、复杂。CI 设计和企业文化都是运用文化手段经营管理企业的一种方法，但 CI 不是企业文化。企业文化重在内在的精神塑造，是企业管理的贯穿线，CI 则重在外部的形象识别，仅是企业形象策划的一种技术方法，就两者的内涵来说，不可同日而语。关于两者的区别，我们只要了解一下 CI 和企业文化兴起的历史就很清楚了。但是，由于企业文化有塑造企业形象的职责和功能，而 CI 又有理念识别和行为识别的内容，所以两者在这些方面有交叉。于是，一些对企业文化没有深入理解的人就认为 CI 就是企业文化，企业文化就是 CI。许多策划公司出于种种原因，也直接以 CI 设计代替企业文化设计。这些都加剧了人们对企业文化狭隘的、错误的理解，形成"起飞落地"式的企业文化思维，也加剧了企业文化与企业管理的"两张皮"和相脱离。作为形象工程的 CI 设计，可以有"起飞"和"落地"（其实是起动和落成），但作为人心工程的企业文化，却远不是这样一蹴而就、一飞而成的。把 CI 当文化，是没有把握企业文化的真义，是对文化的一种肤浅认识，更是对企业文化的一种错误认识。

（四）"起飞落地式"错把企业文化当作可以任人打扮的小姑娘

真正的文化如人的气质，无论穿什么都藏不住的，它是多种要素长期作用和历史传统长期浸染的结果。而许多企业和咨询公司错把企业文化当作任人打扮的小姑娘，他们无视企业的基本人性、员工和干部的素质、心理和成熟度，也无视企业的历史、传统，以为企业文化可以任意设计，随时起飞，可以"天马行空"，"无中生有"，以为设计什么理念，就一定形成什么文化。他们把文化当作外套，有的咨询公司甚至把基本同样的服装套在不同的企业身上。其实，真正的文化不是一次性打扮起来的，而是慢慢养成的；不是外来的，而是内生的；不是刻意的，而是自然的；不是强制的，而是自愿的；不是被动的，而是自觉的；是生活化的，而不是运动化的；是意识形式和生活方式，而不是包装，不是外套；它是耳濡目染，随风潜入，每时每刻，时时刻刻，一言一行，一举一动，而不是一次"起飞"和"落地"；它是春风化雨，不是疾风骤雨；是全体的，而不是专属于某个部门的；是无声的融入、不经意间的渗透，而不是刻意的揉入和掺入；是靠沟通、习惯、暗示、象征、感染、熏陶、影响、示范，而不是靠运动，靠强制，靠教条式的说教和宣传。它有设计，但这种设计是巧妙的，不着痕迹的，不给人强加和刻意的感觉。

（五）"起飞落地式"错把企业文化当成一张白纸

文化是传承的，文化建设没有白手起家的，任何企业的文化都不是一张白纸。"起飞落地式"就好像起飞之前企业没有文化似的，这种蹈虚凌空的"起飞落地"割断了企业本有的历史联系，就像江面上突然树起了一座大坝，截断了江流，标志是有了，但流"断"了。让人感觉这种文化不是内生出来的，是创作出来的，炮制出来了，是硬贴上去的，硬掺进来的；不是自己的，而是别人给的；不是生的，而是买来的。其实，文化的接受不像一棵可以带着根上的泥土在平面空间里移栽的植物，说接受就接受的。真正的接受，还要在自己的历史、传统和知识背景中去寻找资源。而这种 "起飞" 式的价值体系，"落地" 式的强行灌输，有违人的心理习惯和接受习惯，认为 "又是形式"，又来这一套，反生逆反心理。我就知道大多数工人一听说一套价值体系给了咨询公司多少多少钱，都说不值！把这钱分给工人比啥都强！这当然是过激之辞，但足以说明工人们对这种 "起飞落地式" 的企业文化模式是早有反感的，内心多数是不接受的。

（六）"起飞落地论" 实质上是一种 "唯意志论的唯心主义"

唯意志论在哲学上属于主观唯心主义的理论。这种理论无视和否认客观规律，坚持人类意志有决定的、头等的作用，认为只要进行教育、普及知识，改变人们的观点，就足以改变社会环境。"起飞落地论" 就认为在观念上先有一套理念体系，然后去落地，人们就能接受，文化就能形成。马克思主义的哲学唯物主义则认为，决定历史进程的不是意志、不是精神、不是意识，而是不以人的主观意志为转移的客观规律。企业的管理和文化的形成自有它的客观规律，不是任意 "起飞" 和强行 "落地" 就能达成的。我们只有发现、认识、遵从这些客观规律，从实践中来，到实践中去，从群众中来，到群众中去，管理才能有效，文化才能化成。

至于 "起飞"、"落地" 在逻辑上的不当和错谬，因为它是一个比喻，我们这里就不说它了。

总的来说，"起飞落地式" 并没有掌握企业文化的真义，从根本上违背了马克思主义物质第一性、意识第二性的基本原理，违背了企业文化建设的客观规律和人们的认识规律，是导致我国企业文化普遍形式化和 "两张皮" 的理论根源之一。

二、"起飞落地式" 产生的主要原因

形成 "起飞落地式" 的文化思维和运作方式的原因很复杂，笔者认为原因首先是对究竟什么是企业文化没有确切地理解和掌握，定义错了自然导演、扮演不好对应的内涵。

其次，"起飞落地式" 迎合了国人急功近利的心理、运动式的工作习惯和形式主义的偏好。"起飞落地" 是一种典型的中国思维和中国语句，是一种急功近利的理论。你看，一 "起" 一 "落"，大功告成，多么简单，多么快捷，多么符合企业效率的需要。其实企业文化不是一次性完成的任务和作

品，这种急功近利的理论迎合了急功近利的企业心理，造成了效果不彰，乱象丛生，欲速则不达。"起飞落地"又是一种典型的运动式思维，国人有搞运动的习惯，以为轰轰烈烈大张旗鼓文化就成了。其实企业文化重在"化"，它更多的是润物无声、踏雪无痕。"起飞落地"有着浓烈的形式主义色彩。国人向有形式主义偏好，凡事都要搞个形式，作个宣示，你看"起飞落地"有起有落，有图有画，有声有色，一二三四，花花绿绿，条条道道，满足了企业图排场、讲形式、树形象的需要，只要有面子，里子并不重要。这种近功近利式、运动式和形式主义的方式方法必然造成企业文化与企业管理"两张皮"。

再次，咨询公司的推波助澜。一些咨询公司在利益的驱动下，把企业文化简单化、形式化、模式化，拟或是自身都没有搞清楚到底什么是企业文化，于是把 CI 当作文化，把文化当作衣装，把理念设计当作可以卖钱的作品，以"专家"和"权威"的名义和力量推波助澜，极力迎合一些企业形式主义的需求，助长了"起飞落地"的形式思维。你看，由他们"闭门造车"、"无中生有"的一套理念宣告"起飞"，然后交给企业"落地"，银子就进了自己的腰包，而其实他们只负责"起飞"，至于"落地"，那是企业的事，你没有化起来，那就是你没有把他的理念"落地"。

三、变"起飞落地式"为"无声一体化"

我们现在需要另一种方式，这种方式是以深入理解企业文化的真义为立足点，从心理建设和文化形成的内在要求和客观规律出发，结合企业实际，与管理工作一体，将企业文化无声地融入企业的领导和运作，这种方式笔者谓之"无声一体化"。

"无声一体化"认为，企业文化是由传统文化、时代意识和管理经验融合而成，为特定企业所有成员所共有的意识形式和生活方式。这种意识形式和生活方式是靠潜移默化形成的，而不是靠"起飞落地"形成的。它是在一个较长时间里靠团队感染、环境熏陶、学习教育、模范影响、情感礼仪、文化网络、习惯培养、心理暗示等一些长期的功夫自然形成的，而不是在短时间里打造而成的。它是靠积累，而不是靠"起飞"，它是靠养成，而不是靠"落"成，它是内功，不是外包工。

企业文化，化在无声，在无声中发生变化。"无声"，是一种比喻，是指自然合宜、不动声色、不着痕迹，是深植、潜入、融合、渗透，是踏雪无痕、润物无声、潜移默化、静水深流，是自然而然、约定俗成，它有时也需要大张旗鼓，但不给人以勉强之感、强加之感、牵强之感、刻意之感、人为之感、作秀之感、附加之感、游离之感，它使人们能从内心自觉自愿地接受、认同、诚服；"一体"，是说企业文化要结合经济工作一道去做，结合管理工作一道去做，结合处理问题和待人接物一道去做，与企业生存发展的各种活动结为一体，融为一体，糅为一体，化为一体，而不是"两张皮"；"化"，有多重属性和意义，作为后缀，它在"一体"这个名词之后构成形容词，表示转变成某种性质或状态，是指达到一种化境，也就是达到企业所期望的一种高级的文化状态和管理境界；作为动词，"化"是教化、感化、同化、融化、潜移默化，是感染、熏陶，是涵化、内化、变化、"使变化"，是化除、化合、化生、化育、化雨春风；至于化什么，大家都知道，化心、化行、化境，一句话，化人，以文化人。企业文化运作的艺术、诀窍和方法，突出地就在这一个"化"字上，企业文化的真义在相当程度上也表现在这个"化"字上，我们应当细细品味这个"化"字，在"化"字上做好文章，它与"起飞落地"属于两种不同的路数，自然会有截然不同的两种效果。

随着企业界变"起飞落地式"为"无声一体化"，企业文化咨询界也必将面临着转型。企业文化建设需不需要设计，当然需要。但这种设计绝不仅是设计几条价值理念，然后叫企业去落地，而是企业文化怎样作用于企业、怎样运用于企业、怎样让企业文化发生效力，在什么时候、什么环境和什么心理背景下，用什么文化手段、文化理念去引导企业、凝聚人心、管理企业。这种设计是在充分认识和遵循企业文化建设客观规律的基础上所进行的，是和管理实践一道进行的精心的、巧妙的、科学的设计，是合时、合地、合人心的设计，不是牵强附会，不是东施效颦，不是移花接木，它是随企业的需要随时进行，而绝不是一次性的"起飞落地"。它是人心工程，不是建筑工程，它是灵魂工程，不是形象工程。它一定是企业的生存和发展真正需要的。

咨询公司应该在如何"无声一体化"地建设企业文化方面为企业出谋划策。要么你就搞 CI 设计，而不要说搞企业文化，结果，CI 不像 CI，文化不像文化。这样下去，我们的路会越走越窄。我们自己也无法深入，做不出大成就。笔者觉得，咨询公司应当重新审视一下自己的经营思路和经营范围，我们究竟为企业提供什么样的帮助。变"起飞落地式"为"无声一体化"，咨询公司不是无事可做，同样可以大有作为。"无声一体"同样也需要设计、策划，而且是更高级的设计和策划。

已经搞过"起飞落地"的企业，要重新审视自己的文化，在观念上要摒弃那个蹈虚凌空的"起飞落地"，树立默默耕耘的"无声一体"。可以参考咨询公司的提炼、设计，但要结合实际加以扬弃。在运作上要遵循企业文化建设的规律，不要"起飞落地式"，而要"无声一体"地化入日常工作，不要相信起飞，起飞是形不成文化的，落地要变为人心。要慢慢来，别着急，不要指望一蹴而就，文化本身就是长期行为，短期行为是养不成文化的。文化本身是慢功，急功近利是搞不来的。

"起飞落地式"虽然在理论上和实践上有许多问题，但它顺应了当时企业的心理需求和宣传包装的需要，客观上对我国企业文化的发展起到了一定的普及和推广的作用。但它把对企业文化的概念搞乱了，把企业文化的运作方式搞错了，导致我国目前企业文化乱象丛生，效果不彰。现在笔者认为到了矫正它的时候了，不矫正，我们无法与国际企业文化接轨，也无法与世界文明对话。随着人们认识深化和实践的深入，"起飞落地式"必然要被"无声一体化"所取代。

企业文化随想录

认识论决定方法论。与方法论相比，认识论永远是第一位的。笔者认为，当前企业文化陷入困境的关键就是认识论问题，我们在企业文化上存在的形式主义、"两张皮"等诸多问题，恰恰是对什么是企业文化、怎样建设企业文化认识不清造成的。诸如"起飞落地"论、"基因"论、"无中生有"论、"文化决定论"等，都是有违马克思主义认识论的，都是"空想企业文化"。

（前两句写于 2009 年 7 月 20 日，后一句写于 2014 年 8 月 18 日）

关于"落地"说："落地"是一个比喻，无非是强调文化理念、文化方案的执行、落实。我们不必深究，但不要搞成"落地论"，硬要搞成个什么理论，那就不对了。企业文化本就应该是土生土长的，怎么还来一个"落地"？还有环境、英雄人物这些要素又怎么落地？从逻辑上就说不通。

笔者不反对在执行、落实、深植、转化等意义上使用"落地"一词。笔者反对的是"起飞落地"式的无视客观规律、唯意志论的、主观唯心主义的文化思维和运作方式。"落地"作为一种比喻、一种习惯用语，是可以的，但作为一个文化概念，则是不科学的。概念和比喻、习惯用语有着质的不同。政策落地、措施落地、方案落地与文化落地也是不同的。

规范使用术语，从而便于和其他人交流研究结果，这对一个学科的发展至关重要。

（摘自未刊文《对企业文化几种说法的不同看法》，草稿写于 2009 年下半年）

"基因"说及文化比喻：

有关文化的比喻有：基因、旗帜、血脉、灵魂、土壤，还有落地等，其中基因说似乎流行较广，使用者也较多。

然而，流行的不一定是正确的，多数也不一定代表真理。"文化基因"说是借生物学的基因特性来说明文化的特性，其实是一种空洞的比喻。让我们先来看看列宁是如何看待用生物学概念来说明社会问题的：

"马克思对朗格的批判的本质，不是指出朗格特意把马尔萨斯主义硬搬进社会学，而是指出：生物学的一般概念，如果被搬用于社会科学的领域，就变成**空话**。不论这样的搬用是出于'善良'目的或者是为了巩固错误的社会学结论，空话始终是空话（《列宁选集》第二卷第336页）。""事实上，依靠这些概念是**不能**对社会现象作任何**研究**，**不能**对社会科学的**方法**作任何说明的"（《列宁选集》第二卷第335页，着重号是列宁加的）。

如果"文化基因说"在社会科学领域成立，那么，思想基因能不能成立？精神基因能不能成立？如果这些都能够成立，那么这就彻底动摇了马克思唯物主义反映论的基石。

自然界的运动形式有：微观粒子运动、机械运动、物理运动、化学运动、有机体的运动或生命（细胞、有机体）、意识、社会生活。其中每一种运动形式都有它自己独有的特征，因此，把高级运动形式归结为低级运动形式是不对的；有机体的机能不能用物理学上或力学上热的定律、引力定律来充分说明；而思维规律也不能只用研究有机体生命规律的生物学来解释。恩格斯说："毋庸置疑，我们总有一天会用实验方法把思维'归结为'头脑中的分子运动和化学运动；然而这难道就把思维的本质包括无遗了吗（恩格斯《自然辩证法》）？"他说的是"思维"，但笔者认为同样适用于对"文化基因"说的论驳。

笔者不反对人们在特定的语境下或在日常的应用中在比喻的意义上使用文化基因一说，但这只能是一种比喻而已。作为一种比喻，是过得去的。但是超过了这一点，硬把它说成科学，那就是谬误。笔者反对的是把"基因说"当作一种文化理论来兜售，尤其是那种含有文化决定论思想或意味的"基因说"。比喻对于帮助理解是有益的，但比喻只具有某种相似性，它毕竟不能算作精确的论证，更不能把它当作科学理论。逻辑学毕竟不是数学，文化学毕竟不是生物学，严格说起来，它们研究的对象之间是不可比的。

（摘自未刊文《再谈对企业文化"基因"说的不同看法——兼对王成荣先生答复的答复》，2014年8月14日）

用自然科学的实证方法来研究企业文化，是一个很大的错误。企业文化是人为的，不是自然的，是深藏于心的，不是全部裸露的，这就是企业文化为什么不能进行数理统计和所谓科学测评的理论根据。

（2009 年 1 月 21 日）

数理统计具有严密的逻辑性和精确性，然而人的内心世界是不能用数理统计和计算机等逻辑系统处理的形式来发布报告的。一味地采用数理分析、定量分析的方法，会产生一种抽象而冷漠的理论，因为它抽掉了现实情况中的活生生的因素。对于企业文化这样的学科来说，关于现实的假设远远比自然科学来得复杂和易变，如果硬是要用这种数理逻辑来说明企业文化现象和问题，只能是自我关闭通向真实情况的大门。即使是问卷调查（这里的心理因素、环境因素、认知水平等很复杂），也不能代替科学分析，否则如何说明真理往往在少数人手里？

（写作《为什么会是"两张皮"》期间，大概在 2006 年 11 月至 2007 年 6 月）

合唱是一门群体艺术，企业文化是一种群体意识。67 岁的解放军艺术学校合唱团指挥桑同志说："在我们这个合唱团里，只有'我们'，没有'我'。合唱就是在和谐中找到自己的位置"。说得多好，多深刻！对比我们有些领导，动口就是"我"，却只字不提"我们"，反映的就是两种意识，两种人格，两种文化。

（于 2008 年 4 月写作《合唱与企业文化》期间）

文化是无时无地不在的，文化的灌输最好随时随地进行。

（2008 年 6 月 15 日）

不能把培育文化搞成思想教育。思想不同于文化，文化亦不同于思想。思想工作和文化工作不同，思想建设也不同于文化建设。

（2008 年 11 月 17 日）

思想与文化：思想与文化既有联系又有区别，所以我们常常将它们连在一起说，但很多时候我们将其混为一谈，继而把职工的思想政治工作与企业文化也混为一谈。

思想与文化相互渗透，相互补充，相互作用，相互转化。

文化中有思想，思想不一定能成为文化。

一民族之文化是该民族之思想的基础和来源之一。而一种思想需要很长很长时间的沉淀，当它真正化为人们的思维方式和生活方式才可能成为文化。

思想具有时代性，文化具有历代性。

思想可以起一时之用，文化可发挥长久功用。

西方敌视中国的共产主义思想和制度，但非常热爱中国的文化，尤其是优秀的传统文化。

在现实的政治生活中，思想的作用大于文化。在历史事变中，思想的作用大于文化。

思想问题是一时、一事或一次性问题，文化问题则是深层次、长期性、历史性问题。在日常生活和工作中，思想问题较之文化问题较容易解决。我们常说，某件事执行或推行有困难是某种思想问题，待这个思想问题解决了，事情就顺利了。

新的思想、理念、观念要经过消化、吸收和沉淀，才能成为文化。而我们往往在这种时候把思想与文化混为一谈，把新思想、新观念、新理念也称为文化，当然，这些思想、观念、理念也许在别的国家和民族已成为一种文化。

马列主义是指导中国革命胜利的灯塔。

（2014 年 3 月）

文化整合从统一思想开始。思想一致才能形成共识，共识一旦稳定和持久，便形成文化。

思想不能代替文化，文化也不能代替思想。解决文化问题，往往要从解决思想入手。

思想影响文化，文化也影响思想。文化孕育思想，思想催生文化。思想可以转化为文化，文化也可以转化为思想。它们的区别往往只在历时的长短。思想如果不能转化为生活方式，则不能称之为文化。

（2014 年 8 月 24 日）

企业文化意识的培育、普及和增强，与企业人的科学文化素质密切相关，因此，进行科技文化培训应是企业文化建设题中应有之义。人们越有文化，越趋于意识管理。

（2008 年 12 月）

文化论、文化学、文化力：文化论不同于文化学，文化学是研究人类文明与文化进步发展的历史的学问；文化论又不同于文化力，文化力指的是软实力、文化的影响力；而文化论指的是一种思维方式、思维方法、思维角度，即从文化的角度去研究组织及其成员的发展变化，并采取文化的手段对组织及其成员施以影响和管理的理论观点。

（2008 年 1 月 12 日）

环境有心理象征和心理暗示的作用。从环境心理学的角度看，所谓风水实际上反映了中国古人的一个基本心理态度，相信环境对人心理的影响，重视人和环境的和谐。从这个意义上讲，风水观念本来应该是中国文化的一个长处，也是中国人改造环境和社会的一种思想武器，但是搞成迷信就走入迷途了。如果利用它的象征作用和暗示作用于企业文化建设，则会带来积极的效果。

（2010 年 8 月 1 日）

在社会文明的发展中，物质文明和精神文明的作用不是平衡的。物质文明是精神文明的基础，精神文明是根据物质文明所提供的条件，为适合物质文明的特点和需要而建立起来的，这是辩证唯物主义和历史唯物主义的基本原理。马克思主义划分人类文明时代的依据，第一个就是物质文明的特点和程度。例如，恩格斯正是根据人类早期物质生活的不同特点（以采集天然物为生、能够饲养动物和种植植物、出现剩余生产物因而开始财富的积累），来划分出蒙昧时代、野蛮时代和文明时代的。而"四层次论"者，显然是违背这一历史常识和唯物论原理的，他们把物质文化置于最外层，并说是由最里层也就是处于核心地位的精神文化所带来的——由此导致精神万能论、意志决定论和文化决定论，这些早已被人类文明的实践所踩倒的唯心主义理论。

（2009 年 7 月 22 日）

什么样的文化才能给企业带来最大利益，这是建设企业文化的宗旨和目的。

（2008 年 2 月 25 日）

为什么写《驳企业文化"总和"说和"精神文化"说》？是因为笔者认为，如果不把企业文化从文化学中——不管是广义的还是狭义的——区别开来，从而给它一个相对准确的定义，就难以建立企业文化的一系列范畴，就难有企业文化的系统化和理论化，就难有企业文化学的真正进步。尽管企业文化会受到文化学的影响，研究企业文化也须运用和借鉴文化学的一些原理和方法，但它们是有区别的，正像工业心理学和心理学的关系一样，它们各有自己的研究对象和畛域。唯有如此，才能促进它们的发展。

（2011 年 10 月 27 日）

什么是文化管理？

文化管理就是在管理工作中，有意识地运用文化意识、文化理念、文化观点、文化手段、文化方式、文化方法去分析、感染、影响、同化、管理、统一人的思想、情感、意识、观念、认识结构、心理结构和生活方式，从而焕发一种精神力量，化为生产力，提高工作效率和效益，达致组织目标和个人目标的结合与实现。文化意识、文化理念、文化观点、文化手段、文化方式、文化方法、文化分析这些基本思想是既相互联系、相互结合、相互渗透又相互区别的，它们结合在一起，共同合成一种文化的管理方式。管理者养成从文化的根本上寻求答案的思维习惯和管理习惯，通过塑造和支持文化进行领导。

（2011 年 10 月 30 日）

文化学有两个概念，"我群"和"我群意识"。"我群"又称"内群"，是指由个人加入其中的，并能构成人类生活、利益及行动的一个独立中心的群体。特点是其成员具有"我群意识"。"我群意识"又称"内群意识"，是指一个群体里具有相同的价值观和相应的秩序，有一种属于一个群体里的共通感、团结感、我群感及一体化意识。这种意识是从日常或周期性的接触以及其他关系（如地缘、亲缘等）的生活实践中产生出来的，反映了成员的共同利益，体现着友谊或经济需要的联系，并在心理上形成对所在群体的依附和依赖。我们说，企业文化是一种意识形式和生活方式，在诸多意识建立的过程中，应当先建立的就是这种"我群意识"，我们可以称它为群体意识。这种群体意识就是集体意识、整体意识、大局意识、全局意识，而这种意识的建立，对于协调人际关系顺利进行企业的管理工作，有非常有利的意识基础和思想基础。具有这种我群意识的人容易受到激励，容易对所加入企业产生归属感和集体荣誉感，容易产生服从意识，比较好使。没有我群意识的人，非我同类，终生异心，不是最终离去，就是独来独往，离群索居，缺乏合作意识，跟集体产生不了合力。当然在培植这种我群意识的工作中，要防止产生对其他群体如兄弟企业等的偏见和敌对意识。各级管理干部和管理人员要率先具备这种我群意识，要让属下员工感到你跟他们是一伙的，一样的，一群的，一个生命体的，那么这种可贵的我群意识就容易培育起来，集体主义文化就容易树立起来。

（2011 年 11 月 9 日）

企业文化建设其实包括两个方面，一是立，二是破，破旧立新，去恶扬善。两者都需要文化，文化既是建设的对象，也是建设的工具。现在的企业文化建设太注重立，所谓打造，而忽视改造和再造，结果往往是扬而不立，立而不牢。我们知道，每一个员工在进入一个企业的时候，是携一定的三观的，而这些观点并不一定与企业文化相协调，这些既存的文化就是一座企业可加以接受、改造和发展的文化仓库。正如马克思所说："人们创造自己的历史，但是他们并不是随心所欲地创造，而是在直接碰到的、既定的、从过去继承下来的条件下创造。"（马克思《路易·波拿巴的雾月十八日》）因此，在这种文化背景和"从过去继承下来的条件下"来建设一个适合于企业生存与发展的企业文化，破与立就都需要。正是在这个意义上，我们的企业文化建设也可以说是一项改造文化、再造文化的工程。

（2011 年 11 月 20 日）

亲密是一种同事关系和共事氛围，特点是一个人对同处一室或一事或一体的很多人特别亲近，这种亲近甚至可以相互戏谑，有时甚至可以不分上下级、不分长幼、性别。在这种亲密的关系和氛围中工作，大家可以做到相知相亲、相互体恤、相互支持、相互帮助，甚至可以为他人和集体牺牲自己。

（2011 年 12 月 19 日）

亲密性与企业文化。人与人之间的关系不是只凭单一的工作关系实现的，而是通过多种方式实现的。当企业的工作业务活动与人们的日常生活、社会生活融为一个整体时，人与人之间的关系就会变得亲密起来。这是我为什么强调企业文化不仅是一种意识形式，而且是一种生活方式的缘由之一。

（2013 年 10 月 25 日）

观念、理念、信念。观念是指客观事物在人脑里留下的概括的形象（有时指表象），是人的思想意识。我们说转变观念，破除旧的传统观念，就是说去掉旧的不适合现在的思想意识。企业文化是一种意识形式，所以破除旧的传统观念、转变不适合现在的思想观念，是企业文化的一项根本任务。它与理念是同一范畴不同程度的概念。理念是已经形成的思想和理论的凝结，观念是尚未形成系统思想和理论的一种意识，但有思想和理念的胚胎，常常是思想和理论的萌芽。理念是已经形成的语言形式，如我们的理念体系，有人的提炼加工在里面，而观念往往没有形式，它深藏在人的大脑里，或者还没有形成明白的语言形式，是一种深层假设，有一些是约定俗成的，有一些是刚得新生的。观念是文化的深层意识，是埋于人心的一种深层的价值观，是人的一些看法的根源，支配着人们对人、对事、对物的看法，也塑成人们的心理结构，它对特定文化系统的形成和发展，有着深远的影响。信念是自己认为可以确信的看法，久而久之就会化为信仰。

（2011 年 12 月 23 日）

人治离不开文化，企业文化有人治。把握人治与企业文化的联系和区别，避免把"以文化人"搞成"以人治人"。

文化具有引领法治的作用，法治也有引领文化的作用。把握法治与企业文化的联系和区别，避免把"以法治企"搞成"以法代文"或"以文代法"。

（2008 年 7 月 30 日初稿，2012 年 1 月 9 日修改，2015 年 9 月 6 日改定）

秩序构造和谐。孔子的"正名"就是一种秩序。不是取消职务称号就能改善干群关系，构建和谐企业的。

（2008 年 9 月 5 日）

企业文化与文化。企业文化与文化既有联系又有区别，没有区别就不能深刻认识企业文化，没有联系就不能全面认识企业文化。

（2009 年 9 月 13 日）

企业文化与文化是特殊和普遍的关系，有特殊与普遍之别。把企业文化与文化混为一谈，就是否认了企业文化的特殊性，从而实际上就等于否认了企业文化。

（2012 年 1 月 14 日）

辩证唯物主义关于运动形式之间的相互关系，对于我们了解科学分类是十分有用的。各种运动形式之间的质的差别，是我们区分各门具体科学，确定它们的研究对象的客观基础。其中一个重要视点，是运动形式的区别，先在于它们具有不同的物质基础和各自的特殊矛盾。这对于我们准确理解和把握到底什么是企业文化这一企业文化领域起点性问题具有十分重要的意义。机械运动的物质基础是物体的机械位移，物理运动是比机械运动更高级的运动形式，它包括着分子和原子的某些运动，化学运动的物质基础是元素，生命运动的物质基础是核酸和蛋白质，社会运动的物质基础是社会生产方式。那么，企业文化的物质基础是什么？当然是"企业"，是企业的生产经营方式。企业文化与文化、与其他文化诸如政治文化、经济文化、行政文化、军事文化的区别就在于它是"企业"文化，带有企业的特点、属性和规律。所以，我们要搞清到底什么是企业文化，我们要运用企业文化为企业的生存和发展服务，就必须研究企业，研究企业的生产经营方式，研究它的运作过程，研究它存在的意义，它的特点，它的属性，它的规律，它的一切，而不能脱离"企业"谈"文化"。如此，才能正确理解和解释"它的"企业文化。

（2012 年 1 月 31 日）

克服"两张皮"，必须一元化。造成企业文化与企业管理"两张皮"的问题之一，是企业文化建设的领导方式没有实现一元化。建设企业文化本应

· 169 ·

是各级管理部门和各个管理者的职能，是体中应有之职，是职中应有之责，是要结合日常管理工作去做，却要分出一个专管企业文化的领导部门，结果就造成事实上企业文化建设领导体制的二元化。这同以往的思想政治工作是一回事。其实你想想，新中国成立前我们地下党在学生中、在工人中做了那么多思想政治工作，效果那么好，很少是专职的思想政治工作者干的。企业文化承袭传统思想政治工作的领导体制和工作机制，在领导体制上实行事实上的二元化，就一定会与企业管理形成"两张皮"。明明是一项涉及全员和整体的系统工程，却让一个职能部门负责，结果就被其他部门认为是"他人"的事务，而不在自己的管辖内，从而不愿去做，认为做了是为别人贴金，于是"两张皮"便产生了；明明是一把手应该去抓、去问、去管的事务，却让一个中层干部去布置，去发号施令，这让其他中层干部产生逆反心理，于是"两张皮"便产生了。职能部门可以设，但他只能负责企业文化建设技术、培训等方面的工作，而不能赋予其全部职责。关于这个问题，我们只要想想如果用企业文化的成效来考核"企业文化部"就可以明白了，也可看出二元制的荒唐了。这同生产、技术、质量等部门是不一样的，就如同思想政治工作不是政治部一个部门的事是一个道理。

（2012 年 2 月 25 日）

文化产业、产业文化和企业文化。文化产业与产业文化是两个不同的概念。文化产业是指具有精神性、娱乐性的文化产品的生产、流通、消费以及获利的活动；产业文化则是指一个产业的历史传统、行风行规、经营特点、活动方式以及一些约定俗成的行为规范等。产业文化与企业文化有联系更有区别，而企业文化与文化产业是风马牛不相及的。文化产业有产业文化也有构成其产业的各个企业的文化。如果说文化产业或文化企业因为搞的就是文化而不需要企业文化或产业文化，那我们就没有必要再搞什么企业文化了。如果我们所理解的企业文化就是文化产业所搞的文化，那就大错而特错了。此文化不是彼文化。在这一点可以加深我们对企业文化的内涵与外延的理解与把握。所以笔者向来不同意将企业文化与社区文化并论，将企业文化和精神文化混为一谈。

（2012 年 3 月 1 日）

企业文化包含或渗透着企业价值观，企业价值观不能等同或代表企业文化。

（2012 年 3 月 18 日）

新中国成立后，在我国取得上层建筑方面的伟大胜利并有力地推动经济发展的情况下，从中央到地方都产生了一种错觉，似乎上层建筑是无所不能的，以致把这种反作用夸大为决定作用。这种理论和实践违背了历史唯物论，背离了经济基础的客观要求，给我国的社会主义事业造成了严重的损失。现在我们建设企业文化，也有不少人在宣传企业文化万能论，什么"有生于无"、"一生二，二生三，三生万物"等。我们要切实吸取上层建筑决定论和精神万能论曾给我国造成的巨大损失的教训，在企业文化领域自觉坚持历史唯物主义的生产力决定生产关系、经济基础决定上层建筑的一元决定论，抵制和反对企业文化万能论和文化决定论。

（2009 年 10 月 18 日）

有人问，企业倒闭了，不在了，它的企业文化还在不在？对于这个问题，有人说皮之不存，毛将焉附？笔者以为，这个回答不完全对，因为这关系到意识的转化问题。

我们说，企业文化是一种意识形式。社会意识是一个复杂而精微的结构。就意识的主体来说，有个人意识和群体意识。在群体意识中还有不同层次之分，有团体（如企业）、政党、阶级、民族乃至世界之分。各种群体意识是为适应一定群体、一定阶级乃至整个社会需要，为维持一定的社会关系、社会秩序而服务的。但个人意识和群体意识之间，群体与群体意识之间并没有绝对分明、固定不变的界限，它们是可以相互转化的。一般来说，个人意识与个人是同生共死的。可是，一旦某人的个人意识为社会群体所接受，并为人类社会意识的发展提供了积极的宝贵的东西，它就将成为人类共同的精神财富。比如，当马克思主义刚刚诞生时，它主要是马克思和恩格斯等少数人的个人意识。可是现在马克思主义已经成为社会主义国家占统治地位的指导思想。马克思主义、列宁主义、毛泽东思想、邓小平理论，可以说都是冠以个人名字的社会意识。尽管这几位革命导师已经离开人世，但他们的学说还存在，并将成为人类的永恒财富。

　　同理，一般来说，某企业文化与该企业是同生共死的。但是，如果某企业的文化被别的企业效仿，为社会群体所接受，并为人类社会意识的发展提供了积极的宝贵的东西，它就将成为人类共同的精神财富，那么，尽管这个企业不存在了，但他们的理念、精神、文化、生产生活方式将成为人类永恒的社会财富。比如福特的流水线、丰田的生产方式等。再比如曾经叱咤风云的晋商随着时代的变迁早已退出历史舞台了，但他们造就的晋商文化至今仍然深深地影响着我们。但这毕竟是极少数，绝大多数的企业文化随着企业的消失也就消失了。企业如人，有的人死了，可他的思想还在，如老子、孔子、马克思、毛泽东、邓小平、鲁迅等。世界上绝大多数人死了，一切也就没了。

（2012 年 4 月 2 日）

　　企业文化是一个多层次的复杂结构，其中，企业心理、企业精神是一种最稳固、最持久、最强烈、对企业文化的形成与企业发展具有最大影响的两个方面。它的形成需要一个长时间。

（2009 年 10 月）

　　人们往往错误地认为，有企业就有企业文化。其实，一个企业在初创时期是很难形成某种文化的，文化的形成需要时间，需要积累，不是一蹴而就的。所以我们还不能说有企业就有企业文化，有的只是文化意识、文化构想、文化的萌芽和潜在因素。

（2009 年 10 月）

　　一组断想：社会意识反映社会存在。作为上层建筑的各种意识形式都产生于一定的经济基础，但它们的具体形式与经济基础联系的程度各不相同。依政治法律思想、道德、艺术、宗教、哲学的次序，它们同经济基础的联系，一个比一个远些、间接程度大些。而企业文化由于其产生于社会经济的细胞——企业，是最直接、最密切、最集中地反映经济基础的社会意识形式。

　　各种意识形式反映社会现实的手段和表现形式，大体上依艺术、宗教、道德、政治法律思想、哲学的次序，一个比一个更抽象，更概括，更富于概念和逻辑的特色。艺术的语言是形象；宗教的语言是形象与直观感性观念的混合物；道德和政治法律思想所用的语言是同具体行为密切相关的大量特殊概念和少量一般概念；哲学的语言则是抽象的一般概念。企业文化呢？如果我们说企业文化也是一种社会意识形式，它的反映社会现实的手段和表现形式是什么，它的语言应该是什么样的呢？笔者说的是作为一门学问的企业文化，或者说企业文化学。

结语：目下，在艺术、宗教、道德、政治法律思想、哲学等精神力量的结构中，政治思想一般起着主导的作用，其他形式都直接或间接地围绕着政治这个中心展开和发挥作用。但从更长远的发展来看，政治的这种作用必将让位文化。文化大于政治，其生命也必长于政治。企业文化必将同人类所创造的艺术、道德和哲学等意识形式一样，与人类社会生活共同存在下去。这就是历史唯物论的结论。

（第一段和第二段写于 2009 年 10 月，第三段写于 2009 年 10 月 24 日）

历史唯物主义论证，共产主义劳动是一种高度自觉、自由、自主的劳动。这种劳动，将由高度的科学技术武装起来，并得到自觉的科学管理和控制，劳动"从一种负担变成一种快乐"（《马克思恩格斯选集》第 3 卷第 333 页）。劳动成为乐生的需要的意义在于：第一，参加劳动即参加人类创造自己生存的自然条件和社会条件的活动，是每一平等的社会成员应尽的义务，自觉地完成它，就自然地感到自豪，享受到快乐；第二，生产劳动给每一个人提供全面发展和表现自己包括体力和脑力在内的全部能力的机会，是促进人的全面发展的基础。这种境界应该就是文化管理的效果，也是当今企业文化追求的管理境界。在这个意义上说，文化管理是管理的最高境界是对的，但要与生产力的发展水平和人们的思想觉悟水平相适应，目前还有些不适应。

（2009 年 11 月 1 日）

一位北大教授说："企业价值观作为企业文化的'核心'和'灵魂'，其根本作用在于塑造企业的形象，形成企业独特的风格。"又说："不同的企业，其企业价值观的差别，是形成其风格和特色差异的重要原因。"笔者颇怀疑这种论断，也颇怀疑其对企业价值观的理解，对企业价值观作用的理解。我们知道，传统文化、国家文化在企业文化中处于决定地位，人们同在一个文化背景下，其不同的企业价值观到底能有多大差别？大到可以区别出不同的"风格"和"形象"？又或者企业价值观的作用仅在于塑造企业的"风格"和"形象"，而不是塑造人们的"灵魂"和"行为"？又进而想，企业价值观作为企业文化的一个内容或者一种表现形态存在方式，纵然是"核心"和"灵魂"，难道可以作为企业文化的代名词？是和企业文化同等程度的概念而可以和企业文化等量齐观相提并论？

（2012 年 5 月 18 日）

文化与心理。心理是组织的构成要素之一，而心理受文化的影响又至深。所以，以文化人要运用心理疗法，心理工作要发挥文化的作用与影响。

（2012 年 9 月 3 日）

有人说，企业文化的本质是以文化人，这不错。但笔者以为，第一位的是以人为本。企业文化首先是以人为本，讲企业文化，搞企业文化建设，先要有人本观念。以文化人，有点居高临下，把人都看成教育对象、化的对象，这不行。毛泽东说，我们要做群众的小学生，然后才能做先生。以人为本，就是一种小学生的姿态，以文化人是先生的姿态。不是说以文化人不行不对，而是说先以人为本，文化是人创造成的，搞企业文化首先是要想到人。文化观念，第一是人的观念，化字有改造的意思，当然要有化，但第一是人本。

（2011 年 6 月 5 日）

企业文化要以文化人，就必须先要认识人，了解人；只有认识人，了解人，才能以文化人。而人类学、社会学、心理学、文化学、文学等都是"人"的学问。所以，企业文化工作者，企业的管理者要想卓有成效地建设企业文化，就必须学习这些"人"学。

（2012 年 11 月 8 日）

人是环境的产物，心态也是环境的产物。企业文化构成企业的生态环境。环境就是势，环境可以改造人，改变人，所谓势比人强。在一定的环境下，恶人可以变成善人，一毛不拔可以变为一掷千金，自私能够变成利人。所以我们一定要重视以文化境。化境就是造势，造势就是营造文化环境，它比说教更有力，更有效。

（2012 年 11 月 19 日）

"文化自觉"不光表现在文化设计、文化策划、文化建设、文化领导上，更重要的是表现在全体成员的"自觉接受"上，许多企业之所以表现得文化自觉不够，正是因为前一个"自觉"没有建立在后一个"自觉"的基础上，也就是没有建立在全体员工"自觉接受"的基础上，所以，虽然理念设计了一大套，可员工还是不买账，文化还是化不起来。而我们的许多企业家和策划家，恰恰无视这一个"自觉接受"。

（2013 年 2 月 21 日）

文化的培育和建设是一天一天渐进的，就好像种树一样，栽一棵树苗，浇些水，树发芽了，再浇些水，再长，再浇些水，终至长成参天大树。你要是一下子栽一捆树苗，那是长不成树的，你要是一下子浇一桶水，那就把它浇死了。"起飞落地"就好比栽一捆树苗，浇一桶水。

（2013 年 2 月 14 日）

很多有着上百家子公司的企业集团，都想在企业文化上实行统一管控，其实这种想法不仅是错误的，也是徒劳的，甚至还是有害的。因为企业文化不同于民族文化、国家文化，它是一种圈子文化，只有经常在一起的人群，才有可能形成一种文化，上百家企业，天天不在一块，哪能形成统一的文化。在 CI 上面是可以统一的，也是可以管控的，但在文化上却不容易做得到。在这方面，笔者想，我们许多企业集团恐怕还是没有搞清楚什么是 CI，什么是企业文化。

（2013 年 4 月 30 日）

意识形式、思维方式、精神活动。笔者说企业文化是一种意识形式和生活方式，其中的意识形式也可以理解为思维方式和精神活动。因为意识是一个多义词，在哲学上，通常把思维、精神和意识看作同一个概念。这样来理解企业文化是一种意识形式和生活方式或许更全面、更准确、更容易些。

　　说企业文化是一种意识形式和生活方式，是贯穿这样一个哲学方法论原则——意识与活动相统一原则，理论与实践相结合原则。是为了避免唯意识论、唯意志论和唯行为论，同时也揭示了意识这种人所特有的反映客观世界的高级形式所具有的能动作用，即它能够反过来对物质的发展进程起巨大促进或阻碍作用。

（2013 年 6 月 7 日）

　　在建设企业文化的过程中，我们经常强调要统一行为，这是一个误区。其实，有些行为不能统一，比如角色行为。所谓角色行为，是指个人在组织中按角色分工所产生的各种行为。我们每个人在一个组织内部都担负着两种角色，一个是职务上的角色，另一个是正式团体中的角色。对这两种角色的认知叫角色认知，别人对角色的看法叫角色期待。个人行为能够适应角色认知和角色期待时，就会形成良好的人群关系。

（2013 年 6 月 10 日）

　　信任。我们所说的民主集中制就是威廉·大内所说的"集体决策制与个人负责制相结合"的一种决策模式和领导模式，这种模式当然同样需要一种信任的氛围。信任的建立是一种文化的结果，需要极高的艺术性，它使得企业的协调与合作更加容易，决策和执行更为迅速，管理成本更低。在一个充满信任的组织里，一个人的动机很少受到质疑的。

（2013 年 10 月 25 日）

　　论企业文化的相对独立性。马克思认为，社会的政治结构之上还有一个社会的思想文化结构，即各种各样的社会意识和社会心理。一定社会的思想文化结构本身，体现着该社会的经济结构的内容。思想文化结构受制于社会的物质生产关系，但它自身具有相当程度的独立性，并以此反作用于社会。

　　企业文化是系统地、自觉地反映企业管理状态和企业成员心理、思想和精神状态的意识形式，表现在企业的规章制度、行为方式、管理方式、公共关系、形象策划等关系企业生存与发展的方方面面的活动中。企业文化是企业存在的反映，并随着企业的变化而或迟或早地发生变化。企业文化的相对独立性表现在：

它对企业的发展起巨大的能动作用，这种能动作用表现在两个方面，当它适合企业发展时，它对企业发展起促进作用，当它不适应企业发展时，它是企业发展的桎梏。

它有自身的发展规律，具有历史继承性，既包括企业自身文化的继承性，也包括外部社会的、民族国家的文化的继承性。

它的发展同企业的经济发展并不总是平衡的，有时经济上相对落后的企业在思想文化领域会超过当时经济上先进的企业，而经济上相对先进的企业，其企业文化也不总是先进的，甚至是不为人所称道的。

所以说，文化归因论和文化决定论是错误的。

（2014 年 2 月 9 日）

企业意识。《社会学辞典》称企业意识"是职工在企业群体参与中所形成的共同的心理和观念。是一定经济基础的反映，是在一定经济基础上建立起来的上层建筑的组成部分"。

企业意识是企业文化的第一支撑要素。企业意识就是强烈的企业认同感、真挚的爱厂情怀、为企业效命的使命担当。一句话，就是心里有企业。企业意识一旦形成，将产生巨大的精神能量，起到发动员工、组织员工、化育员工、激励员工的实质性作用。

（2014 年 2 月 10 日）

企业文化的两重性。企业文化既是一种管理方式和手段，也为管理方法、手段的运用提供背景、环境和氛围。目前我们的一些研究者和企业对后一种性质重视和研究不够。管理要顺着文化走，文化也要适应管理的需要。一些管理方法和技术，在一种环境和文化中能够生存和发挥作用，而在另一种文化中就不适用，如果十分有必要实施这种管理方法，就要改变文化环境，而如果这种文化根深蒂固，一时间无法改变，那管理就要顺着文化走，放弃或改用其他管理方法和手段。有些企业引进一些所谓现代化管理技术如 EIP、计分卡等，之所以不成功，往往也有文化不适应的原因。

（2014 年 1 月 31 日）

文化分为四层：国家民族文化是上层，民间社会文化是中层，组织团体文化是基层，家庭家族文化是底层。它们互有联系、相互作用，其中，国家民族文化的影响最大。组织团体文化最不容易传播和建立，却最容易瓦解和消失。企业文化属于组织团体文化，是不能摆脱国家民族文化、民间社会文化和家庭家族文化的影响的，它们是企业文化的活水源头。所以，企业文化建设必须充分考虑、估计并融合其他三个层次的文化，这也是从实际出发。而我们目前的企业文化建设大都脱离中国的实际，想象一个什么样的文化，就以为一定能成为什么样的文化，任意起飞，还埋怨不能落地。殊不知，不能落地恰恰是因为大大的离地——脱离实际。

（2014 年 2 月 27 日）

大文化与小文化——我们面临的文化矛盾。企业文化是由传统文化、时代意识和管理经验融合而成的，时代意识包括国家文化和外国文化，管理经验也包含国家文化和外国文化。对企业影响大的是民族文化和国家文化、社会文化。所以，在企业文化与国家文化、民族文化、社会文化的矛盾中，企业处于守势、弱势，这是我国企业文化建设所面临的现实困境，也是众多企业文化建设收效甚微的主要原因。

传统文化与企业文化的矛盾，国家文化与企业文化的矛盾，社会文化与企业文化的矛盾，都是大文化与小文化的矛盾。大文化是母体，小文化是子体，母体没有的东西，子体很难自己培育出来，要实现这样的基因再造，不是一两代人的事情。小文化经不住大文化的冲击，有时候，你用了很长时间，刚刚树立了一点风气，但经不起社会上一句话、一个电视剧的冲击。

为什么德国人和日本人的产品质量那么好？日本的百年老店又为什么是全世界最多的？这不是没有原因的。日本和德国的社会文化、民族文化、国家文化与企业文化是一体的、一致的，而中国的传统文化有一些与现代商业文化是相悖的。中国的企业文化建设没有德国和日本那样的社会环境、文化背景和心理基础，所以很难。

比如，拿劳动力管理来说，中国的企业文化就显得无能为力。日本为什么发展得那么好，三大原因之一便是终身雇佣制，有了稳定的劳动者队伍，日本的技术水平、产品质量都是世界一流的。反观我们的企业，倒像是一所技校，来一拨，走一拨，那怎么提高技术水平？而现在的劳动法规一味地向劳动者倾斜。保护劳动者的利益是对的，但因此长期忽视甚至损害企业利益则值得严重关注，因为从长远看，这种过度流动性不利于提高整个国家竞争力。文化的培育是需要时间的，短时间内无法培育一种文化，因此仅从企业文化建设的角度来说，企业也需要员工的稳定。这个条件都不具备，怎么建设企业文化？

再从传统文化来看。中国的国民性含有很强的自私性。有人说中国的文化是集体主义文化，笔者认为，恰恰相反，中国是一个个人主义文化很强的民族。个人主义和自私是有区别的，中国的个人主义与西方的个人主义也是有区别的，这种区别就在于，中国人的个人主义自私性更强一些。把个人利益置于集体利益之上，为了一己之利，可以不顾一切。稍有不顺，拍拍屁股就走，企业赔了夫人又折兵，徒唤奈何。这种国民性的改造需要一个很长很长的时期。而现行的劳动法，显然过于从国家政治角度来处理企业与劳动者之间的关系，其实助长了中国人的自私自利性。结果，损害了企业，也损害了国家。从更长远的角度看，这种国民性长期得不到有效改造，则有害于国家的长远发展。没有企业的稳定，最终便没有国家的稳定。没有企业的发展，最终也就没有国家的发展。

新《劳动合同法》实施以来，我国企业的劳工关系维护成本大幅上升。由于《劳动合同法》对劳资双方的约束不对等，近几年企业出现了裁员难现象，裁员成本很高，还可能造成群体性事件，影响企业发展活力。从国家层面来说，强调建设和谐社会，强调安定团结，不要把劳动者推向社会等，这是从政治上考虑问题的，但是，现在的劳动者越来越追求个人的满足，要求完全实现其个人自我的价值，而他们的愿望往往超出企业所能满足的能力。企业是独立的经济实体，更多地要求运用合理性来解决组织问题和效果问题，寻求达到成本和利润之间的平衡，要求有处置员工的自主权。然而，现实中企业受制很大，在国家、员工和企业三角关系中，处于弱势。企业不能随意解雇他们，而他们却可以随时炒企业的鱿鱼，企业也无可奈何！

国家如何才能在社会稳定和个人自由之间取得平衡？改革开放彻底荡除了封闭保守的传统文化，堪称中国历史上最伟大的文化变革。试想，没有国家之力，如何破除得了封闭保守这个影响了中国历史进程的文化毒瘤，而改革开放的新文化蔚然成风，不可逆转。所以说，文化的破与立离不开权力，大至国家，小至企业，莫不如此。对于那些不利于民族前途命运的恶劣文化，必须勇敢面对，坚决批判，无情抛弃。只有与不良的传统文化彻底决裂，才能建立起新型的、积极的企业文化。

另外，中国文化的大面积断裂，给企业文化传承和发扬传统文化也带来极大困难。中国目前的文化结构是马列文化、传统文化和西方文化的混合体。而西方文化没有成为主流文化，传统文化又遭遇断裂，所以中国文化呈现一种文化不清的状态。这也给企业文化建设寻找文化根据带来困难。

如何破解企业文化所面临的文化矛盾，在这个方面，企业所能做的努力是有限的。没有大环境的改善，没有大文化的改善，小文化无能为力，或者说能力有限。所以，从根本上说，建设中国特色的企业文化，真正发挥企业文化的功能和作用，有待于国家文化的改善。当然，企业也不是无所作为。在这种大的文化背景下，如何建设强有力的企业文化，需要理论的指导，需要样板的引导，需要文化的技巧，更需要国家赋予企业更大的自主权。

（草稿写于 2014 年 2 月 26 日，2015 年 12 月 4 日改定）

组织界限、开放与企业文化。社会学认为，组织界限是将组织与环境区别开的人为设置的尺度。组织作为由人组成的社会群体，需要依赖组织界限维持组织的稳定和组织成员的认同；组织在环境中的活动，必须通过组织界限选择自己的活动领域和划定自己的活动范围。组织界限是在组织与环境的相互作用中形成的。社会组织作为开放的系统，其界限在一定程度上也是开放的、可渗透的。建设企业文化，也一定要考虑自己的组织界限（企业文化都要有界限的）。那种将供应方、顾客群都纳入自己的企业文化范围的理论，是不利于企业文化建设的，事实上也是不可能的，这与企业的开放性是两回事。组织文化是圈子文化，不是社会文化，虽然它们是相互渗透，相互影响的。如何把握好组织界限，也是管理的要义之一，更是建设企业文化必须掌握的艺术之一。

（2014 年 4 月 5 日）

文化的培育与形成，不仅需要宣导、温情、培训、示范，也需要威权、严辞、峻法，没有后者，文化往往难以得到有效传播和捍卫。我们现在是前者多，后者少甚至没有。

（2014 年 4 月 30 日）

　　许多企业在价值观排序上游移不定。其实笔者觉得不要在这上面太伤脑筋，因为我们看到，不同价值观排序的企业都有成功的案例。最常看到也最为纠结的是把员工排在第一位还是把股东排在第一位。我们先来看一个把股东排在第一位的例子：

　　1994年2月，可口可乐公司以内部小册子的形式清晰地表达了一些目标和价值理念，高层管理者这样表述公司的使命："我们的存在，是为了通过建立一个使可口可乐的品牌商标不断得到提升的商业经营模式，为我们的股东创造价值。"这种与众不同的价值观排序不是照样创造辉煌吗？至于把员工排在第一位的例子那就不胜枚举了，成功的、失败的都有。

（2014年5月28日）

　　辩证看价值排序。老实讲，笔者不赞成什么价值观排序的说法。这种东西不是一成不变的，也没有放之四海而皆准的唯一模式。然而，在一定时期内，由于工作重心的转移，我们原先的价值排序总会产生变化。比如，笔者所咨询过的一个企业，原先的所谓价值观排序是股东第一，员工第二，后来，可能受了某企业的影响，认为员工应该排第一，所以就变了过来。问题是，我们应该知道，企业是动态发展的，工作重心也是经常变动的，没有永远的第一。是否未排第一不重要？显然不是。不要以静止的、孤立的观点来看排序。不要抱持一种非此即彼的观念，应该是此一时彼一时，亦此亦彼。有的企业把股东排第一位，有的企业把员工排第一位，有的企业则把社会责任排第一位，都有自己的理论根据，我们也不能说这个对，那个错。事实上，他们也是互相依存、互相渗透、互相作用的。既要坚持两点论，也要坚持重点论。不要拘泥于书面上的位置，而要注重心里面的位置。没有这个就应当排第一，那个就永远只配排第二。不能有互相排斥、对立、割裂的观念。

（2014年11月1日）

　　企业理念的建立有事后总结和事前植入两种方式。需要指出的是，这种事前植入其实也是一种事后总结，可能是管理者自己曾经的故事体会，也可能是别人的经验教训。总之，不可能凭空而来，随意杜撰的，尤其要符合实际，符合员工的情感需求和思想实际，符合市场环境的需要。

（2015年4月4日）

我们现在的"企业文化"太正式了，实际上这种正式文化不是真正的文化。

（2015 年 4 月 5 日）

思想、理念是行动的先导，这不错，但它与核心竞争力是两个概念。不能说思想、理念是行动的先导，就说思想理念是核心竞争力。有相同思想理念的组织多的是，却不一定都能形成自己的核心竞争力。核心竞争力的核心是能力，是人无我有、人有我新、总是胜人一筹的能力，这种能力包括科学、技术、专业的领先水平。文化落后的民族却可能拥有别人所没有的核心竞争力，动乱的历史时期也可能创造灿烂辉煌的文化。中外历史发展都证明了这一点。

还须强调：第一，思想理念来源于实践；第二，思想理念指导实践；第三，思想理念受实践检验，归根结底决定于实践。

（2015 年 7 月 23 日）

企业文化是一种非正式的控制系统，它远不如正式控制有力有效。所以说，最有用的是制度，最有效的是法治。所谓"一千次动员不如一次问责"就是这个道理。而一种有效的制度和法治年久日深，日用常行，习以为常，就会沉淀为一种传统，化为一种文化，在这种意义上说，法治也是培育和建立企业文化的一种手段。

（2015 年 4 月 9 日）

在西方企业的文化网络中，有一种角色叫"牧师"，显然是借用教堂里牧师的称谓，也显然包含了教堂牧师的某些职能。这里说的"牧师"，是指企业里会做人的思想工作的人，会开导人的人。我们的企业没有牧师，但我们有正式的政工师，还有文化师，这些都是国家承认的。可我们的政工师、文化师并没有起到"牧师"的作用。而在西方企业，这种牧师，可以是一个再普通不过的销售员或操作工或文案人员，而他们在文化传播和文化建设中却起着非同小可的作用。

（2015 年 5 月 7 日）

特伦斯·迪尔、艾伦·肯尼迪在《企业文化——企业生活中的礼仪与仪式》一书中说："对象征性的管理者来说，人员解雇是一起重大事故。首先，这种事应该永远都不发生。如果员工与文化十分匹配，就应保证对其终身雇佣。其次，即使解雇在所难免，也不应该因为工作绩效不好，而应该是因为员工的行为违背了文化规范。"笔者要说，这真是书呆子言论！企业不是学校，学校也有开除学生的处分。企业也不是收容站、福利院，企业可以做这些类似的善事，但这不是它的责任，更不能以此来评价一个企业的文化优劣。试想，如果人人都不以绩效为标准，人人都可以不问绩效如何，那这个企业如何生存？连生存都保证不了，还谈什么文化？

（2015 年 5 月 26 日）

只有深刻理解什么是文化并确切了解本组织文化的象征性管理者，才会及时抓住事件的文化意义，作出符合文化的举措，传递正确的文化信息，收到巩固和塑造文化的效果。

（2015 年 5 月 26 日）

理想、理由和意义是我们前进的旗帜和灯塔，往往成了我们生活和工作的动力。什么是理念？笔者认为，理念就是理想和信念、理由和意义。

（2015 年 8 月 9 日）

八旗军进关后骄奢淫逸，腐化堕落，连出操训练都花钱雇人代替，早已失去当年骁勇善战的锐气，成为醉生梦死的纨绔子弟的代名词。在草原是一种精神和状态，在中原是另一种精神和状态，而且转换时间都不长。这说明还是物质决定精神。所谓文化是基因纯粹是理论家的胡说，基因没有变得那么快，而文化是可以很快改变的，尤其是大的战争或灾难或社会变革前后。还有蒙古族的兴亡，都不是"文化基因"说所能证明的

（2014 年 9 月 27 日）

政治与文化。政治与文化，哪个力量更大？政治的力量无疑更大一些。所以文化建设离不开权力的运用与推行，在权力笼罩的空间，文化的形成往往更快一些。恩格斯说，国家是"第一个支配人的意识形态力量"（《马克思

恩格斯选集》第 4 卷，第 249 页）。

当然，文化也影响政治，尤其是影响政治文化。

公司也有政治，所以公司也有政治文化。公司的政治文化在很大程度上也就是企业文化。当然企业文化的内涵与外延大于公司政治文化。

（2014 年 6 月 13 日）

任何文化最终都表现在做人做事上。

（2012 年 1 月 7 日）

"修身"就是做人。"修身"曾经是中国人建立价值信仰和道德规范的起点，现在仍然是中国人重建价值信仰的首要任务。

（2012 年 12 月 19 日）

企业文化四句话——笔者理想的企业文化：无声一体化，日用而不知；成习成氛围，无为无不为。前两句是说方法，后两句是说效果、状态和境界。

（2016 年 7 月 24～25 日）

驳"管理没有新问题"

——与张维迎教授商榷

2005 年 12 月 11 日晚上，收看央视《对话》节目。本次《对话》的嘉宾是笔者仰慕已久的我国著名经济学家、北京大学光华管理学院副院长张维迎教授。张教授对于光华学院清晰而诱人的发展定位确实令人心向往之，而他一句"管理没有新问题"却又让笔者瞠目结舌。

张教授说："我们说，管理没有新问题。许多问题甚至几千年前就有解决的办法了。"我大惑不解！开始怀疑自己多年来妄想在管理上创新的努力和探索是无知和白搭！当时真想钻进电视或飞到对话现场，向张教授请教个明白：张教授，既然管理没有新问题，我们为什么还要提管理创新？我们到底还要不要进行管理创新？管理真的没有新问题了吗？许多管理问题是几千年前都已经解决了吗？为了彻底弄清这些问题，所以斗胆著文与张教授商榷。

笔者不才，对几千年前的管理知之甚少，只对近百年来的管理理论和管理实践的发展略知一二。这里我们姑且抛开政府管理、社会管理、宏观经济管理不谈，仅就张教授的主业工商管理谈一谈，看看近百年来在这个管理领域所遇到和解决的问题，是不是几千年前就已经有解决的办法了。

——诞生于 19 世纪末 20 世纪初以泰勒为标志的科学管理，以动作研究和工时测定等科学手段为依据的定额管理及其作业速度、作业条件和操作方法等一系列标准化和最优化的管理思想和管理方法在此之前有过吗？不要说几千年前，就是几百年前有过吗？

——被誉为"质量管理之父"的戴明，其著名的"管理 14 要点"、"PD-CA"循环、质量控制统计法及 7 种管理工具等管理思想和管理方法，不但改变了日本的命运，而且改变了美国企业的质量管理。请问，这些管理发明是几千年前就有的吗？这些质量管理问题几千年前就已经解决了吗？

——西方决策理论学派的创始人之一赫伯特·西蒙，他的社会系统理论，首次将计算机引入了管理决策过程，他的"有限度理性"的思想对决策理论做出了历史性贡献。显然，这也是前人未曾有过的创举，更不要说几千年前了，因为那时还没有计算机，要不然，西蒙也不会成为唯一在管理方面获得诺贝尔经济学奖的人了。

以上就笔者所知，仅举几例，足以说明起码这些问题是几千年前没有解决的，而是近百年来才提出并且至今也未完全解决的问题。

我们再来看看现在的管理实践中是否也如张教授所断言"没有新问题"了呢？

也不是。我们就以张教授在对话中提到的企业文化来说吧。张教授说"企业文化有可能成为今后唯一的核心竞争力"。企业文化如此重要，在我国兴起也有20余年，可至今在许多企业人士中，甚至许多企业主、企业领导，尚不知企业文化为何物。这不是很严重的"问题"吗？即使在一些推行文化管理的企业里，企业文化和企业管理"两张皮"现象严重存在，这不是"新问题"吗？在企业收购、兼并、重组、联合的诸多案例中，因文化冲突而导致的失败案例屡见不鲜，这不是现实向我们提出的管理"问题"吗？许多企业的文化仅是企业家个人的文化，并没有成为真正的企业文化。如何将企业家文化化为企业文化，长期困扰着众多企业和企业家，这不是一个关乎能否成为核心竞争力的"新问题"吗？在职工思想政治工作和企业文化的关系上，企业是设置一个部门一套人马，还是两个部门两套人马？如果是两个部门两套人马，谁领导谁？是思想政治工作统合企业文化，还是企业文化统合思想政治工作？如果是一套人马一个部门，其工作成果是思想政治工作的成果还是企业文化工作的成果？由此可能引起的部门冲突甚或是理论困惑、视听紊乱如何解决？这难道不是摆在我们面前的现实"问题"吗？

"管理没有新问题"的观点，在哲学上也是站不住脚的。它与马克思主义的发展观点是相对立的，与马克思主义的生产力和生产关系相统一、经济基础与上层建筑相统一的观点是相背离的。

发展的观点是马克思主义辩证唯物主义的基本观点之一。马克思主义认为，世界是物质的，物质世界是运动的，世间万事万物都处在不断的发展和变化之中。这种运动、变化和发展在时间上是无穷无尽的，在空间上是没有边际的。显然，宣传"管理没有新问题"是一种停止的观点、静止的观点。以这种观点来指导我们的实践，显然无须我们在管理上继续探索，继续前进，继续发展，继续创新。世间从此便没有必要再有新的管理论著出现，新的管理方法诞生，新的管理制度出台，一切从历史的"解决办法"中寻找现成的答案就行了。请问：这能行吗？这符合现实的需要吗？这符合创新的要求吗？这符合人类社会发展的规律吗？世间万事万物都在发展着、变化着，难道唯独管理例外？让我们还是看看马克思主义的经典作家是怎么说的吧！

我们知道，生产力决定生产关系，经济基础决定上层建筑，生产关系必须适应生产力，上层建筑必须适应经济基础，这是马克思主义的生产力和生产关系、经济基础和上层建筑相统一的观点。存在决定意识，物质决定精神。正是由于人类社会生产力的不断发展——从农业经济到工业经济，正在进入知识经济，从手工作坊、手工工场到现代工厂制，到现代化企业——催生了管理理论的不断创新和发展。从经验管理到泰勒的科学管理，从马克斯·韦伯的组织理论到梅奥的行为管理，从切斯特·巴纳德的社会系统学派到哈罗德·孔茨的管理过程学派，从戴明的质量管理到彼得·德鲁克的现代管理理论，从马斯洛的需要层次理论到维克多·弗鲁姆的期望理论，从 X－Y 理论到威廉·大内的 Z 理论，从菲利普·科特勒的营销管理到彼得·圣吉的学习型组织，到迈克·哈默的企业再造，到尼尔·瑞克曼的合作竞争理论。远的不说，就近百年来，从近代工业开始，伴随着生产力的发展，人类的管理理论便层出不穷，甚至出现"管理理论丛林"。可见正是生产力的发展决定了管理理论的发展，而管理理论的发展反过来又促进了生产力的发展。显然，人类社会的生产力绝不会停留在现在的水平上，一定还要以不以人的意志为转移的趋势向前继续发展。而作为管理理论也绝不会仅停留在过去的结论和水平上，肯定会向前发展，这同样也是不以人的主观愿望为转移的。新工艺、新材料、新技术的不断涌现，必然产生新的生产力，新的生产力、新的生产方法、新的生产关系，必然产生新的管理方法和管理理论。人类社会的物质生产和精神生产注定都会以不可阻挡的力量永远向前，永远不会停留在一个水平上。提出了不等于解决了，一时解决了不等于永远解决了，旧问题解决了，新的问题还会出现，这是客观事物发展的规律。即使在不同的环境条件下，同样的问题还会有不同的表现形式，还会反复，还需要人们去发现、去解决。没有一劳永逸的管理，也没有"包治百病"的管理理论。"管理没有新问题"的论点不符合人类社会发展历史，也不符合正在进行得轰轰烈烈的人类变革的现实，更不符合人类社会发展的前进方向和客观规律。还是那句话，包括管理在内的"人类社会的历史，是一个不断的从必然王国向自由王国发展的历史，停止的论点，悲观的论点，无所作为和骄傲自满的论点，都是错误的"。

创新是一个民族的灵魂，是一个民族发展的不竭动力。我们说的这个创新不仅是指技术创新，理所当然地也包括管理创新、制度创新、理论创新、观念创新。如果说我们技术落后，需要创新，则我们的管理更加落后，更需要创新。而"管理没有新问题"的论点和观念与我们这个创新的时代强音是多么的不合拍呀！问题是发现之母，需求是创新之母。"管理没有新问题"不就是说管理不需要再发现问题，再挖掘问题，不需要再进行创新吗？许多问题几千年前都提出了，都解决了，还要我们干吗呢？

基础管理是本①
——"基本论"研究绪言

一

　　面对卷帙浩繁的管理书刊，眼花缭乱的理论丛林，我们的企业家往往无所适从。怎样以有限的精力掌好管理之舵？"基本论"就是在这种背景下产生的。

　　生存与发展是企业的两大永恒主题。生存要管理，发展要谋划，也可以说，管理与发展是企业的两大永恒主题。在正确的发展战略确定之后，管理就是决定企业的主要问题。而管理又是一个错综复杂的系统。在这个错综复杂的管理活动中，基础管理是全部管理理论和管理实践的基础，是管理的基本功。"基本论"的核心思想就是强调基础管理是本。

　　企业管理的基础工作是指为实现企业目标所必需的各项专业管理职能得以发挥而应具备的基本手段、必要前提、共同准则、资料依据和保证条件，它是企业最基本的经常性的管理工作。各项经营管理业务中最基本的记录、数据、标准、制度和日常管理工作，是企业实现各项管理职能的基础，是完善各项专业管理工作、实现管理现代化最必要的条件，是企业正常有序运转和巩固地前进的保证。我国传统企业基础管理理论所说企业基础管理工作指的是定额工作、计量工作、信息工作、标准化工作、规章制度和职工教育六

---

　　① 全文原载于《现代商业》2011 年 6 月第 17 期，后发表于《企业管理》2011 年第 9 期，发表时题目被改为"回归基础管理"，有删节。《江苏企业管理》2012 年第 7 期转载了此文，后被收入中国管理科学院编《中国当代管理思想宝库》。

项基础管理。为了重新唤起我们对基础管理工作的重视，也为了本文论述的完整性起见，现先将此六项简述如下：

第一，定额工作。

定额是企业生产经营过程中在人、财、物的利用、占用和消耗方面必须达到的标准，是以价值量或实物量表示的各项生产经营活动必须满足的限额。其内容主要包括劳动和人员定额、物资消耗和储备定额、流动资金和费用定额三大类，还包括厂内价格和设备利用率。它是实行全面经济核算和全面计划管理的依据，也是进行经济责任考核的标准。定额工作包括各种定额的制定、修改、贯彻和管理的全过程。

第二，标准化工作。

标准化工作包括技术标准和管理业务标准的制定、修改、贯彻和管理工作的全过程。标准是企业管理工作的基准（定额也是一种标准，国外企业凡带有经济性的标准是作为定额管理的），标准体系的主要内容包括产品质量标准、技术标准和带有技术性的管理业务标准。原材料、工艺、工装、零部件标准等属于技术标准；设备操作与维护保养、技术文件审核等技术性的管理标准；各种业务的处理程序及各程序相应的责任，属于业务标准。

第三，计量工作。

计量是指对生产经营过程的量与质，用标准的手段和方法进行测量和管理的工作。其基本工作内容包括对计量手段的配设与维护的管理，计量结果的掌握与运用的管理。对量的测量是统计分析和经济核算的原始依据，对质的测量是全面质量管理的主要依据。

第四，信息工作。

企业生产经营管理过程中所需要的各种资料数据的收集、处理、传递、反馈、贮存、检索等管理工作，就是企业的信息工作，包括原始凭证、原始记录、统计分析、经济技术情报、科技档案管理等内容。信息工作的基本任务，是要建立起一个准确、高效、灵活畅通的收集、处理、传递、反馈系统，为实现管理手段的科学化和现代化打好基础。

第五，规章制度。

规章制度是一个总称，包括体制、制度、规程、规定、规则、章程、条例、守则、办法、细则、决定等，都是"行动准则"的意思。一般来说，"体制"、"章程"是根本性的规章制度；"办法"、"条例"、"细则"是比较具体的规章制度；"守则"、"规则"往往是企业内部针对某项工作或活动所制定的规章制度。建立健全各项规章制度，是保证企业各项工作正常开展的基本条件。在各项规章制度中，责任制是核心，尤其是经济责任制。经济责任制是以经济手段为主来保证企业各级各类组织和人员履行企业所规定的责、权、利的制度。建立以责任制为核心的规章制度，就是要将企业的全部工作进行责任分解，分类分层，逐一落实到人，以保证企业的各项活动有条不紊地实施和进行。

第六，职工教育。

职工教育就是指对职工进行思想政治教育和技术业务培训。其目的在于提高职工队伍的思想素质和技术业务水平，为企业的生存与发展提供高素质的人力资源。

我国的企业管理基础工作，早在国民经济三年调整和第一个五年计划期间就开始了。它是在对社会化大生产进行科学管理的过程中产生的，是我国在长期管理实践中，经过反复曲折的过程才形成的。但作为一个成熟的、固定的概念，则是在1985年6月全国《企业管理基础工作座谈会纪要》中明确提出的。该纪要提出了分阶段、上水平的具体意见，确定了把"六项基础管理工作"提高到先进、准确、齐全、配套、扎实、严格的新水平上来，逐步形成一个具有中国特色的企业管理基础工作体系的任务。可以说它是具有中国特色的企业管理理论重要成果之一。

随着认识的提高和管理形势的发展，企业基础管理工作的理论也面临着创新和发展的任务与要求。传统的基础管理所定义的范围过狭，已不足以指导我们正确地进行基础管理的建设。特别是在内容的深度和广度、质量和手段上都需要充实、丰富、深化和发展。笔者认为，就企业基础管理的内容而言，最少应将以下四项管理纳入企业基础管理工作体系：

第一，现场管理。

一个企业管理水平的高低，最好的体现就是它的生产现场、工作现场、办公现场的管理。"整理、整顿、清扫、清洁、素养"，看似简单，然而要日复一日、月复一月、年复一年，数十年如一日地把这五项工作做好，并不简单，更不容易。

第二，班组建设。

粉碎"四人帮"后三年内，我国工业企业按照大庆经验，曾经掀起了一个"三基"建设。所谓"三基",就是基层建设、基础工作和基本功。班组是企业的细胞,"上边千条线,下面一根针"。没有强有力的班组建设,任何管理都难以到位。三星集团在基层组织中大力推进班组管理方式,充分活跃班组内部的工作气氛,激发员工的积极性和创造性。在三星,班组内部实现一种目标导向的管理模式,一种亲密的团队文化。

第三,安全管理。

这些年,我国安全生产形势严峻,原因固然复杂,但从管理意识来说,我们许多企业管理者没有把安全作为最基础的管理工作来抓,不能不说是一个重要原因。结果如沙上建楼,轰然倒塌。将安全生产纳入"基本论",除了传统意义上的人身财产安全外,还应包括企业的资金安全、信息安全等更广的安全范围。

第四,企业文化。

李铁映同志就曾说过,"企业文化建设是现代企业生存发展的基础工程"。(在"21世纪中国企业文化论坛"上的讲话——李铁映)不少专家学者也都有此共识。为什么应把企业文化纳入企业基础管理工作体系?我们说,文化是一种客观存在,无论你是否意识到,无论你是否承认,它都以一种无形的力量,有力地影响着整个组织甚至每件事;企业是一个包括多要素、多部门、多重活动、多种管理的复杂系统,唯有企业文化具有把人的思想和行为融为一体的功能和价值,能够将这多种因素、多种活动、多种管理黏合在一起,共同发挥系统作用。企业文化是以培育企业共同的价值理念作为基本手段的管理方式,它像水、像胶、像磁、像线,将企业的管理对象、管理工具、管理过程天然在连接在一起,这就是它的基础性功能所在。

说企业文化是基础管理,是因其具有鲜明的基础性、先导性、须臾不可离开的特性,可能在企业还没有导入其他管理手段时,就已经实施企业文化管理了。另外,企业文化管理具有全面性、渗透性的特点,企业的任何管理无不渗入企业文化,都需要企业文化的先导或指导。尤其是在企业面临变革和危机的背景下,为了应对变革和危机,渡过难关,企业需要适时导入新的文化理念,以重塑员工信心。其他基础管理是企业的硬约束,而企业文化正是企业的软约束。一个良好的企业文化能够起到一个非正式控制系统的作用,与企业基础管理的硬约束正好形成软硬结合,相得益彰,从而使企业的基础管理本更固、管更硬。你看基础管理中的规章制度建设、班组建设,哪一样离得开企业文化，甚至必须先有文化理念的导入。

综上，我认为企业基础管理工作最少应该包括以上 10 项，共同组成中国特色企业基础管理工作体系。综观这 10 项基础管理，我们可以发现它们都具有以下共同特性：

（1）科学性。以上 10 项基础工作是长期实践经验的总结，反映了企业生产经营管理活动中的客观规律，是科学的集合。标准化是基准，计量是手段，信息工作是依据，规章制度是保证，职工教育是条件，安全生产是生命线，现场管理是素养，班组建设是众基之基，企业文化是贯穿线。10 项基础工作的有机结合就形成了一个企业纵横到边、盘根至底的基础工作体系，不仅是实行科学管理的必要条件，也为实现管理现代化打下坚实的地基。

（2）基础性。基础管理是相对专业管理（如财务管理、质量管理、设备管理、物资管理、营销管理、人力资源管理等）而言的，是为专业管理发挥职能作用提供基本准则、决策依据和保证条件的，因此，10 项基础无一不是每日必不可少的工作，基础性工作是企业长远发展的"基石"。

（3）群众性。10 项基础面广量大，涉及企业生产经营活动的每个环节、每个部门和每一个工作岗位，贯穿各项工作的始终，带有广泛的群众性，必须充分发动群众，依靠各方面的协调与统一，才能贯彻执行。

（4）先行性。"万丈高楼平地起"，就像建楼要先打基础一样，越是高的楼，越需要坚深的基础，十项基础管理工作在企业管理整个工作中具有先行性。它必须在专业管理建立之前先建立起来，为各项专业管理有效地发挥职能作用提供条件，为企业各项决策提供基本依据，成为各项专业管理赖以开展和整个管理大厦矗立的"地基"。

（5）基层性。10 项基础管理大量日常性工作，如各种原始记录、各种规章制度和标准、定额的落脚点、安全生产、现场管理的落实都在企业活动的最基层，职工教育、企业文化建设更是渗透在每个岗位、每位员工，所有这些均反映基层性。因此，贯彻落实基础工作的重点在基层。

（6）稳定性。企业管理的基础工作一经建立，就会在一个时期内稳定下来，其基本工作内容具有相对稳定性。随着认识的提高和管理的发展，其内容在深度和质量上会有逐步发展，手段上也会有不断更新，但其基本状态不会发生根本性变化。10 项基础管理是企业正常有序运转和巩固前进的保证，可以说，基础工作稳，整个管理就会稳，整个企业就会稳。

实践证明，基础工作的完善程度与企业管理水平的高低和经济效益的好坏，有着十分密切的关系。基础工作扎实，专业管理水平就容易提高，企业经济效益就好。在推行现代化管理方法的形势下，企业管理基础工作仍然是必不可少的"基石"。基础管理越扎实、越宽厚，则管理效率和管理效果越高，其发展越顺利，其应变能力就越强。正是在这个意义上，我们说基础管理是本。

我们说基础管理是本，是在选择了正确的产业和竞争战略的前提下，就纯粹的管理工作而言的，是面对令人目眩的丛林般管理理论而不知所从时，就如何选取正确的管理步骤和措施而言的，是就如何才能实现管理现代化这一命题而言的。其他管理理论多少有应用前提的，不是所有企业，所有发展阶段都需要的，唯有基础管理是适用一切企业，一切管理阶段的。正是在这个意义上，我们才说基础管理是本。

<h1 style="text-align:center">二</h1>

为什么中华人民共和国成立 60 余年后，尤其是 30 多年的改革开放后，我国企业经历了市场风雨的洗礼业已取得长足进步的今天，笔者要重提企业基础管理，并且还冠之以"基本论"？这是笔者这几年来对我国企业的管理现状和发展的观察而发的。不错，我国企业经过 60 余年的曲折反复，特别是经过 30 多年的改革开放，在继承和发扬自身优良传统、学习和借鉴国外成功经验的基础上，我国企业壮大了、发展了，管理上提高了、进步了。但是，这种发展，特别是在管理上，尤其是在基础管理上的发展与进步，还是极不平衡、极不稳固，还有极大的潜力可挖，还有许多的问题是亟待解决的。我国当前企业基础管理都存在哪些问题呢？

（一）认识不充分、不全面、不到位

表现在许多企业管理人员甚至连何谓基础管理都不知道，基础管理都有哪些内容，有哪些工作要做也不晓得；普遍存在着领导叫干什么就干什么，而这些工作与其他管理理论是什么关系、有什么意义毫不关心；有的甚至认为基础管理是小儿科，是低级工作。以鄙视和轻慢的态度来对待基础工作，粗枝大叶，漫不经心，敷衍了事，一心想的是现代化管理，却不知道现代化管理正是从基础管理发展而来的，现代化管理是需要建立在扎实稳定的基础管理工作之上的；一心想做大做强，就是没有想如何做深做细。殊不知没有做深做细，则做大做强就如沙上建塔，是没有任何基础保证的。

认识上的不充分还表现在没有把诸如班组建设、安全管理、企业文化、现场管理这些明显带有基础性、经常性、先行性的工作自觉纳入基础管理的工作体系，长期着力不多，或根本没放在心上。表现在最应该加强战斗力的基层班组却配备最薄弱；安全设施得过且过，形同虚设；企业没有凝聚力，员工没有归属感；管理现场凌乱不堪，浪费现象比比皆是，质量问题层出不穷。久而久之，正是这些最不能忽略的基础工作，动摇了整个管理的根基。

（二）体系不健全，执行不规范、不严格，没有制度化

基础工作是科学，讲的是"先进、准确、齐全、配套、扎实、严格"，要严肃认真，一丝不苟。可在现实中，我们常可见到本来一天应做三遍的事，他变成三天做一次（笔者就见过一个企业员工一次填三天的原始记录，还有了补填三四天前的原始记录）。基础工作是一项经常性的最必不可少的管理，可是有的企业是做一阵、放一阵，不是天天讲、天天做。比如安全生产，是一年做一次，或是上级来检查时做一次，并没有作为基础管理天天做、经常做。试想，如果我们严格按照基础管理的规范要求坚持天天做，哪会有那么多伤亡事故？哪会有那么多人身财产损失？基础管理是一个工作体系。许多企业的基础管理不健全，缺这少那，没有章法，没有秩序，没有制度化。有的是需用时做一项、做一阵，过后又丢到了一旁；有的是写在纸上，而没有落在行上。致使基础管理问题多多，整个管理基础十分脆弱，经不起任何风吹浪打，这在经济危机中已显露无遗。

我们必须看到，长期以来我国企业管理水平普遍有待提高的一个重要原因，正是在于基础管理工作没有抓好。没有基础管理内功的积累，管理永远难以上水平。有学者说：在企业之间产品、价格、服务和技术的竞争不断趋同化的过程中，所有企业与企业之间的外部竞争全部转化为各个企业内部管理素质的竞争，所有的经营过程都转化为内部管理的过程。也就是说，在全球企业经营同质化导致微利时代到来的今天，以精细化管理培育企业核心竞争力已成为现代企业竞争的核心内容（倪宏伟《企业竞争文化战略的确立与推行》）。在这种竞争态势下，强调基本功，树立"基本论"，足见其价值。基础管理对于发展中的中国而言，对于中国目前的管理现状而言，对于风起

云涌、前赴后继的创业企业而言，更具有特别的意义。对于面临理论选择的中国绝大多数企业而言，它们更需要的是"基本论"。

在做学问上，大家都懂得、都很重视基础的作用，都知道基础的重要，做管理也是如此。而许多企业基础管理一塌糊涂，却赶时髦地搞起了平衡计分卡一类的所谓现代化管理。就像军事上的机械化还没有完成呢，就铺天盖地地搞起了信息战，其实，信息战不能代替机械化，犹如现代化管理技术不能代替基础管理一样。就像俄罗斯打格鲁吉亚一样，格鲁吉亚可是被美国式的信息化武装到了牙齿，而俄罗斯的战车上甚至连 GPS 都没有，但结果怎样呢，大家都看到了。所以党的十七大报告说了"在机械化基础上的信息战"，"机械化和信息化复合发展"。我们中国向来有些人天生就有崇洋媚外的思想，一说西方现代化管理就认为是灵丹妙药，就认为那是高级得不得了的东西，犹如信息战之类的时髦词，很能吓唬一些人，但是企业管理考虑的是实用和绩效。我们需要的是在"基本论"基础上的现代化管理理论。即如信息化，企业的信息化建设无疑是现代化管理的重要手段，但是，如果没有作为基础的信息工作，你能搞得了 PP（生产计划和车间作业管理）、ERP（企业资源管理）、SCM（供应链管理）等信息化吗？

三

（1）如何抓好基础管理，能不能抓好基础管理，关键在领导。企业领导先要从观念上、从思想上重视，认识到基础管理的重要性和基础管理的意义。从企业发展的长远目标出发，从眼前走出远行的路，必须从基础抓起，基础越牢，前进的步伐越快越扎实。事业要从基层做起，管理要从基础抓起。

（2）实行"高、中、基"三结合，按照"先进、准确、齐全、配套、扎实、接轨"的原则和要求，制定一个企业基础管理规划纲要。结合规划的宣传教育，由点到面，由粗到细，由浅入深，一项项、一步步地把规章制度、定额、计量、信息工作、标准化、职工教育、现场管理、组织建设等基础管理持久深入地开展下去，不断提高基础管理工作的水平，保证企业健康有序地发展，为实施管理现代化和采用现代管理手段和工具，创造必要的条件，打下坚实的基础，促进企业整体管理水平和经济效益的不断提高。

（3）按照 PDCA 循环，即计划、实施、检查、处理，不断提高基础管理工作的水平。基础管理不是低级管理，基础管理也不是简单管理。张瑞敏说，把简单的事情做好千万次地，就是不简单。任何现代管理方法和管理工具都离不开基础管理，越是现代化的管理方法和管理工具，越需要有更高水平的基础管理。

（4）首先抓好职工教育。在这么些基础管理工作中，职工教育是核心，是基础的基础。道理很简单，不管有多少基础管理工作，都是由人去干、去执行、去操作的，而干的结果、执行的效果、操作的质量决定于人受教育的水平，包括思想水平和技能水平。传统的基础管理理论之所以把职工教育放在最后，意在说明，如果职工教育工作抓得不好，前面那些基础管理工作的效率、成果、质量都会受影响，这是不言而喻的。全面基础管理离不开持之以恒、坚持不懈、扎实细致的职工教育。

我们即以信息工作来说，企业的信息工作对内包括各种原始凭证、原始记录、统计报表、各式台账、资料分析、科技档案等，对外包括各种经济情报、科技情报等。如何建立一个高效、精确、及时、通畅的收集、处理、传递、反馈、储存、检索等较为完善的信息管理系统，没有职工教育先行能行吗？再以最简单易行的 5S 现场管理来说，"整理、整顿、清扫、清洁、素养"，看似简单，然而要日复一日、月复一月、年复一年，数十年如一日地把这五项工作做好，没有良好的职工教育能做得到吗？所以笔者说，职工教育是基础管理的核心、是基础的基础、是基础的保证。

怎样抓好这一核心环节，笔者认为，公司每一名职工每年都应参加 1~2 次，每次不少于 36 个小时的基础管理教育。重点是观念教育和本岗位应知应会等基础性教育和基本功训练，企业管理各项基础工作具体内容的教育，以及结合企业中心活动所进行的其他管理方面的教育、文化科学知识教育和政治思想教育，保障企业生产经营活动中各项管理基础工作得到全面实施和加强。在企业基础管理规划纲要中，要有一个职工教育专题计划，或者在纲要之外单列一个职工教育规划。按照德才要求，对各级管理干部、各层次管理人员和各岗位操作员工的思想教育、技能培训和个人生涯规划的需要，把企业基础管理的培训与促进员工个人素质的提高结合起来，进行详细规划，以期在实现企业发展的同时，促进人的全面发展。

笔者最后想要说明的是，"基本论"意在给从事实际管理工作的人们一个入门的抓手，在浩如烟海的管理著作和管理理论中，给人们提供一个基本概念，即"基本论"的管理意识和管理思维，让我们在令人目眩的"管理丛林"中，不要迷失"基本论"的方向，在构筑现代化管理架构的系统工程中，不要忽视基础管理，在聆听五花八门的管理箴言时，不要忘记"基础管理是本"。

以科学发展观统领企业资源整合^①

　　企业资源整合是现代企业成长和扩张的重要途径，是在经济全球化过程中发展起来的一种新的企业组织方式。当前，愈演愈烈的全球金融风暴和经济衰退，致使众多企业停产、破产、转产、裁员、重组……给我们带来一系列压力与危险的同时，也在全球范围内给我们实施企业资源整合带来了机遇，而这也正是寻求突围、转危为机的有效方略之一。抓不住机遇是失策，抓而不当是失误。如何抓住这种百年不遇的机会，正确实施企业资源整合战略，笔者认为，要以科学发展观统领企业资源整合，着重解决好以下问题：

一、以科学发展观为指导，树立企业资源整合的新概念、新观念、新理念

　　按照现代企业资源理论，企业的战略资源可分为以下八大类：

　　（1）企业人力资源包括企业全体干部员工。

　　（2）企业财力资源包括企业现金流量、融资能力、债务负担能力、资金增值能力。

　　（3）企业物力资源包括企业厂房、设备、原材料、存货等。

　　（4）企业信息资源包括企业对内外部信息的搜集、整理、传递和利用能力。

　　（5）企业技术资源包括企业生产技术能力、技术改造能力、产品研发能力、技术创新能力。

　　（6）企业管理资源包括企业管理体制、管理方法、决策能力、企业文化等。

---

　　① 原载《企业文明》2009 年第 5 期。

（7）企业市场资源包括企业市场地位、客户群体、营销网络、品牌影响力。

（8）企业环境资源包括企业内外部环境。企业内部环境包括生产生活环境、工作氛围、干群关系等；外部环境包括地理经济、企业信誉、社会关系等。

在上述八大战略资源中，企业人力、财力、物力资源是企业赖以生存和发展的基础资源，又称三项基本要素资源，它们是企业的"硬资源"，应是一般企业资源建设、资源整合的重点；企业的技术、信息、管理资源是有效提高企业经营管理效率和核心竞争力的"软资源"；企业的市场资源是一个竞争性的变量资源，它本身也是衡量企业资源整合能力和配置效率的重要指标；企业的环境资源则是企业发展的内在和外部条件与决策依据。

结合科学发展观的观点，笔者认为，所谓企业资源整合，是指为了实现全面协调可持续发展，对企业内外部的各类资源进行有选择的扬弃、汲取、调整、整理、整顿、整改，经过一番加减乘除，重新加以协调、组合与集成，以形成新的合力、新的系统、新的均衡，新的竞争优势。有人说企业资源整合分内部整合和外部整合，从研究分析的方便来说可以这样划分，但是，企业资源整合其实是很难内部外部截然分开的，内部整合有时需要汲取外部资源，外部整合必然打破内部的原有平衡，还要进行内部整合。当然，纯粹的内部整合是有的，它指的是企业内部的优化问题，这比我们当下讨论的整合的意义要小得多。本文的整合内涵指的是由外而内、内外结合的整合。

企业资源整合的理论，虽然伴随着跨国公司的兴起而诞生，并在经济全球化的过程中不断发展，但目前并无成熟的理论体系。我们要在科学发展观的指导下，创造性地运用和发展现代企业资源整合的理论，正确指导资源整合的实践，以取得应有的成效。这其中，首先要解决观念问题。

第一，破除封闭的狭隘的旧观念，树立开放多元的新观念。资源是有国籍的，整合是没有国界的，资源整合要有全球视野、全球眼光。只有跨区域、跨行业、跨国整合，才能寻得优势资源。早在2006年6月，IBM全球CEO彭明盛就在美国《外交》杂志上发表了《全球整合企业》一文，高呼"跨国企业"已经过时，现在是"全球整合企业"时代。"全球整合企业"，就是指在全球范围内整合企业资源。这意味着，在全球整合企业时代，企业的技术、人才、资本、设备、品牌等软硬要素都将在全球流动。

第二，传统的资源整合理论的思维方式是一种绝对控制。但是全球资源整合的实践告诉我们，整合不都是以我为主的。对于一些弱势企业、困难企业，积极寻求联合、重组都应视为积极的资源整合，都是为了寻求企业生存与发展的正途。对于一些宁做鸡头，不做凤尾的中国企业家来说，退而求合、求购、求并都应当是一种明智的选择。

第三，企业资源整合，既可以是紧密型的，也可以是松散型的；既可以兼并别人，也可以被人兼并；既可以买，也可以卖；既可以并，也可以分；不在于为我所有，而在于为我所用；不在于以我为主，而在于使我发展。

二、以科学发展观为指导，制定正确的企业资源整合战略和指导原则

"科学发展观，第一要义是发展，核心是以人为本，基本要求是全面协调可持续，根本方法是统筹兼顾"（胡锦涛）。根据科学发展观的要求，企业要自觉地将自己的发展理念和整合思路与科学发展观对接，从而制定出适合自己的企业资源整合战略。

企业资源整合绝不是单一的战术行为，而是一项事关全局的战略举措，要在仔细分析企业的外部环境和内部条件的基础上，对资源整合的方向、策略步骤、实施重点等做出长远的、系统的、全局的规划。要抢先机，但不能仓促行事。要趁势而上，但不能率性而为。要从长计议，而不能短期行为。要统筹兼顾，而不能顾此失彼。要慎重而不能贸然行事，更不能见财起意，坠入陷阱，或背上包袱。整合战略的制定因企业的实力、规模、发展阶段和需要的不同而不同。根据科学发展观的要求，一般来说，企业资源整合战略的制定，其指导思想要以能促进企业发展或增强企业发展后劲为方向，以人力、财力、物力资源的建设为重点，尤以人力资源的开发为中心，以硬资源和软资源相结合、相匹配、相适应、相促进的整合方式，又准又好又快地推进。具体战略虽各有不同，但基本内容应该包括：资源整合的方向，即为了达到一个什么样的目标和成果而整合；资源整合的重点，即在企业八大战略资源中，重点整合哪一种或哪几种资源；资源整合的优先次序和实施步骤。战略的制定和方案的实施都要遵循以下原则：

（一）立足发展的原则

企业资源整合的出发点是需求，要点是均衡，落脚点是发展，根本方法

是统筹兼顾。

从出发点分析，企业对资源整合的需求有以下几种类型：

（1）从企业存在的主要矛盾出发，进行资源整合。企业存在的主要矛盾往往也就是企业发展的短板，解决了短板问题，企业的发展自然上了一个台阶。

（2）从增强企业的发展后劲出发，进行资源整合。真正的企业家，一定是一个着眼长远的战略家。当此危机时期，正是低成本整合资源的有利时机，即使眼前一时用不上的资源，也要趁低吸纳，打好基础，蓄势待发。

（3）从市场需求和扩大市场份额出发，进行企业资源整合。对于一些有产品、有市场、有需求，但因某种资源不足而影响发展的企业来说，正是汲取与整合有用资源的大好时机。

（4）从发展企业的比较优势出发，进行企业资源整合。当此危机时期，中国企业应当"苦练内功"，通过整合资源，实现资源向优势环节、优势产品、优势市场、优势技术、优势业务集中，增强和发展自己的比较优势，从而提升企业的核心竞争力。

（5）从企业整合后的定位出发，进行企业资源整合。实施资源整合后的企业由于自身的变化和发展的需要，有必要重新确定企业的定位，其中包括发展战略和目标、产品方向、营销策略等。企业资源整合必须以此为依据来决定对将予整合的资源进行取舍。

（6）从寻找新的增长点出发，进行企业资源整合。一些有足够实力的企业，其主业已经很成熟，且发展速度已经变缓，此时正是实施多元化战略、整合资源、寻找新增长点的时机。

我们可以看出，由于企业所处的发展阶段不同，对资源的需求不同，所以选择整合的出发点有所不同，但整合的落脚点却殊途同归，那就是为了发展。加减乘除、扬弃汲取，都是为了发展，或为了促进眼前的发展，或为了增强发展的后劲，这是一切整合的落脚点。

（二）以人为市的原则

以人为本在资源整合中指的是以人力资源的整合为中心。这并不是说所有企业先看中的都是人家的人才资源，或者说所有企业都把人才资源的整合当作第一环节（资源整合的起因或第一环节往往是财力资源、物力资源或市场资源），而是指企业在物色好整合对象后，就要考虑好有谁、用谁、靠谁去整合。这个问题不考虑好，不准备好，就去兼并、重组、联合，没有不失败的。诸多案例都证明，资源整合的成败在人才。企业面临的各类问题，包括资源整合中面临的各类问题的核心解决点是人的问题。人力、物力、财力要靠人去管理，技术、信息、管理都要靠人去运作，市场、环境都要靠人去治理。无论是并购、联盟，还是优化组合，只有生成了新的物质、新的元素、新的功能、新的价值，企业才算真正实现了其资源整合的目的和价值。这些新的东西靠什么形成？最终还是要靠双方或多方员工的努力，因此，如果人力资源没有实现整合，这些新的东西就不可能产生和发展，整合后的企业充其量也就是发生了形式上的变化，不会产生质变。这种根源上的问题不解决必然导致以下问题：一是磨合的期限过长，由此而错失了发展的窗口性机会；二是原有的组织边界不能很好地消融，甚至发展成为帮派；三是重组双方剧烈冲突，导致整合后的企业无法正常开展业务，不得不中止合作；四是由于人才不济不力不得不中道而退。所以，彼得·德鲁克在并购成功的五要素中指出，公司高层管理人员的任免是否得当是并购成功与否的关键因素。

如 1987 年，宏碁电脑公司收购了美国生产微型电脑的康点公司，但此后 3 年累积亏损 5 亿美元。到 1989 年，宏碁电脑公司只好以撤资告终。其失败的真正原因就是"人力资源整合策略"出现了故障。无论收购前还是收购后，康点公司均发生了人才断层危机，而宏碁公司又缺乏国际型企业管理人才，无法派员填补康点的缺口，再加上康点公司科研人员流失严重，无奈，宏碁电脑公司最终被迫宣告并购失败。

相反的案例是，1998 年 9 月，荣事达集团公司正式兼并重庆洗衣机总厂。不到两年，在重庆地区，两家的"荣事达"与"三峡"品牌市场占有率由 40% 上升至 70% 以上，平均毛利率比上年同期增长 82.57%。其成功之路，正是得益于兼并后荣事达集团公司有效的人力资源整合管理。兼并之初，集团不减人员、不动班子，承担全部员工、保留原厂级领导职位，集团只派 3 人出任公司副总经理、总工程师和财务总监助理。并决定把当年利润用于增加员工工资和奖励管理者。一段时期后，组建了新班子，并由新班子对公司进行管理和机构改革。新机构将原来的 16 个处室、3 个车间调整为 6 处 1 室、4 个车间，精减中层和机关管理人员 63 人。这些措施把荣事达集团公司引上了成功之路。

（三）系统思维、均衡协调、统筹兼顾的原则

整合的目的在于提高资源综合利用效率和经济整体素质，所以它是一项

系统工程，一定要有系统思维。所谓系统思维，就是要从整体出发，注重各项资源之间的有机联系，妥善处理好各个子系统之间以及各子系统与企业这个总系统之间的关系。处理好这种关系的要领就是保持各子系统之间及各子系统与企业这个总系统之间的协调与均衡，通过有序的配置，体现出为目标所用的整体效果。所谓协调，就是融为一体，所谓均衡，就是匹配。在整合资源的工作中，企业要有"和谐发展"的理念，要正确处理整合资源加快发展和防范风险的关系，均衡才是和谐，均衡才是最优，均衡才是安全，均衡才是合力，犹如人之饮食，过多，过少，偏食，都会造成营养不良。当然，这种均衡是动态发展的。

以兼并为例，中国企业在欲望的过度驱使下盲目扩张，缺乏统筹，顾此失彼，从而导致企业败北甚至覆没的案例，大大小小，不胜枚举。究其原因不外乎以下几个：第一，不懂得或不善于财力资源整合，盲目扩张后，资金跟不上，最后被钱卡死了。第二，人力资源不行，人才准备不足。人员素质的提高跟不上企业规模的扩大，不晓得有多强的人才能做多大的事，最后人累倒了，企业也累死了。第三，经营管理不过硬。麦当劳能在全世界到处开店，不管顾客的饮食习惯怎样，生活习俗如何，都能征服他们，这是因为它有一个放之四海而皆准的经营管理模式。如果自己的经营管理模式不成功或者不成熟，那么兼并别的企业只会是一场灾难。第四，文化不相容。一个企业兼并另一个企业能否成功，企业文化能否将对方同化是至关重要的。海尔输出文化和管理模式，对被兼并企业有文化上的凝聚力，每每3个月后就能见利润。文化不相容，自己又没有强有力的企业文化去整合同化对方，终致兼并之后又分裂的例子也比比皆是。第五，扩张失度。因为企业规模发展到一定程度后，会出现边际效益下降、规模不经济等问题。这些都是缺乏系统思维、没有统筹兼顾、没有做到均衡协调造成的。

如何达到均衡协调，根本方法是统筹兼顾。统筹硬资源与软资源，统筹企业内与企业外资源，统筹国内资源和国外资源，统筹人力资源与其他各类资源，统筹各环节、各方面协调发展，统筹当前发展和可持续发展，实现各资源有机统一、均衡，以促进全面协调可持续发展。

浙江台州某企业，在第二期学习实践科学发展观活动中，联系本企业资源整合的实践，创造性提出"一主"、"四适"和"一平"、"四相"的原则，在当地企业中引起共鸣，起到了很好的示范作用。"一主"即在进一步做大、做好、做强主业的基础上，或是为了进一步做大、做好、做强主业而实行资源整合；"四适"是适合自己、适应市场、适当时机、适当力度。"一平"是指平衡，即均衡协调；"四相"是指软硬资源的相结合、相匹配、相适应、相促进。

三、以科学发展观为指导，正确选择资源整合的方式

企业资源整合的方式有许多种，我们重点谈以下五种：

（一）并购

并购包括收购和卖出，即通过收购或卖出而合并。每一次经济危机都是一次重新洗牌，淘汰的是一些平均水平以下的企业。我们的企业家要善于搜索、捕捉、发现那些被低估的企业和品牌。江苏省东台市有一家刀具厂，在这场危机中不失时机地收购了两家具有百年历史的欧美品牌企业，不仅走出了困境，而且一举壮大了自己，堪称妙手。不仅要善于收购，还要敢于卖出。要敢于放弃，该出手时要出手，该淘汰的要淘汰，该关掉的要关掉，该破产的要破产，该卖掉的要卖掉。舍得舍得，有舍才有得，资源整合本身就是一个有舍有得、有进有退的过程，或者说是一个包括舍与得、进与退两个方面的事情。连花旗都能卖出9%的产权，我们又有什么不可以舍呢？

（二）拆分

我们知道，产权关系是所有制的核心内容。然而，所有制内部关系并不是一成不变的。当经济关系还不复杂时，所有制的范围是狭窄的，所有者可以完整地行使其权力并独享收益。但随着生产力的发展、经济规模的扩大，所有者要统管所有权能日益困难，而需要把自己的财产委托给他人经营，或让渡给别人一部分产权。可见，所有制内部的所有权、占有权、支配权和使用权可以全部归一个主体去行使，也可以拆分。所谓拆分，就是指将自己的全部或部分产权分拆开，卖出一部分，或拿出一部分与人合资合营，或将原来的一个主体分拆为几个独立的经济体，以促进竞争和产业进步。而竞争的前提则是产权主体和结构必须是多元的或不同的，否则不可能形成真正的竞争。

以电信为例。国外电信企业早就意识到单一产权结构带来的弊端，先后有包括美国、英国、德国、法国等在内的50多个国家的电信业引入了多元化的投资主体，世界范围内的电信企业产权多元化的格局已经初步形成。中国

电信业在引入竞争机制以来经历了数次拆分和重组,虽还不尽如人意,但其效率与效益还是人所共见的。

拆分是整合的一种特殊形式,这在当前,不失为一些融资困难的企业筹集资金的一个好办法。为了引进战略投资者以增加活力开展竞争,安徽新华发行集团有限公司把 28.57% 的国有股权分拆为 A、B 两类,共 7 个标的,以竞价交易的方式让渡给北京、江苏、浙江及安徽等五家企业,经过这样的拆分重组,不仅确保了国有资产保值增值,而且激活了原来体量过大的国有股权,很快产生了巨大的经济效益和社会效益。

(三)联盟

联盟是不同的经济实体为了实现特定的战略目标而采取共担风险、共享利益的长期合作,分垂直联盟和水平联盟两种类型。垂直联盟是指同一产业链的上下游资源互补。比如国美和海尔联合成立国美海尔事业部;水平联盟是指不同行业的企业共同分担营销费用,联合进行产品营销、广告传播、品牌建设,实现资源共享。如一家生产刀具的小企业,找到方太、老板、帅康等小家电巨头,向它们长年提供定制的五件套或七件套刀具,作为销售厨房家电的促销赠品,一年下来,该刀具企业也有了上亿元的销售额。再如,麦当劳快餐和"动感地带",农夫山泉饮料和 TCL 冰箱,看起来似乎没有任何关联,但却因为精巧的水平联盟设计而获得了不菲的收益。

(四)联合重组

顾名思义,联合重组就是几家联手合起来重新组成一个新的企业,也有几种形式,其中一种是"新一体",就是几家企业采用一家商号或另起一个商号组成一个实体公司;其中一种是"独联体",像河北钢铁集团,是由原唐钢集团和原邯钢集团牵头联合组建而成的,集团拥有唐钢、邯钢、宣钢、承钢、舞钢、矿业等 10 个全资或控股子公司,采取母子公司管理体制和运行机制。集团母公司是战略规划中心、资本运营中心、产品研发中心、投资决策中心,集团所属各子公司是利润中心。母公司与子公司都是独立的市场主体和法人实体,依法享有法人财产权和经营自主权。新集团通过内部整合,实现发展战略、投资决策、市场营销、产品研发、资本运营、大宗原材料采购 6 个方面的统一。

眼下正是联合重组的好时机、好时期。实施联合重组,成功的经验是以产业政策为依据,以产权为纽带,以龙头企业为推进,对重组企业采用资本金注入、融资信贷、资产划转等方式，把分散的相关企业联合起来。这种实质性的联合重组极有利于淘汰落后产能、避免重复建设，提高产业集中度和资源配置效率，带动行业结构升级，是一条做强做大的发展之路。

（五）优化组合

并购、联盟、重组都是以资本为纽带的资源整合，而优化组合则主要是针对如何发挥现有资源的功能最大化、最优化而言的。包括组织优化、改善公司治理结构、人员优化组合、市场资源优化组合等。"组"，就是把不同的资源有目的地组织在一起；而"合"，则指被组织到一块的资源要能融为一体。由"组"到"合"，是一个物理变化向化学变化转变的过程，两者的最大区别就在于是否产生了新的能量、新的价值，是否达到了"优化"的目标。"组"而不"合"，"合"而不"优"，都不符合优化组合的目的。

管理之技在于细[①]

　　管理是一门科学，这门科学在很大意义上其实就是一个细字；管理需要技术，这技术在很多方面就在于一个细字；管理有诀窍，这诀窍的核心也还是一个细字。任何高妙的管理理论，落到地上，都离不开一个细字。

　　泰勒的科学管理其实就是一个细字。针对工人偷懒、磨洋工和浪费时间的现象，他组成了专家实验小组，挑选了最优秀的工人，记录他们的每一个动作，然后根据工作日写实的记录，运用时间与动作研究技术，保留了有效劳动，去除无效劳动，最后得出标准工作时间和工作方法，由此确定合理的工作量标准，同时对他们进行利益诱导和科学训练。最著名的例子是大家熟知的搬运生铁和铁砂煤块铲掘实验。起先，工人们把每块重92磅的生铁块装到铁路货车上时，每人每天的搬运量是12.5吨。泰勒在科学地试验了不同的程序、技术和工具的组合之后，将每人每天的搬运量提高到47~48吨。在铁砂和煤块的铲掘实验中，他先用秒表和量具精确计算了铲煤的动作时间和工作量，最后得出每铲的重量为21磅时铲掘的效率最高。同时，泰勒设置了工具库，准备了8~10种大小不同的工具，这样工人就不必自带工具，根据每次铲掘物的不同，从工具库领取大小不同的铲具，从而大大提高了铲掘效率。泰勒就是通过他对手工操作进行细致的时间动作分析从而采取科学操作方法和管理方法的奠基性研究，被公认为"科学管理之父"。

　　再看我们熟知的世界500强企业，其成功都离不开一个细字：

　　麦当劳之细：麦当劳把餐厅分为20多个工段，每个工段都有一套SOC（Station Observation Checklist），即岗位检查表，详细说明各工作段事先应准备和检查的项目。如对原料的标准要求面包不圆和切口不平都不用，奶浆接

　　①　节文作为卷首语发表于《企业管理》2014年第6期，题目被改为"管理的精髓在于细"。全文发表在《管理学家》2014年9月刊。

货温度要在 4℃ 以下，高 1℃ 就退货。任何原料都有保存期，生菜从冷藏库拿到配料台上只有 2 个小时的保鲜期，过时就扔。一片小小的牛肉饼要经过 40 多项质量控制检查。生产过程采用电脑控制和标准操作。制作好的成品和时间牌一起放到成品保温槽中，炸薯条超过 7 分钟、汉堡包超过 10 分钟就要毫不吝啬地扔掉。顾客排队要求不超过 2 分钟，从顾客点完所要食品后，服务员要在 1 分钟内将食品送到顾客手中。在卫生方面，员工上岗操作前要严格用杀菌洗手液消毒，规定两手揉搓至少 20 秒再冲洗，然后用烘干机将手烘干。如果接触了头发、衣服等就要重新洗手消毒。麦当劳就是凭着一个细字，"小到洗手有程序，大到管理有手册"，创下了世界最大的连锁体系的纪录。

沃尔玛之细：要求员工向顾客微笑时必须露出八颗牙齿。他们把"天天平价"落实到进货、验货等每一道工序，每一个细节，每一种商品上。

松下之细：他们的 QC 改善已不再局限于企业的生产、质量及现场改善项目，而将公司内部各项管理的提高都纳入了 QC 改善循环，甚至对公司一张纸的使用、一滴水的节约、一分钟效率的提高都列入改善节约的范围。

丰田之细：被全世界推崇为"革命式"的丰田生产方式，核心就是持续改善，杜绝浪费。包括过量制造的浪费、等活的浪费、运送的浪费、加工本身的浪费、库存的浪费、动作的浪费、制造次品的浪费等，直到把浪费降至零，零缺陷、零浪费、零库存。其每一个零字，都包含着多少个细节啊！

苹果之细：没有谁比乔布斯更痴迷细节。我们都听说过他因为不喜欢电脑内部某个部件的审美追求而把工程师逼疯的故事，而那个部件原本没人会看见。他甚至要求包装盒的种种细节，包括触感设计，都必须分毫不差……凡是成功的企业，在管理上都离不开一个细字，都做到了一个细字。

反观我国管理，如果也用一个字来概括，就是一个粗字。在某种程度上，我们与管理先进的国家和企业相比，其落后也就是落后在一个细字上。太多企业太多方面的低效、粗放、损失和浪费都令人瞠目结舌，扼腕叹息。抛开服务细节和管理、激励上的技巧细节不说（这是另一种细功），单说生产、安全、成本管理，长明灯、长流水、长待机、跑冒滴漏、无效劳动、重复管理、人浮于事、大手大脚、粗放、粗率、粗浮、粗糙、粗枝大叶、粗心大意、粗制滥造等造成的经济损失、人身伤害层出不穷。落实到具体上，就是失之细字。试想，如果我们能以精益求精的态度来对待，能出那么多安全事故吗？会有那么多亏损和倒闭的企业吗？其实，我们在每次矿难、交通事故等灾难性事故中，在每一个企业倒闭案中，都能找到细节失察、失误、失策、失败的原因（当然还有其他原因）。笔者以为，眼下的中国管理，如能克服一个粗字，做到一个细字，"管理的红利"便会滚滚而来！

中国企业联合会、中国企业家协会发布的《2012中国企业500强发展报告》称，我国大企业"管理粗放"，"仍然习惯于粗放式高速增长"。报载40多位央企高管去台湾塑料公司之后，用四个字概括：震撼、汗颜。台塑的管理科学精细到了极致，做到了把毛巾的最后一滴水拧干。而相比之下，我们企业遍地是黄金，向管理要效益的空间非常广阔。笔者敢断言，如果不能改变我们"管理粗放"的恶习，即使进入战略新兴产业，最终也是要被淘汰的。因为人"细"你"粗"，必然导致人优你劣，人强你弱，你死人活。还是那句话：我们需要"基本论——基础管理是本"。只有强本固基，才能做强做优，而做细正是要从基础工作开始。

我国的管理粗放的问题，与我们传统的思维方式和国民性格有关。就思维方式而言，中国文化注重人文精神和跨度思维、顿悟思维，偏于综合，疏于分析，注重结果而非过程，它往往是概括的而不是具体的，所以中国的管理思想重道而乏术。而西方文化注重分析，注重科学精神和严密的逻辑思维，这是中国的管理思想不能产生西方式的管理体系在思维方法方面的重要原因。中国的《周公解梦》早于弗洛伊德2000多年，但却没有形成精神分析的理论体系，原因是我们只有"解"，而没有"析"。经济二字，我国古籍《周易》中即有"君子以经纶"，"周乎万物济天下"，近人称为经世济民之学，盖以此语为根据，然我们终没有一本自己的《经济学》，原因是我们只有"道"，而没有"术"。在管理实践中，我们长期以来就是重"人"治，轻"法"制，重思想政治工作，轻管理技术的学习与运用。从国民性上来分析，几千年来以家庭为中心的伦理观念造成国人对公共事务的冷漠，养成了许多人在对公工作中"大差不差"、"得过且过"、"马马虎虎"、"家大业大，浪费点没啥"的心态，以及粗枝大叶、敷衍了事、缺乏认真的工作作风。要彻底改变我国管理粗放的问题，必须从改造我们的国民性做起，从改变我们的粗管理思维做起，要学习西方精于分析、注重科学的管理精神和管理思维，从"分"从"析"做起，也就是从细做起，彻底改变我国管理"粗"的问题。

我们要从方法论的角度来理解细，学习细，掌握细，实施细。如何做到管理工作细而又细，纵观前贤，首先要有细的意识，细的态度。细的本质是思想问题，意识问题，态度问题。其次才是掌握细的方法，细的技能。在技能和方法上，重要的是要掌握三分法，即分析、分解和分工负责。分析每一个流程，分析每一个过程，分解每一个环节，分解每一个细节，要分到分不可分、细不可细的地步，做到在每一个环节、每一个节点上都有人负责，落实到每个岗位上，每一个人头上。而后还要有细的制度，细的规程，对每一件事都要有细的要求，细的检查，养成细的作风、细的习惯，形成一种细的文化。

我们通常把严细放在一块儿说，其实细包含着严，没有严谨严格就没有细心细致，细心细致包含严格严谨。老子云："天下大事必作于细。"毛泽东同志说："要过细，粗枝大叶不行，粗枝大叶往往搞错。"管理之技在于细。细是一种思想，细是一种理论，细是一种性格，细是一种品质，细是一种作风，细是一种精神，细是一种方法，细是一种技能。

当然，笔者说的只是管理的一个方面，而不是管理的全部。

再论"复杂的自主人"①

　　管理思想是随着生产力的发展和人性的复杂而发展起来的。管理者对人的本质和人的行为特性的假设对决定管理者的工作风格具有最重要的影响，因而，对人性的探索和对人的行为的研究是管理科学的一个永恒话题。

　　几年前，笔者曾发表过一篇《企业文化与"复杂的自主人"假设》，算是对"复杂的自主人"的初论。在这篇文章里笔者提出："复杂的自主人"是一个复合概念，其一是说人是复杂的，人的本性、人的个性都是复杂的；其二，人又是自主的，自主性是人的本性本能。但是，"自主"绝非自私自利，而主要是指要做自己的主，达到实现自我追求的目的，做自己命运的主宰；"复杂"是说个性，"自主"是指共性，"自主性"是"复杂的自主人"的本质。这就引出一个问题："复杂的自主人"如何自处和相处？人人都想自主，如何领导和管理？解决这两个问题还需对人的本性和"复杂的自主人"的类型与行为特点做进一步分析。管理学大师德鲁克说："在任何一个特定的社会中，社会与个人之间的功能关系具有何种类型和形式，都要依赖于这个社会对人的本性和人的实现持有何种基本信念……社会对人的本性持有何种信念，决定了社会的目的；社会对人的实现持有何种信念，则决定了社会要在什么领域中实现社会的目的"（《德鲁克文集》第三卷，第10页）。

一、我的"新善恶观"与"复杂的自主人假设"

　　我们说，人性观是管理的理论基础和逻辑起点。人性观其实包括两个部分，一部分叫人性假设，另一部分叫人性善恶。人性假设是自亚当·斯密开始的，后在管理理论发展过程中不断丰富关于人性的假设。之所以称为假设，是因为人性植于人的内心，而人心是很难甚至无法观测的，所以只能是假设。

---

① 原载《经营管理者》2016年1月号收入本书时做了修改。

比如亚当·斯密的"经济人"假设、梅奥的"社会人"假设、马斯洛的"自我实现人"假设、沙因的"复杂人"假设，还有"文化人"假设、"理性人"假设、"博弈人"假设等。人性假设与人性善恶是有区别的。传统的人性论有善、恶、无善恶之分，是指人的先天性质而言。比如以孔子、孟子为代表的性善说，以荀子、韩非子为代表的性恶说，以告子、墨子为代表的无善恶说。也就是说，要么把人看作生来为善或生来为恶或先天本无善恶，善恶是由后天造成的。而人性假设则多指人后天形成的性质或某一类型人的心理特征和行为特征，无所谓善恶，其善恶由其社会表现和行为结果来评定。

传统的人性观，性恶论、性善论、性无善恶论都是孤立地、静止地、割裂地研究人性的，是一种非此即彼、绝对二分的思维，因而是片面的，既不能全面概括人性，更无助于全面分析人性，揭示人性。笔者的"新善恶观"是：人性有恶也有善，这些善恶，有与生俱来的，也有后天养成或生变的，还有一些人性生来无所谓善恶，其善恶是后天造成的（比如欲望。人有欲望，这种欲望是与生俱来的，可这些欲望，有的是善的，有的却是恶的，有些则无所谓善恶，它们是会变化的，比如逐利，获利是人类的普遍欲望，谁不想发家致富？但损人利己、图财害命却是恶；相反，自己富了，带领大家共同致富则是善。再比如本能，人生时是无所谓善恶的，可后来发生了变化，有些人的本能就发展为恶，而有些人的本能却发展成善。比如食与色，食、色，性也。可是，性爱就是善，性侵就是恶。比如食，美食就是善，毒奶粉就是恶；缺粮时节，分享就是善，吃独食就是恶。再比如性格，人皆有性格，性格既有先天成分，也有后天成分。还有道德，自私之心是恶端，羞耻之心、恻隐之心则是善端，这些都是与生俱来的，可在后天也会发展变化）。善与恶相对立而存在，相斗争而发展。

笔者认为，当今之世，在经济全球化、政治多极化、文化多元化的背景下，人性趋恶，表现在伦理失范、信仰缺失、道德滑坡、私心日重、管理困难、争斗加剧、乱象丛生、恐怖主义峰起。诚然，善定胜恶。人性的一时趋恶，挡不住人类的终归向善。但笔者同时认为，人性之恶绝不会自然、自动消失，扬善抑恶，必须恩威并举，软硬兼施。改造人性，不能光靠教育、学习、理性与自觉，还需有法制、运动、打击甚至恐怖与威慑（这与恐怖主义两是码事）。如此，才能推动人性进步。没有威慑就没有恐惧，没有恐惧就没有敬畏，没有敬畏就没有信仰，没有信仰就没有权威，没有权威就没有秩序，而没有秩序，人类将手足无措。为什么治乱世要用重典？为什么惩恶要如此着力？因为学坏容易学好难，下坡容易上坡难，破坏容易建设难。所以，扬善贵在持久，抑恶则一定要触及灵魂，使尔心生畏惧。即如毛泽东所说，凡是反动的东西，你不打它它就不倒，不是东风压倒西风，就是西风压倒东风，扫帚不到，灰尘照例不会自己跑掉。

笔者的"复杂的自主人"假设其复杂性和自主性有多重意蕴：

一是所谓"复杂是说个性"，是指各人情况不同（其中，自然含有善恶预设），需要根据人、事、情况具体分析，具体对待。即以善恶的复杂性来看，有以下情形：①性恶者；②性善者；③先恶后善者；④先善后恶者；⑤善中有恶者；⑥恶中有善者；⑦善者有时恶之；⑧恶者有时善之；⑨多善少恶者；⑩多恶少善者。

这里的"善"与"恶"，绝非单指"善良"与"邪恶"一义，也包括人的性格中诸如勇敢与怯懦、忠厚与奸佞、勤勉与懒惰、诚实与欺骗、刚直与圆滑、利己与利他、果断与犹豫等对立的两面。我们说，人性是复杂的，所以不能简单地、一概地或绝对地以善恶论之，且善与恶的内涵也不能单一地囿于守法向善或为非作歹，还应包括不能以善恶而论的多面。现代心理学已经揭示，人的情、性、性格，不是一面而是多面，甚至经常有对立的成分。仅用专横、峻厉、伪善或善良、温和、民主等来概括一个人，往往有失其丰富内涵，而对性格中某一面的过分扩大，也会失却对人物的性格核心的把握。善与恶是相对立而存在的，它们是相互联系、相互影响的，是复杂的，变化的，发展的。但这变化的、复杂的、发展的人性，并不是捉摸不定的、无法把握的，它在变化中、发展中还呈现出一定的稳定性，这正是我们把握人性、给人定性的基础。

二是"复杂"还指"自主"的复杂，就是说各人"自主"的动机和目的是复杂的，所以才有"复杂的自主人"之说。从自主的复杂性来看，又有以下情形：①以钱为目的的自主型；②以名为目的的自主型；③以色为目的的自主型；④以权为目的的自主型；⑤以情为转移的自主型（包括爱情、亲情、友情）；⑥以兴趣为中心的自主型；⑦以保命为目的的自主型；⑧以实现自我价值为转移的自主型；⑨以利己为中心的自主型（包括自己的家庭、亲戚）；⑩以利人为中心的自主型（包括国家、社会、组织、团队）。

这个分类是从人的需求、动机和目的来划分的，它反映了人的"自主性"的复杂性。事实上人的需求是复合的，大多数人均具有不止一种导向，即同时有多种需求。但是在某一时段或某件事情上，他必有某种（可能一种也可能两种）需求起决定作用。我们就要利用好他的这种有决定作用的需求，以调动他的积极性。有的人因一己之利不顾或毁掉众人之利，显示出极端自私性，这种人虽然少数但确实存在；有的人毫不利己，专门利人，这种人也是极少数，但也确实存在。在一个企业里，不可能完全满足每个人的各种需求，但企业管理者要想激发出每个员工的最大积极性，应当尽可能地考虑到这一点。

三是所谓"自主是说共性"，也就是说，无论个性如何复杂，"自主"的动机和目的如何复杂，其要求独立、自主、不受人支配、自己主宰自己命运的意志是共同的，这是复杂中的共性。既是共性，总有特征，"复杂的自主人"的行为特点是：①积极进取的人生态度和争强好胜的竞争精神；②独立自主的人权意识和自我支配意识，以坚持和实现自己的意志、意愿、意见为宗旨，不喜欢别人支配自己；③惜时如金的效率观念；④争先当头的牛首情怀和政治情结，大者要当国家领导人，小者要当老板或一方父母官，总之有权力欲，有野心；⑤性格呈现多面，行为有时矛盾；⑥有私心，这种私心也是复杂的，有的表现为明显的自私，但有的或只是为了建立对别人的私恩，或对自己爱人、亲人、朋友的眷顾，倒不一定都是单纯为自己；⑦有强烈的表现欲和发表欲，好显摆和逞能，好为人师，经常有训导和支配人的冲动、偏好和欲望；⑧极强的自尊心理，认为自己很重要，也认为自己比别人高明；⑨追求自由，无视别人的希望，只服从自己内心的信念，在任何环境下坚持选择自己的态度和行为方式的自由；⑩希望在组织的发展中有更多的发言权，希望自己的意见被重视，希望能够参与决策。"复杂的自主人"有很强的成就动机，有发奋图强的主观愿望和奋发有为的行为表现，是复杂的自主人所有动机中的优势动机。

四是"复杂的自主人"与人性之善恶："复杂的自主人"的核心特征就是人人都想当家做主，由此产生嫉妒、疑惧、争斗，是人性恶之源；也是人性善之端，由此产生自由、主动、竞争，从而推动社会进步。一切皆看相斗争而发展。

二、"复杂的自主人"如何自处与相处

在对人性善恶与"复杂的自主人"假设做了进一步分析之后,我们现在回到本文的主题,先来看看"复杂的自主人"如何自处和相处。

如何自处和相处其实就是一个如何做人的问题。我们常说做事先做人,就连我们的国家领导人都谆谆告诫莘莘学子要"学做人",可见做人对一个人的重要性。做人关系到在家庭、在族里、在邻里、在一个组织里、在朋友里、在同僚中、在上下级之间等各种人际序列、各个方面和各种角色。在这种种关系和角色里,有两种人或一种关系是我们一生都必须面对和处理好的,这就是"治人"的人和"治于人"的人,也就是人下人和人上人,管人的人和被管的人,领导人和被领导的人。人往高处走,水往低处流,多数人考虑最多的还是如何做一个"治人"的人,如何当一个人上人,而较少考虑如何去做一个"治于人"的人,如何做一个人下人,如何做好一个被领导者和被管理者。很多人恰恰就是没有想通和做好一出生就必须面对的角色,这是酿成许多人生悲剧和祸端的根源。这是"复杂的自主人"的先天性缺陷。而历史和实践证明,"谦卑先于伟大",只有做好人下人,才能做好人上人,只有做好一个被领导者和被管理者,才能当好一个领导者和管理者,这是千古不移的真理。

现代社会是"复杂的自主人"社会,都是"复杂的自主人"如何自处与相处?

(一)树立正确的"自我观",要有正确的自我认识和自主精神、理智的自主意识和明智的人生态度,"己所不欲,勿施于人"

"自我观"就是正确认识自我,它有自己的独立内涵,又与世界观、人生观、价值观密切相关。世上最难的是认识自我。从正确认识自我开始,继而认识身边的人,认识社会,这样才能找准自己的位置,才能选准自己的努力方向。

与人相处首先要准确认识自我,人贵有自知之明。人人都要放平心态,要知道大家都是"复杂的自主人",你要做主,别人同样也想做主。究竟谁做主,要凭实力说话,机遇是给那些有能力而且有准备的人的。"吃得苦中苦,方为人上人","天上没有掉下来的馅饼","敢拼才会赢"。不是拼命,而是拼智慧,拼知识,拼能力。人大多数都会看高自己。作为孔子"一以贯

之"的"忠恕之道",就是"己所不欲,勿施于人",这种将心比心的体验,这种以己推人的情感外延,这种超出"个人"而成为"社会"的东西,被中国人看作通行于世的普遍合理的"通则",曾受到联合国前秘书长潘基文的高度认可,已经成为全球伦理的普遍原则。所谓"己所不欲,勿施于人",就是出自内心深处的一种对"人"的平等与亲切之情,这种把"人"与"己"视如一体的感情自会引出一种"人"应当尊重"人"的观念。有了这种"己所不欲,勿施于人",才能够"在邦无怨,在家无怨"(《论语·颜渊》)。同理,1900多年前,耶稣就告诫人们:"你要别人怎么对待你,就得先怎么对待别人。"

其次,要正确认识和正确对待公平。如何对待公平是人生观的一个重要问题,不解决这个问题,就无法放平心态,就不能处理好周围的人和事。要懂得,公平是相对的,这个世上,从古至今,从来没有绝对的公平,任何一个明君圣主也做不到,就是将来到了共产主义社会也做不到。但那时人们的思想道德水平已经达到了大同的境界,公平也达到了前所未有的程度,人人都能按需分配,人人就都心安理得了,也就没有了不公平感。绝对公平社会的发展就会失去诱因和动力,是一种历史的倒退,对人人都不利。

最后,要知道并懂得这个世上大多数人都是平平常常的人,都是平平淡淡过此一生的人,杰出的人是少数,天才是极少数。你要做一个杰出的人,就要付出比大多数人都要多的努力,这是成正比的,而天才不知多少年才出一个,多少万人里才有一个,天才不是单凭努力的。你做不上人上人,就要甘心做一个人下人,做一个平凡的人,这样对你的人生是一个很好的选择。人人都想做总统当总理,这可以吗?人人都想成为科学家、当明星,这可能吗?同样,企业中人人都想当老板当总经理这可能吗?作为一个企业主,他只能优中选优,你要做优中优,就要努力,你不是这个材料,就要有自知之明,就要安心于自己的一份工作。对于一场比赛而言,特别是一场团队比赛,如果人人都是主角,将会带来一场灾难。一个人的责任就是按照社会赋予你的角色做事。

(二)要学会接受与服从

领导与服从是对立统一。不懂得服从的人不能当领导,不会服从的人当不了好领导。都当领导,领导谁?都自主,社会就成了一盘散沙,没有了方向,没有了凝聚力。都自主就成了无主,鸟无头不飞,人无头不走,这自然是不行的。偌大的一个社会，偌大的一个组织，偌大的"复杂的自主人"群体总要有一个人来领导，来管理。我们应该明白，领导者和管理者永远都只能是少数人，所以人人都须有一个接受的观念，服从的观念，接受领导，接受管理，服从领导，服从管理，这就是接受现实，服从现实，这就叫识时务者为俊杰。想自主而不能自主是实现自主的一个必经阶段，接受和服从是自我实现的一个过程。

历史发展到今天，和平与发展是世界的主流和大势，造反有理和暴力革命的时代已经过去。业已形成的世界格局和机制、人类文明的程度和理性水平已足以阻止违背人类前进方向的一切倒行逆施。即使出现局部的暂时的倒退，社会基本矛盾运动的发展也终会矫正社会前进的方向。在这样一个大的方向和背景下，学会接受和服从是建设和谐社会、和谐世界和保持长治久安的一个重要理念，是个人生存与发展的一种技能和智慧，是做人所必须的，也是保持我们自己身心健康的一副良药。

学做人不仅要学做领导者和管理者，更要学做接受者和服从者，也可以说更多的人是要学会如何做一个接受者和服从者，这里，教育起着关键作用。长期以来，我们的教育（包括家庭教育）都是教人如何做人上人，而没有如何做人下人的教育。而人下人是人类的绝大多数，没有这个教育，我们这个社会是不稳定的。这个人下人不是人格上、尊严上的人下人，而是指被人管理、被人领导的一种社会角色。要使人们明白，做人下人是绝大多数人的选择，应该心安理得地接受这种现实。先做人下人，再做人上人，任何人都不是一生下来就是人上人，要有一个奋斗过程。在这个过程中，要学会做人，尤其是学会做好人下人，以后才有可能做人上人。这就要树立正确的人生观、竞争观，这是一个关系人类永续生存、永续发展的人伦问题。自主的本性往往是社会冲突的根源。古往今来，争斗不断，战乱不断，民乱不断，政乱不断，除了政治经济原因之外，也有一些是因不甘居人下而起，是因触犯人的独立、自主而起，是因人人都要当家做主而起，是因没有学会如何做好人下人、如何做好人上人而起，是因人类是"复杂的自主人"而起。"复杂的自主人"的本质和特性，一个社群、一个种族、一个国家都存在，是复杂的自主人的扩大和延伸，修身、齐家、治国、平天下是一个道理。

我们必须看到，市场经济的发展在促进物质财富极大丰富的同时，也使我们人和人之间的关系变得越来越复杂，越来越难处。在一些人的心目中，传统的人伦观念尽失，新的人际关系准则又没有建立。很多人不会做人，在家不懂得孝老爱幼、姊妹和睦，在邻不知道相互关照、和睦相处，在单位不懂得尊重领导、团结同事，一心想着出人头地，却不知道如何处理人际关系。在一个"复杂的自主人"群体里，建设和谐社会不是一句口号，而是要有切切实实的人伦秩序、人际准则来保证。学做人要从娃娃抓起。自主、进取、竞争、斗争是人的本性，是人生而即有的本能，如同人生下来就会吃奶一样，是无须培训和教化的，人需要教化的是知足和服从，否则人类社会就会陷入无序，如此人才能和谐相处，社会才能平衡，人类进步才能顺利，否则，"复杂的自主人"如何相处？

亚里士多德在其著作《政治学》中说："未曾学会服从的人无法成为一名优秀的指挥官。"

服从是一种素质，服从是一种修养，服从是一种态度，服从是一种觉悟，服从是一种品格，服从也是一种能力！没有服从便没有忠诚，没有服从便没有凝聚，没有服从便没有团结，没有服从便没有统一，没有服从便没有纪律，没有服从便没有战斗力、生产力、领导力！我们要从小培养服从的品格，这是一种有益于中华民族的百年大计！这种服从是积极意义的服从，是从集体利益也包括自身利益出发的服从，是从民族大义和国家大义出发的服从，不是传统意义上儒家的消极顺从或外国人眼中的那种奴才式的服从。

服从与自由、自主、创新、民主并不对立，服从也不意味着奴化。我们不能用非此即彼的极端态度来看待服从。

（三）要正确认识个人与集体的关系，要有"鱼水"观念和合作意识

个人与集体的关系是鱼和水的关系。"复杂的自主人"与整体是一对矛盾，因此每一个人都要有整体意识和大局观念，独木不成林。国人错以为西方都是个人至上主义者，西方的成功是个人至上的成功，其实不然。早在20世纪初，西方管理思想界的巨人亨利·法约尔（1841～1925年），在其代表作《工业管理和一般管理》中提出的举世闻名的14条管理原则中最少有两条是直接崇奉集体主义的。其中第6条就是"个别利益要服从集体利益"，指出在一个企业中，个人利益不能置于企业利益之上，要教育员工在个人利益与集体利益发生冲突时，优先考虑集体利益。在第14条"团结精神"中，法约尔指出，企业中的员工往往由于缺乏管理能力，有私心，追求个人利益而忽视或忘记了组织的团结。他强调为了加强组织的团结，培养员工的集体

精神，最有效的方法是遵守统一指挥原则，加强内部交流。其他多条都不同程度地涉及个人与集体的关系，都强调了个人服从组织的精神。

科学管理之父泰罗认为，"个人是受他人制约的，只有在同多数人的合作中，个人才能发挥自己最大的积极性、创造性。事实上，实践中的人具有两重性：既是自主认识和活动的主体，又是他人认识和改造的对象。在共同的社会活动中，离不开彼此之间的交往活动，因此会形成主体之间的共识、共存、共在，从而确立了彼此合作的基础"（杨伍栓《管理哲学新论》，第96页）。政治哲学家玛丽·帕克·福莱特在她的著作《新国家》中说："只有通过群体组织，才能成为真正的人。个人的潜能在被群体生活释放出来之前只是一种潜能。只有通过群体，人们才能够发现自己的真正本质，获得真正的自由。"

众所周知，人既有自然属性，又有社会属性。现实中，个人的自由、个人的意志、个人的价值的实现都要受到一定的社会客观条件的制约。自主原则是指在不影响他人行使同样权利的前提下，让社会每一成员尽可能多地享受自由。马克思认为，个人自由不是孤立的，个人所能得到的，只有在集体成员的合作中才能得到。因为个人总是属于集体或社会的成员，"社会关系的含义是指许多个人的合作"（《马克思恩格斯全集》第3卷，人民出版社1960年版，第33页），别人不是"自己自由的限制"（《马克思恩格斯全集》第1卷，人民出版社1956年版，第438页）。"只有在集体中个人才能获得全面发展其才能的手段，也就是说，只有在集体中才可能有个人的自由"（《马克思恩格斯全集》第3卷，人民出版社1906年版，第84页）。

当前，一个令我们忧虑的问题是，80后、90后普遍缺乏合作意识、合作能力，他们不懂得一个人的成功，70%是靠人际能力，只有30%是靠专业能力。这种缺失是由中国正在丧失传统的家庭文化和校园文化造成的。他们在强大的社会面前还想别人像父母爷爷奶奶那样"求"他们、"爱"他们、"帮"他们、"护"他们。殊不知，合作是现代人的必备素质和必要技能，不善合作者必被社会所弃。缺乏合作意识是人格缺失，不会合作就是不会做人！不会合作，就没有人脉！缺乏合作意识也是一种能力缺失，不善合作者，不是人才，是蠢材！只有善于合作才会善于工作。不会合作就不会有工作！更不会有作为！互助双赢，合作共赢，不仅已经成为当今国与国之间发展友好关系的理性选择，而且成为现代人新的人生观和世界观，成为全球化世界新文明的核心价值。

（四）加强道德自律，实施自我管理

什么叫自处？自处就是自我管理，自处就是自省，就是"常思己过"，就是鲁迅说的解剖自己，解剖自己比解剖别人更厉害。苏格拉底就说："没有反思的生活是不值得过的。"我们的先哲常说"慎独"，什么是"慎独"？"莫见乎隐，莫显乎微，故君子慎其独也。"（《礼记·中庸》）东汉郑玄注："慎独者，慎其闲居之所为。"（《礼记郑注》）慎独是儒家修身箴言，指当独处而无人觉察时，仍谨慎地使自己的行为符合道德标准。宋明理学家以慎独为自我修养方法。朱熹说："独者……不睹之睹，不闻之闻也。"慎独，自省，从慎独、自省到自律，自省自律能使我们更清楚、更深刻、更正确地认识自我，从而自愿为自己定下做人的规范。

随着人类自我意识的增强，社会的发展越来越需要人们自我管理。自我管理是指个体对自己的思想、心理和行为的调节、控制和约束。身在"复杂的自主人"社会，人与人之间的竞争日益激烈，人必须自我管理，才能更好地保持健康的思想和心理素质。自我管理包括自知、自爱、自尊、自制，保持良好的人际关系；保持对社会环境的适应性，在现实环境中遇到矛盾、挫折、冲突时，通过主动的自我控制来调节情绪反应，以保持心理平衡和良好感觉，通过自我管理来约束自己的行为；按照正确的思维方式来思考问题，正确地认识和对待自己和别人，使自己的思想和行为符合自然和社会发展变化的客观规律，身心愉快地投入工作与生活。道德是外在约束力量的内化，它是个人自我约束的调节方式，加强道德自律，就是要"吾日三省吾身"，用君子的标准来要求自己，做一个有道德的人，受人尊敬的人。

三、如何管理复杂的自主人

如何实施对"复杂的自主人"的管理，要从三个方面统筹考虑：一是发挥他们的主动性、积极性和创造性；二是关心和满足他们多样性的需求和自我价值的实现；三是约束、控制和规范他们的行为。

（一）建立管理权威，赢取员工信任

对"复杂的自主人"群体的管理，必须拥有统一性，而要拥有统一性，必须先建立一个权威的管理团队。所谓权威就是命令有人服从，愿意服从，乐于服从。要让"复杂的自主人"信服心服，这个权威的管理团队要由德才兼备的精英式的人物构成，才能服众。这个团队产生的方式可以有多种，但最好是竞争上岗，竞争是产生权威性和合法性的重要方法。管理工作和领导行为主要是人群关系的行为，因此必须具有较高的被组织内的成员所接受的感情，才能发挥其管理和领导的效果。在一个人人都想做主的组织群体内，没有一个权威的、能够真正服众的管理队伍是很难想象的。

这个管理团队的成员，除了专业能力之外，还要有较完善的人格，这是建立管理权威的重要因素。领导者的工作说到底是做人的工作，因此领导者自身人格的完善程度是做好工作的前提条件。完善的人格表现在对自己和别人有正确的理解，有很强的宽容心，尊重他人，善待他人，严于律己，宽以待人，不嫉妒他人的成功，不讥笑他人的失败，身先士卒，以身作则等。在现代组织中，人们尊崇的是能力，是人品，是远见，而不是权力。一个组织在其成员心目中的威望越高，它对成员的心理影响力也就越大。一个卓有成效的领导者和管理者，同时应具有正式领导者与非正式领导者的功能，做到既是工作中的领袖也是大伙的情绪领袖。管理者的第一要务，是建立权威与信任。权威和信任，自然会产生服从和忠诚，下面的事就都好办了。

（二）利用天性，发扬自主，促进竞争和创业创新

"复杂的自主人"假设的理论依据是，人生来具有主动性和生产力。"复杂的自主人"强调了自主是复杂人的共性，每一个人都有权追求自己的利益，都有主张和为实现自主而进行不懈努力的权利，这是社会发展的长久动机。要充分利用好复杂的自主人希望自主的天性和自我表现的强烈动机，充分发挥竞争机制，使"复杂的自主人"的自主愿望、自主动机、主动性和创造性得到最大限度发挥，为大众创业、万众创新服务。竞争是动力，竞争是催化剂，竞争是助跑器，竞争出人才，竞争出活力，竞争出效率，竞争出效益。人与人之间的这种竞争也是客观存在的，利用这种客观存在，也是因势利导，因性利导。

海尔的"以自主经营体为基础的人单合一管理"，组成了2000多个小微创业主体，这种原子化的小型工作单元正是在充分认识人的自主性的基础上设计的，是未来组织发展的一个方向。传统的员工激励都是基于传统的人性假设基础上的外在激励，而海尔通过创造公平的机会和平台将外在激励转变为员工的自我激励，形成员工与自身能力的博弈。

以个体为本位激发人的积极性、主动性和创造性，和个人主义是有区别

的。我们反对个人主义，但也不要违背人性去扼杀、压抑人的主动性、自主性。个体离开集体难以存活，集体没有个体，便无法成立。我们需要的是在个体基础上合成的集体，在集体激励下充满活力的个体。

（三）建立和谐文化，提倡合作竞争

竞争是"复杂的自主人"与生俱来的天性，竞争是建立在"复杂的自主人"天性的基础上的，具有天然的进步性。我们这个社会之所以充满竞争，就是因为人是"复杂的自主人"。但无序的、恶性的竞争无益于社会。如何把自发竞争引入正确的竞争轨道，是运用竞争时要考虑的重要问题。

面对一群"复杂的自主人"，除了要开展竞争外，还要建设一种和谐文化，否则容易在竞争中影响合作与团结，甚至产生分裂。要提倡合作竞争。一个企业或组织的和谐发展，既要有服从精神，也要有主动精神，既要开展竞争，又要讲求合作，独木难成林。

（四）既要民主，更要集中；既要放权，更要强权；既要宽松和谐，也要保持高压和控制，实现稳定防止分裂

"复杂的自主人"假设为民主集中制提供了一种合理的解释：人是要求自主的，所以要民主；又因为人人都要求自主是不可能的，所以要集中。一个复杂的自主人社会，由于人人都要自主，人人都想自主，就容易不团结、不合作、不稳定，甚至分裂。必须要有强有力的执政团队和管理团队，在万一产生分裂时，实行绝对高压与控制，防止社会分裂和动乱的发生；而一旦失去稳定，则谈不上发展，也谈不上竞争。

制度如药。专制有性质的不同，民主也有好坏的区分，都要具体分析，依人而用，因时因地制宜。在"复杂的自主人"社会，集中尤为重要。面对复杂的自主人，没有民主不行，没有集中更不行。民主有两重性，在一定条件下是好的，在一定条件下和事情上会起不好的作用。当今许多地方的骚乱、动乱乃至战争，都是因为"太民主"（其实是民粹）。

"复杂的自主人"是企业发展的内在动力。人的自主意识、自我实现的意念自然驱动争先恐后的行动，促进内部竞争，从而给企业和组织带来活力。但是，如果人人做主，甚至争主，就会无主、毁主、灭主。"家有千口，主事一人"，因此，面对一群"复杂的自主人"，企业家有时是需要专制一点的。在某种意义上，没有专制，就没有权威，就会产生无序状态。"复杂的自主人"假设不是要我们事事都依个人意愿行事，相反，它提示我们，在一

个"复杂的自主人"群体中，正因其既复杂，又自主，所以必须要集中，要统一意志、统一方向、统一指挥，有时甚至需要强硬和专制，否则，无法收拾一堆"复杂的自主人"。

现代分工越来越细，人的独立性、自主意识越来越强，然而人人争主就会陷入无序。所以社会就不能没有秩序，不能没有权威，不能没有法制，不能没有约束，不能没有限制。没有敬畏，就没有信仰，也没有道德；没有惧怕，就没有治理，也没有爱戴。中国那么大，那么复杂，如果没有共产党的一党专政，势必天下大乱，百姓遭殃。站在人性发展的现状与趋势和人类演化与前途利益的高度来看，中国共产党的一党执政、各民主党派参政议政、实行协商民主、民主集中制、全国人民代表大会制度不仅符合中国国情、民情、事情，也是符合"复杂的自主人"这一普遍人性的，是由"复杂的自主人"社会所决定的。因之是牢不可破的，具有强大生命力和无比远大的发展前景。现在世界多国都在效法中国共产党的治理方式就是明证。

人人都想做主，就没有秩序和权威，这个世界就会陷入混乱和不安。即使到了共产主义社会，也需要一个共主，否则谁说了算？即使民主决策，即使是少数服从多数，也总要有一个人来主持决策不是？至于这个共主如何产生，那就是另一个问题了，或是历史形成的，或由竞争产生的，或由民选而生的，或由协商而出的，抑或由继承而产生的，在共识的基础上产生共主，等等。总之，任何组织、任何社会、任何时候，都需要权威和秩序。这是"复杂的自主人"所必须具有的观念之一，也是"复杂的自主人"必须清楚的一个事实、现实。明乎此，则知合作与服从是人道的选择，理性的选择。

（五）充分尊重，善于整合

自主先表现为自尊，从"复杂的自主人"的自主形态和行为特点上我们可以看出，复杂的自主人都有极强的自尊意识。管理者必须深刻理解这一点，懂得充分尊重他们，友善、平等地对待每一个人。要知道，他们每一个人，不论职位高低，都是具有不同能力和愿望的独特的个体。学会尊重每一个人，以尊重赢得人心，以尊重取得信任，以尊重换得服从。

管理者面对复杂的自主人，要有整合能力，能把各种有用资源和不同意见、不同方案有效地整合起来，否则就是一盘散沙。"复杂的自主人"往往难以达成共识，由于竞争又难免会有矛盾，因此领导者要有强大的凝聚力，善于集中、善于整合、善于协调。既能发挥一个个"复杂的自主人"的积极性和主动性，又能避免人与人之间因过度竞争而发生摩擦、心生嫌隙和怨恨，产生心理隔阂和工作阻力，这就需要管理者具有极高超的领导艺术和管理能力。

（六）提供足够诱因，充分调动积极性，实现人的全面发展

"复杂的自主人"的个性和共性都需要管理者为组织成员提供足够诱因来激发他们达成组织目标的协作意愿。每一层级和每一个管理人员，最好对所属人员采取一人多策的激励方案，以不断激励属员向前。人既复杂，激励的手段就不能单一。我们说人性是复杂的，一代人有一代人的追求。现在的工人主体已不是当初的农民工，而是有知识的一代。80后、90后开始成为新生代劳动者。改革开放之初，对当时的我国来说，可以说是一个经济人时代，人们为生存而奔走，只要施以经济的方法，就很容易调动起人们的积极性。现在不行了，现在基本实现了小康，人们的低层次的需要已得到相当程度的满足。劳动力市场已由买方市场转向卖方市场，所以要有足够的诱因，才能提高人的积极性。

自主原则强调每一社会成员都有权决定自己的命运，有权享受与其他社会成员一样的平等待遇，这意味着企业决策必须尊重利益相关者的自由和权利。有人认为，你强调自主就是主张自私，这是"小人"人性观。笔者要说，其实，经济学面对的都是"小人"，因为有"小人"才有利益动机问题，才有社会契约问题，如果人人都是"君子"哪儿还有这么多社会问题？"复杂的自主人"昭示：人类都是以自我为中心的，都是要谋求自我发展的。马克思说"每个人的自由发展是一切人的自由发展的条件"；"社会发展的最终结果是为了人的全面发展"。"复杂的自主人"假设把人建立在人的自由发展的基础上，从而为组织发展的终极目标和以人为本的理论提供了一个哲学基础和伦理支撑。任何组织发展的终极目标，都是要为人而发展，而不是单单让人成为发展的工具。所以企业要自觉地把员工个人的发展纳入企业发展的目标，在实现组织发展的同时，实现个人发展的目标。

（七）实行分类管理，留住高级人才

对"复杂的自主人"群体要有分析，分析的方法有多种，或分为帅才、将才、干才，或分为研发人才、管理人才、参谋人才、执行人才，还可分为高层人才、中层人才、基层人才等。对天才要用天价，不要受现有工资制度的限制。我们完全可以用津贴（国务院还有特殊津贴呢）奖金、经理基金等

名目在不冲击现有工资机制的情况下，留住因为谋求高薪而想出走的人才。当然，如果这一切你都做不到，那只能认为你没有这个能力，不要怪人走了。奇怪的是，一些企业负责人，为了个人捞钱，巧立名目，而为了延揽人才，却没有招了。三星的李健熙说："21世纪是一名天才能养活一千人甚至一万人的时代。"对待天才，要用天价，这个天价是相对而言的。有些企业至今还在实行所谓"保密工资"，这是掩耳盗铃，自欺欺人，我们应该理直气壮地说："他就值这个价"，或者说"他不止这个价"。

（八）妥善处理老臣问题，顺利实现新老交替

如何顺利实现新老交替，是企业面对的重大问题。老的问题很复杂，少的问题也很复杂，老的想做主，少的也想做主，结果就会出现新老不和，小的想上，老的不让，结果就会出现人才断层。现在诸多企业口头上承认人才是企业的第一资源，但实际上坚持的不是人才第一，多数民营企业负责人考虑的还是老臣第一，甚至为了安抚老臣不惜放弃人才，或者为了老臣而长期让一些优秀人才屈居老臣之下，不走人才怪呢。

如何处理老臣与新秀的新老接替问题，既是一项人才政策，更是一种人才文化。我们应当树立"感情归感情，公事归公事"，"爵以赏功，禄以任能"，"能者上，老者让，庸者下"等坚持能力第一、人才第一的人力资源理念，甚至德差一点也要用其所长。企业不是党中央，不是国家机关，没有人敢觊觎你老板的位子，他们都是为你打工的。你要明白，要使你的企业永世长存，必须保证足够的人才，忠臣不一定是能臣。要研究制定一套老臣的退出机制，让位机制，接班机制，要建立一种这样的文化，这对老臣和新秀都是一种激励。一些老板总是认为他比任何人都聪明，都伟大，谁都不如他，其实不然。以为有他在，再有一班老臣辅佐，江山就能坐稳，其实不然。伟大的企业家都是一生坚持寻找比自己优秀的人才来管理企业，如卡内基、李秉哲。世界第一CEO到了退下来的时候都得退，何况一些"老臣"呢？当然，绝不是凡老则退，而是要坚持能力第一，没有理由地凡老即退，同样会伤新秀的心。如果我们建立了一种文化，一套机制，老的退了甘心，新秀看了放心，大家看了心服，这样就会不断涌现一流的人才。如果不是这样，一班老臣老是占着位置，年轻人看不到希望，自然会走人。

（九）领导人要善于聚人

有些老板只想着聚财，没想着聚人。不懂得"财聚人散，财散人聚"的

真理。自己已手握上千万元了，手下人还是五六万元、七八万元，多者 10 来万元，工人还只是一两千元，两三千元，股份也不舍得割一点出来让大家分分，这能持续吗？除非此人别无出路，笔者认为，少者两三年，多者五六年，再忠心的人也会变心，再想跟你干的人，也会走人。实在年纪大了，走不了了，最多也只是混混，对得起工钱就完了。有些企业老板，"平时不烧香，临时抱佛脚"，看见人家要走了，这才想起"老九不能走"，为时晚矣。人家知道了你是一个"用人上前，不用人退后"的人，跟你这样的老板在一起，早晚都会走人。

一般来说，两年是一个界限，新工人两年之内不被提拔，看不见上去的可能，多半走人；中层干部多则五六年，看不见上去的可能也会另谋出路；高层最多十年，十年看不见进前三，只要动得动，也会动动。

企业要有与员工同存共荣的理念，只要企业能够生存下去，只要员工没有败德行为，要给员工长期服务的机会，要给员工有尊严、有保障的生活。

不少民企老板持"救世主"心态，自认为我能给你提供这份工作，给你这个位置，给你这份待遇已经很不错了，你不知道感恩，反而得寸进尺？这是自说自话，这些老板不懂得"复杂的自主人"的追求，至今还沉浸在当年千人寻一份工作的年代。"复杂的自主人"是知道自身价值、懂得横向比较的人，在你的眼里他可能不值钱，可是在人家眼里可不止这个钱，他会跟身边其他公司比，跟自己同龄人比，跟自己的朋友比，跟同事比。

（十）一人一策，扬善抑恶，扬长避短

我们说，世界上没有两个完全相同的个人，因此，对"复杂的自主人"必须采取一人一策的方针。企业要紧紧抓住每一个人的"自主"点，将个人发展诉求完全融入企业发展的总体框架，把个人的职业生涯同企业的发展最大限度地统一到同一个层面，使每个人的培训与提升一进入公司就有一个明确的方向和目标，让他们充分施展才华，取得成就，在实现企业目标的同时，最大限度地满足个人需求。当然，在这个过程中，我们还是必须奉行集体主义的方针，坚持个人服从组织，充分发掘、发扬每一个人善的一面，好的一面，有利的一面，为我所用，同时，也要充分注意抑制人性中恶的一面，坏的一面，对集体不利的一面。要学会辩证地看人，科学地用人，艺术地管人，在保证最大多数人的利益的同时，也要毫不留情地摒弃那些害群之马。

一人一策，工作量当然大。我们不要害怕人多量大，一般寓于个别之中，坚持按照这个方针做下去，就会摸出规律，实行分类管理。因为毕竟"物以类聚，人以群分"，掌握了规律，就会取得一般的用人的主动权。我们现在许多企业所缺乏的是对员工差异性、独特性和自我实现追求的真正理解和尊重。

进入信息社会、知识社会，"复杂的自主人"群体越来越大，这是教育发展的必然结果，是这个复杂多变的世界决定的，也是人类社会前进的必然结果。随着人类的进化和教育水平的提高，人的自主意识会越来越强，对人的管理将会越来越难，这是不以人的意志为转移的。过去所有的人性假设对于人类行为的复杂原因和表现的叙述，不是过于简单与片面，就是太过绝对化，没有任何一种假设能够始终主导所有人，因而，在探究复杂的人类行为的特定层面时无法提供普遍性的法则。"复杂的自主人"假设在前人研究的基础上，进一步探求建立秩序和进行管理的人性基础，试图为人们提供一个在人性方面较为全面的认知，有助于反思社会的本质、人的本质以及人们在社会中应当承担的角色，找准自己的位置，从而为人们从事管理以及个人正确自处和与他人相处提供参考。

论"自我观"（纲要版）

2016 年，笔者在《经营管理者》2016 年第 1 期发表的《再论"复杂的自主人"初稿》中首次论及"自我观"，然因篇幅所限，未能细述。今专此作文，以全其说。

一、什么叫自我观

"自我观"是关于自我认识、自我管理、自我实现的观点和理论。是与宇宙观、世界观、人生观、价值观密切相关，同样重要的一观。

迄今为止，人类有关自我认识的一切知识都可集结归属在"自我观"的范畴之内和名号之下，犹如世界观、人生观、价值观对各自领域的涵盖一样。

自我认识是前提，自我管理是手段，自我实现是目的。

二、自我观与宇宙观、世界观、人生观、价值观是什么关系

我们这个天地是怎么形成的——宇宙观；

我们人类社会是怎么过来的——世界观；

人应该怎么活——人生观；

事应该怎么做——价值观；

以什么为起点——自我观。

自我观与宇宙观、世界观、人生观、价值观是一个从宏观到微观的内在逻辑关系，五位一体，一体同观，都属于认识论。

自我观是宇宙观、世界观、人生观、价值观的基础。歌德说："去认识你自己……"仅是指：你要留心自己，注意自己，这样你就会知道：你应该如何对待你这样的人以及如何对待世界（《歌德的格言和感想集》）。宇宙观、世界观、人生观、价值观影响自我观。它们互相渗透、互有影响。

自我观是伦理评价的起源，是塑造意识形态和建立社会价值体系的基础问题，因而也是改造世界（主观与客观），决定人类自身未来的根本性问题之一。

三、为什么要宣传、强调自我观

人是世间一切的根源。自己是改变一切的根源。

绝大多数人都知道所谓"三观"——世界观、人生观、价值观，却绝少有人知道"自我观"。殊不知观世界、观人生，更要观自己，任何价值观都是先从自我出发而加取舍的。我们经常讲在改造客观世界的同时改造我们的主观世界，如果我们不了解自己，怎么改造自己？

自我观是内省哲学，做人哲学，也是成功哲学。我们怎么做人，怎么做事，怎么与人交往，怎么选择、决策，怎么成就一番事业，有一个基本的共同的条件，那就是正确认识自我。在一个崇尚成功的社会里，只有深知自己，才能成功。

在中国，自我观也是国民性改造的基础问题和根本问题之一。中国人为什么绝少提"自我观"？自我观为什么会被我们忽视？是认为自己不足为一观？还是因为自己不用观？其实这里面就有一个国民性问题，就是不能理性对待自己。

世界需要"自我观"。事实上，只要我们每个人都把自己观正了，管好了，所在的这个组织就好了，国家就安稳了，世界也就太平了。

四、为什么说世上最难的是认识自己

2600 年前，古希腊先哲泰勒斯说："世上最难的是认识自己。"莎士比亚笔下的李尔王急切地喊道："谁能告诉我，我是谁？"既道出人认识自我的需要，也暗示了实现这种需要的特殊困难。中国人说"旁观者清，当局者迷"，"不识庐山真面目，只缘身在此山中"，也是说的看自己很难。

可以说多数人一辈子都未能正确地认识自己。所谓"明了事，白了头"，在很大程度上是指明白了人事，其中就包括认识自我，即等到真的认识到自己的时候，已经老了，没有时间了。足可见，认识自我所需时间之长，过程之难。

自我认识之所以这样难，重要原因之一是人类自身存在不自知缺陷，或者说人类认识自己的能力有限。自我观完全是后天的社会教育和自我教育形成的。笔者相信，生理学和心理学能够说明人类的这一先天性缺陷。这种先天性缺陷无一例外地存在每个人身上，只是轻重强弱不同而已。

其次，人性的另一个弱点是高估自己，低估别人。这突出表现在人们习惯性地将自己的成功归因于自身，失败归因于环境；而将他人的成功归因于环境，失败归因于其自身。这导致不能正确地认识自我，实现自我。

再次，社会舆论和评价对自我认识的干扰和影响。比如以成败论英雄。

又次，缺乏正视自我的勇气，认错的勇气。自己欺骗自己，以求安慰。

最后，一般来讲，多数人往往在有了世界观、人生观、价值观之后，才有自我观。这有人性在里头。看别人容易看自己难，评别人容易评自己难。一个人可能会有一个比较正确的世界观、人生观和价值观，却可能没有一个正确的自我观。这很奇怪。

一个人要很了解自己，了解自己的优势劣势，了解自己深层次的欲望，了解自己的心结和恐惧，才能真的做到给自己一个正确的定义和目标。

不要小看这件事，寻找自己很困难。很多伟人穷其一生都在定义自己。他们正是在寻找自己的路上，创造了伟业。

佛讲识心见性，识心见性即指对自我本心和本性的认识、理解和体验，是觉悟成佛的解脱之道。《坛经》讲"本性是佛，离性无别"，"若识自本心，见自本性，即名丈夫、天人师、佛"。

五、为什么要正确认识自我

（一）正确的自我观对个人、对社会的作用和好处

1. 个人奋斗是从正确认识自我开始的

正确的自我观有助于人生定位和生涯设计。成功的事业不是预先规划的，而是在人们知道了自己的长处、短处、所需、所能等之后，有所准备并把握机遇而水到渠成的。儒家认为，修身是人生的第一大事，也是各项事业的起点。有准确的自我认识，才会有正确的自我设计，从而正确地规划人生，实现自我。所以说，自我观是人生的第一关，是成功学的第一课，是个人奋斗的第一槛。

从成才成功的方法来说，早认识自己，无疑有助于早成才、早成功。从

塑造自我来说，早认识自己犹如看病，早检查、早诊断、早治疗。

2. 做人做事都要从正确认识自我开始

从社会实践来说，正确认识自我，能够减少误判，有助于正确处理人际关系，而这对一个人的成功至关重要。人们往往由于不能正确认识自我，于是常常跟自己和别人发生矛盾。所以正确认识自我是立身处世、做人做事的必修课。

人生的大智慧之一是摆正自己和别人的关系。而如果一个人对自己没有正确的认识，就很难摆正跟别人的关系。这一点很多人往往弄颠倒了，与人发生冲突和矛盾，只知责怪别人，却不知检讨自己。这就是没有自我观。认识自我，更好地与人合作；才能在合作中更好地认识别人，从而更好地认识自我。

做人的道理有千条，根本在有"道"：有道理、有道德、有道义。做人的自我观就是要观自己，问自己做人做事、对人对事是否有道理，是否有道德，是否合道义。有此三道，你就"得道"了。"得道多助，失道寡助"。

说起做人、人际关系，中国人的文化是以家庭为中心一层层往外推及的，别人评价你的为人，也多少会看你跟家人处得怎样，家庭关系处理得如何。所以，做人要从家里做起。中国号称家庭和睦，其实，有些家庭的长幼、兄弟姐妹甚至夫妻关系，还不如与外人和朋友的关系。家事难言。由于对家人的期望和要求一般总比外人要高，所以家中有一分不公、不平、不敬、不让或不尊、不忠、不孝，其忧愤怨憎便甚于外人三分、五分甚至十分，正所谓希望越大失望也就越大，痛苦也就愈甚。加之处理家庭矛盾和问题，往往不宜直道，又不能与外人道，所以带给人的烦恼、伤害与痛苦尤深，许多人一生都是在对家人的爱恨缠中度过或死去的。

家庭问题复杂，也不是本文讨论的主题，但有一个共同点，那就是这些家庭的成员往往缺乏自我观，都是观他人，都是他对我怎样不好，他不该对我怎样怎样。比如，他是我的爸爸、妈妈，他为什么对我这样？或者他是我儿子、女儿，他怎么能对我这样？他是我老婆、老公、哥哥（姐姐、弟弟、妹妹），他不该对我这样！

也许问题在你自己。你找到自己的问题以后，心里就会平衡许多，家庭关系也就会和谐许多，也许一切迎刃而解。即使你的善良、好意和付出对错了人，也不至于使关系恶化，所谓退一步海阔天空。各位想想，如果我们人人都有这种自我观，家庭问题何愁解决不了？家庭矛盾何愁化解不了？处理家庭矛盾和问题，难在如何促进自觉自醒，而自觉自醒就需要自我观。

家事难言，不能与外面的人际关系并论，还是要以委曲求全为主，尤需用自我观来安慰自己，释放自己，解放自己。人生苦短，我们实在没时间长期为家事纠结。看开、放下，能改变就改变，不能改变接受行不行？不愿接受，也不能改变，远离行不行？关起门来把自己的日子过好，把自己的事情办好，自己强大了，事情就会起变化，那时，你也许不屑于那些攀比和计较，也就会少一些痛苦和烦恼。

3. 正确的自我观有助于修心养性，成就理想人格；安身立命，干好本职工作

理想社会需由理想人格组成。

儒家文化于今还有意义，就是因为儒家有心性哲学，也就是内圣哲学。从孔子的"君子"之说和"克己复礼"，到曾子的"吾日三省吾身"、孟子的"求放心"、"反求诸己"，到《大学》的"慎独"，再到理学的"存天理，灭人欲"（仅从修心来说），心学的"致良知"，目的都在修心养性，成就理想人格，即成为圣贤的理想。这是儒家信仰的重要方面，我们应该自觉继承这份宝贵的文化遗产，并赋予它新的时代内涵。

在某种意义上，"自我观"就是自省观、自修观、自觉观、自正观，也就是人如何启发内心的自觉。"反求诸己"（《孟子·公孙丑上》）就是一切的总根源在人的内心，善恶、是非、对错、矛盾都应当从内心中寻找，为了维护这种善良本性不至于泯灭，人应当时常反省，严于律己，宽以待人，形成良好的道德涵养和人格精神。笔者每天都要反省自己：今天我做错了什么，说错了什么，有什么不当、不妥？笔者这一生做了哪些错事，对不起哪些人，应该怎样弥补？这已成为笔者的日程和习惯。

领导者有了正确的自我观，就会正确地对待下属，从而赢得部众，取得政绩。被领导者有了正确的自我观，就会安分守己，忠于职守，自觉自愿地服从领导。无论顺境逆境，都能安之若命，并努力改变现状。

我们不仅应当知道"知足常乐"，我们还需知道"知己常乐"。"知己常乐"就是要有自知之明，知道自己能吃几碗干饭，从而使自己安静下来，安分下来，安顿下来，不要那么浮躁、轻狂、愤怒，好好生活，好好与社会相处，从中找到快乐。有自知，便易知足，能知足，便能安身立命。认清真实

的自我，找到属于自己的路，你会发现"做自己"的快乐远胜过那些无用的攀比。

大家都知道，心态很重要。从养生来说，心态好，心情就好，身体就好；从人生来说，心态好，心情好，则宠辱不惊，顺逆皆宜。而好的心态，必来自好的修养，好的修养，一定离不开正确的自我观。

4. 正确的自我观赋予人生积极意义

生活的激情离不开希望，而幸福总是和意义结合在一起。

人生短暂，目的和意义对于生命实在太重要了！我们需要某个目的、某种理由、某种信念，作为内心的支柱来支撑自己，去承受生之重负！

人来到这个世上，并没有预设的目的和意义，人生的意义靠自己赋予。探索和赋予生命以意义，不断给自己生活下去、奋斗下去的理由，给自己快乐生活、快乐工作的理由，给自己不断学习、不断创造的理由，给自己摆脱困惑和痛苦的理由，给自己坚守、坚持的理由。总之，不断赋予自己生活以意义，就会有源源不断的生活动力，而这都需要有正确的自我认知。

认识自我对于认识社会、认识你的时代、融入和带领你的"世界"和人生意义重大。只有当一个人真正开始寻找自己的时候，他才能够清楚地认识到自己的存在、价值、意义和幸福。

5. 正确的自我观有助于增强道德的自觉性，有助于改进工作作风，进而改进党风、政风

我们这个世界很奇怪，人人手里都拿"一把尺子"和"一个手电筒"，专门量别人和照别人，从来不会反过来量自己和照自己，人对人总是求全责备，所以人人皆有"求全之毁"。

而"自我观"引导人们向内看，看自己，严于律己，宽以待人，而不是揽功诿过，文过饰非。这种引导自然有助于人们自觉开展自我批评，主动反省和检点自己在工作中、在做人做事上的缺点、错误、问题和责任，以积极主动的方式适应客观环境，在改造客观世界的同时改造主观世界，从而更加有效地改造客观世界。人人都有自我观，自然有助于改进工作作风，进而改进党风、政风。

6. 正确的自我观有助于国民性改造，有助于养成良好的青年文化，有助于教育和防治"有毒（独）一代"，利民利国利未来

眼下之中国，实有进行自我观教育之必要。

　　笔者深刻感觉到，现如今许多社会问题的发生，许多极端事件的发生，许多心理疾病、生理疾病的产生，许多人的不安分、不文明、没规矩、没教养，许多人变坏甚至犯罪，都与不能正确地认识自我有关；我们的一些人生的烦恼和困惑，诸如成长的烦恼、选择的烦恼，挫折的烦恼，也往往与不能正确地认识自我有关；人与人之间的一些争斗和矛盾，许多人事业的失败、情场的失意甚至那些我们打不开的心结、想不开的事情、解不开的疙瘩等也都与不能正确地认识自我有关……

　　自我观对未来之中国异常重要。因为未来之中国，是独生子女的天下，他（她）们不缺宇宙观、世界观、人生观、价值观，他（她）们唯缺自我观——正确的自我观。许多青年问题和毛病皆生发于此。比如很多青年自视过高，其实不然；急于求成，欲速不达；自我导向，不善合作；只顾自己，不顾别人；眼高手低，好高骛远；等等。

　　青年是国家的未来。青年文化具有活跃、多元、开放、自发、自我等特点，既有与主体文化相同的一面，也有相冲突的一面。特别是新一代人在现实和网络的交互影响中长大。照目前的方法，我们改变不了他们。

　　位卑未敢忘忧国。看看暴恐分子的丧心病狂，再看看"太阳花"、"占中"运动中青年的行为和表现、中国香港两位候任青年议员对自己国家的藐视和傲慢，再看看大陆青年的思想现状、那些所谓社会"公知"、"导师"对青年的"洗脑"和误导，真让笔者对未来中国青年的取向和走向，对中国共产主义事业的继往开来感到深深的忧虑。

　　青年人思想简单，头脑容易发热，只图一时之快，不知环境可怕，人心凶险，政治之复杂……有些青年初闻鸦叫自为得道，视"唆使"为信任，视叛逆为崇高，视轻狂为勇敢，视逆潮流为时髦，视倒行逆施为光荣，习惯性地心生嫉妒、嗔恨、怀疑、恐惧、对抗等不良情绪，心里想的只是一己的"名"和"利"。许多青年正是死于或毁于此（请注意：笔者以上所说的青年问题，是指青年的少数，而不是青年的多数；是有些青年，而不是全部青年；是一般青年，而不是优秀青年）。

　　笔者经常寻思，那些所谓"学运领袖"、"民主斗士"们，你们才读了几本书？你们对中国历史和世界历史知道多少？你们对国家事务和国际局势有多少了解？你们对民主真正懂得多少？你们对现实又理解了多少？对社会发展趋势和规律又了解多少？有那些时间和精力，充实自己、做点实事多好。

笔者是从"文革"过来的，我们当年不比你们的斗劲差，可是白白浪费了自己的青春和时间，而帮了历史的倒忙。现实情况比书上写的、嘴上讲的、脑里想的"理念"、"价值观"、"民主"、"人权"等要复杂得多！看人挑担不吃力，事非经过不知难！说起来容易做起来难啊！书生论国，闹而问国，无助于国家和人民，只能是祸国殃民害己！

修身、齐家、治国、平天下，是中国传统士大夫知识分子的内心追求和崇高理想，具有内在的逻辑一致。古人是深谙自我观的，你看，把修身摆在了第一位。你再看中国香港那两个宣誓时公然辱国的候任青年议员，那般失礼无理，毫无教养，却谈什么治国平天下，真是扯淡！

号称高知公知，就是没有良知、真知，也是对自我的无知。

所谓"公知"和"狂青"是社会公害。这种狂人、无知妄人是中国未来最大的危险！他们其实不是爱国者，而是鲁迅说的"爱亡国者"。爱国者必专重现在及未来。真为人民福祉着想，不会这样胡来瞎折腾。

中国历来盛产汉奸、洋奴和走狗。这怨不得别人。从根上想，还是得改良我们自己的土壤。鲁迅就说"最要紧的是改革国民性，否则，无论是专制，是共和，是什么什么，招牌虽换，货色照旧，全不行的"（鲁迅1925年3月31日致许广平）。

中国文化的最大缺陷之一是缺乏理性。中国国民性改造的重点和难点就是增强国人的理性意识和理性精神。自我观就是教人理性看待自己。倘若人人都有正确的自我观，自能正视自己，增强自纠意识，增加自我改变、自我塑造的内生动力，久之，整个国民性必得改观。所以，笔者个人觉得"自我观"可以作为国民性改造的理论基础的一部分或中国新文化的生长点之一。

（二）没有一个正确的自我观，会给我们人生带来哪些问题

（1）没有正确的自我观就不能实施正确的人生定位和一系列选择，就不能充分实现自我，甚至南辕北辙。比如，你本来没有作家的天赋，但看见同龄人当作家发了财，也想当一名作家，那你就白费力气，白耽误时间。

（2）没有正确的自我观，往往会造成误判，给决策带来影响。比如盲目自大，高估了自己的能力，导致投资失败或扩张失败的例子很多。

（3）没有正确的自我观会极大地影响人—我关系，影响与人的合作。而没有合作，就不会有成功。

（4）没有正确的自我观，就会心理不平衡，心理不平衡，看什么都是歪

的，看自己又怎么可能正呢？其结果，这也看不惯，那也不顺眼，弄得身心疲惫，误人害己。

六、正确认识自我，认识自己的什么

1. 我想要什么

人想要什么，不一定就能得到什么。但人一生的诸多选择常常取决于这五个字。这是一个终极问题。

2. 我想成为一个什么样的人

很多数学家、文学家、音乐家，通常在很小的时候就决定了自己的工作生涯。

3. 我的天赋是什么

笔者认为，成功 =（天赋 + 勤奋）×时间。要成为大师级人物，没有天赋是不行的；光有天赋而不勤奋，不能把天赋最大限度地发挥出来，也成不了大师；没有天赋，只靠勤奋，靠时间的积累，也能取得一定的成功，但成不了大师；用时的多少、寿命的长短影响一个人成就的大小和多少。

在任何领域，要想做出一流的成绩，没有天赋，光靠努力是不行的。认识这一点非常重要。必要时，可借助名师指点和科学测评。所谓"天才是百分之九十九的汗水加百分之一的灵感"，那是伟人的自谦之词，不是真理。不能当真，当真会受误导，结果误了自己。没有画家的天赋不要梦想当画家，没有作家的天赋不要梦想当作家，没有理论天赋不要梦想当思想家。不是当老板的料，你就老老实实打工，不要瞎折腾，白浪费钱财、时间。

要清楚自己是天才、中才，还是庸才，只能做什么和不能做什么，找准人生的坐标，选好自己的职业。当然，这也不是一下子就能找准了的。重要的是，当你知道错判错选之后，要迅速转向，转行，不要执迷不悟，偏执百分之九十九的汗水之说，你就是把自己累死了，也无济于事。当然做个一般水平是可以的。

4. 我是什么性格的人

人们常说，性格决定命运，不是没有道理。可以通过血型来了解自己的性格。血型和性格测评有助于为选择职业提供意见，有助于克服性格缺陷，发扬性格优势。

性格一项包括自己的国民性。

5. 我的兴趣和爱好是什么

要知道自己真正感兴趣的是什么？兴趣是最好的导师，兴趣是不竭的动力，兴趣是事业的支柱。找到了自己真正的兴趣，就是找到了适合自己的道路。

真正的兴趣，不是三分钟热度，而是你心甘情愿为之付出时间与精力，终生喜爱并愿意坚持的事业。

天赋决定成就，性格决定命运，兴趣决定时长。天赋是资源库，兴趣是加油站，没有这两个"能源"，你就不会有杰出的"能力"，就别想做出一流的成绩。

6. 我的长处和短处在哪里

成功的要诀之一，就是扬长避短，把特长发挥到极致。

怎样知道自己的长处和短处？如何扬长避短？

清单管理法：把自己认识到的优点和缺点列一个清单，思考应该培养自己的哪些长处和能力，应该改掉自己的哪些缺点和不足，弥补哪些方面的缺陷。过一段时间拿出来看看，画一画，哪些缺点改掉了，哪些优点发扬了。逐渐地缺点清单越来越少，优点清单越来越多。

扬长避短就要清楚自己有什么，能做什么，不能做什么，继而清楚自己在人际中的位置、角色、责任、义务；哪些目标可以达到，哪些目标无法达到；哪些事情可以凭借自己的特长获得成功，哪些事情可以通过努力获得成功，哪些劣势会限制自己的成功；从而充分利用和发挥自己的特长与优势，避免或改善自己天生的不足和缺点，找到适合自己的职业和平台。不这样做，你很难有所作为。

也可以通过借力来弥补自己的不足。

7. 我的记忆特点和擅长的学习方法是什么

记忆是学习之基，学习是成长的阶梯。方法对可以事半功倍，终身受益。

8. 我的信仰和价值观是什么

没有信仰，绝成不了大才。信仰和价值观决定你如何规划和设计自己，你走什么样的路，成为什么样的人，发挥什么样的作用，做出什么样的贡献。

个人的价值观和组织的价值观不一定要相同，但是必须相近到足以共存。否则，个人不可能在组织中做出成绩，还会感到沮丧。

自我观与价值观密切相关。当我们感到迷茫或被消极情绪缠绕的时候，不妨花些时间，重新审视一下自己的价值观。

在经济全球化、政治多极化、文化多元化的当今世界，价值观不同等问题导致的误解、误判、误交乃至冲突，在国与国、党与党、企业与企业、企业与社会乃至家庭与家庭、个人与组织、个人与个人之间日益凸显——此种"文化关"、"自我观"不能不"观"。

9. 我的身心状况怎么样

我们可以死于疾病，但不能死于不知、无知。关注自己身心状况，增强自我保护意识，切实保障身心健康，才有实现自我的本钱。身体是自己的，只有自我关照，别人代替不了。

10. 我的人际关系如何

人际关系不仅关系到自己的工作、事业、家庭，而且关系到身心健康。对人—我关系的掌握，对人际关系的了解，有助于建立良好的人际关系，有益身心，有助友谊，有利事业。

七、怎样才能正确认识自己

1. 自我观察，自我分析

自我观察是对自我的所感所知、所思所想、所行所为等经验感受的观察和分析，要养成习惯。最好作记录。

自我分析就是一个人为了解自身，对自己进行的相关分析、对比与评价。自我分析可以定期或不定期地进行，通过自我分析而不断自我完善。

2. 自我评价，自我教育

自我评价就是一种自我估价。自我评价是构成自我意识的基础。有了自我评价的能力，人就能在很大程度上独立地对自己的举动进行指导和监督。

通过自我评价进行自我调整，这个过程也是自我教育的过程。自我教育包括自我说服、自我批评、自我限制，自我教育在于使人方向明确地发展自己的活动能力和正确认识自己的能力。

3. 从看书学习中认识自己

从书本知识中获取认识自我的智慧，掌握认识自己的方法。

4. 从与别人的比较中认识自己

人对人是一面镜子，当你看到别人的时候，要把别人当作一面镜子，通过他的反应来了解自己。在与同事的共事中，在与朋友的相处中，在与任何人的接触中，有意识地同自己比较，通过比较找出差距，发展对自己的认识。多征询、多听取别人的意见——包括家人、朋友、同事、熟人、老师甚至一面之交——尤其是对自己的看法和评价，对认识自己会有启发。要知道，很多情况下，你根本不了解你自己，只有别人才了解你。我们其实都是通过别人来了解自己，从而改造自己的。要克服只喜欢听好话、不喜欢听批评的人性。正确认识自我，就要自觉克服人性中恶的一面。

与人比较是为了认识自我，而不要被"比较"所困。比上不馁，比下不骄，清楚自我，保持自我。

5. 从自己的挫折和痛苦中认识自己

挫折和痛苦是教你认识自己的最好老师。路要自己一步步走，苦要自己一口口吃。世间教训都没有从亲身经历的挫败和痛苦中更深刻的了。

在痛苦中认识自己，是为了进一步提高自己，激励自己，而不是被痛苦压倒，所以还要学会从痛苦中自解。自解也是自我管理。或以名人名言，或以榜样人物，或参加各种活动，或聆听心理课程等来自解自慰，以求心灵安稳，更奋然而前行。

6. 从自我总结中认识自己

自我认识需有自省意识。不断反省自己，才能慢慢认识自己。"吾日三省吾身"是正确认识自我的很好途径。但反省也要有正确的方法、正确的思想指导，总结正是形成思想指导的重要方法。总结最好是书面形式。

写日记是一种自省和自我总结的好习惯、好方法。

7. 在做人做事的实践中认识自己

这是自我认识最重要的途径，也是最重要的方法。正确的、失败的都要经过实践的检验。少说多做，多做就会多悟，多悟就能多得。

实践是最好的学校。你去干、去做、去闯、去创，你就会知道自己的价值所在。你碰了壁、犯了错、失败了、挫折了，你就有了再干的资本和智慧。

儒家认为，心的修成，必须通过生活实践的磨砺，而非简单的苦思冥想。二程强调洒扫应对、朱熹强调格物致知、王守仁强调知行合一，无一不将重点落实在"做"上。

8. 通过专业咨询和测评来认识自己

一般来说，成功学、心理学、人力资源师甚至一些医学专家，对人都有较深切的了解，向他们求教、咨询，或请他们对自己进行心理、性格、能力等专业测评，会对正确认识自己有帮助。

八、建立正确的自我观，必须正确面对和处理以下问题

以下这些问题，如果不能正确对待，就会影响自己的心情、心态、心理、心智，甚至动摇自己的信心、信念、信仰，自然会影响正确的自我观的形成。

（一）正确对待生死

生命是你自己的，你得为自己负责。

鲁迅说："无论何国何人，大都承认'爱己'是一件应当的事。这便是保存生命的要义，也就是继续生命的根基。"《坟·我们现在怎样做父亲》

笔者对此有三句话：①除了生死，其他都是小事；②珍爱生命，珍惜时间；③时刻准备着为了国家和人民的利益献出自己的生命。

对生死持悲观主义态度其实是自私自利。你若心中有人类，你便哭着来，笑着走。我们都不走，后人怎么办？你为他人死去，你应感到幸福欣慰，而不是悲观。

可以为自己预设一个生命期限，用这种倒逼的方法，来规划人生，设定目标。

（二）正确选择生活

人生的意义是什么？你的人生目标是什么？什么是自己真正的渴望？你是仅把人生看作吃喝玩乐，还是应有所作为？怎样过一生才是不辜负？这些问题的思考会影响一个人的心态和情绪，反过来促进你对自己的认识，这就是笔者说的人生观影响自我观。

我们需要一个精神焕发的人生！人可以平凡，但不要平庸。恩格斯说，人生的最高境界是有所作为。积极是一生，消极也是一生，积极延年，消极损寿，何必要消极一生？坚持积极的人生、向上向善的人生、正向正能量的人生。过一种高尚的生活，充实的生活，有趣的生活，快乐的生活。在追求崇高的过程中，成就理想人格，培养良好人品，实现人生价值，延年益寿！

（三）正确对待公平

世间没有绝对的公平，从来没有。任何人也做不到。十个指头还有长短，一个家庭、一个家族都做不到绝对公平，更不要说一个社会、一个国家、一个世界。

平衡木不平衡，平衡靠自己。

公平不仅是相对的，也是双向的。常想一下你对别人、对这个国家是不是公平，你心里可能会平衡一些。

真正的强大，不仅是能吃苦耐劳，能看得开不公、想得开误解、吃得下委屈的，才是真正强大的人。这种人终会得到更大的信任和更多的机会。

（四）正确理解幸福和成功

是不是没有事业，就不算成功？是不是没有成功就没有幸福？是不是没有事业、没有成功就没有价值？答案当然是否定的。人生下来，活下去，其本身就是意义，就是价值，就是成功。马云有事业，有价值，是成功；你一家人健康和睦，并有三五知己，你也是成功。人人都当官，都是董事长，活谁来干？你能说董事长有价值，是成功的，干活的人没有价值，不算成功？

成功由自己定义，幸福也只有自己诠释。有事业、有建树、有成就，青史留名，固然是成功的；无事业，也无建树，但活得长，就是成功。在任上没有建树，没有成就，但退下来后，还有人来看我，陪我玩，我认为我就是成功。你认为天天高朋满座是幸福，我认为一家老小暖在一起是幸福；你认为山珍海味是幸福，我认为青菜萝卜、粗茶淡饭是幸福。只要你真真切切地认可你的成功、你的幸福，你就是成功的，你就是幸福的。

（五）正确看待得失

任何事都有两面。对于得失，既要看重，也要看淡。看重才会勇于竞争敢于挑战，才会善于吸取教训，失而复得；看淡就是不要为得失所累所绊，得之坦然，失之淡然，宠辱不惊，去留无意，人生才惬意，才自由。

没有付出就没有回报，而不是相反。没有付出就先要求回报，还要高回报，岂不是白眼狼，要饭的？是一种耻辱，应遭大家的鄙视和轻蔑。古人都讲君子不吃嗟来之食。

（六）正确对待群体

这里的群体指组织、朋友、人脉。自我与群体的实质就是搞好关系。有句俗话叫关系就是生产力，虽然有点势利味道，但却很现实。任何人都不能单纯存在。家里家外，厂内厂外，国内国外概莫能外。正确对待群体既要有资源观念、平台观念、舞台观念，更要有鱼水观念、花土观念、合作共赢观念。

人要有宽容之心，包容之德。心宽得寿，包容得众。

（七）正确认识自主与服从

人是自主的，可人生更多的是接受和服从。接受和服从常常是自我管理和自我实现的前提。

我们的教育（包括家庭教育）都是教人如何做人上人的教育，而没有如何做人下人的教育。这人下人不是人格上的人下人，而是指被人管理，被人领导的一种社会角色。我们应该明白，做人下人是人类绝大多数人的选择，领导者和管理者永远都是少数，应该心安理得地接受这种现实，这就叫识时务者为俊杰。学会接受和服从是建设和谐社会、和谐世界和保持长治久安的一个重要理念，是个人生存与发展的一种技能和智慧，是做人所必需的，也是保持我们自己身心健康的一副良药。

先做人下人，再做人上人，任何人都不是一生下来就是人上人，要有一个奋斗过程，在这个过程中，要学会做人，尤其是学会如何做好人下人，以后才有可能做人上人。这就要树立正确的人生观、竞争观、自我观，这是一个关系人类永续生存、永续发展的人伦问题。没有这个教育，我们这个社会、这个星球是不稳定的。

自主、进取、竞争、斗争是人的本性，是人生而即有的本能，无须培训和教化，人需要教化的是接受和服从，否则人类社会就会陷入无序。如此人才能和谐相处，社会才能平衡，人类进步才能顺利。

"不想当元帅的士兵不是一个好士兵"，可以励志，但不是真理。真理是：当不好一个好士兵，绝不会成为一个好将军。亚里士多德说："未曾学会服从的人无法成为一名优秀的指挥官。"（亚里士多德《政治学》）

不服从往往是因为不服气，不服气就会生气，生气就会生事，结果往往会坏事。服从是一种素质，服从是一种修养，服从是一种品格，服从也是一种能力！这种服从是积极意义的服从，是从集体利益（也包括自身利益）出发的服从，是从民族大义和国家大义出发的服从，不是传统意义上儒家的消极顺从或外国人眼中的那种奴才式的服从。当然服从也不是完全无条件的，"危害革命的错误领导，不应该无条件服从，而应该坚决反对"。

服从与自由、自主、创新、民主并不对立，服从也不意味着奴化。我们不能用非此即彼的极端态度来看待服从。

（八）正确看中国、看中共、看世界

认识自己跟理解国家和时代是密切相关的。总体来说，你如何看中国、看中共、看世界，跟你建立什么样的自我观有直接关系。因为个人总要生活、工作、奋斗在其间，总要受其影响甚至左右，这就关系到你的自我实现。一个看衰中国、看败中国共产党、看坏世界的人和一个看盛中国、看重中国共产党、看好世界的人有不同的选择，怎么可能有一样的自我观呢？

如何看待这些问题，笔者认为第一是立场，第二是态度，第三是理论方法。

什么是立场？你站在谁一边，为谁说话，为谁办事。这就是立场。

现在有相当多的人对现实不满，由此带来心理不平衡。他们总认为改革开放自己吃亏了。对这些人，笔者要说，我们这代人吃的苦、受的罪、倒的霉比你们多——三年困难时期饿肚子、"文化大革命"白白浪费了 10 年青春、上山下乡、计划生育，最后下岗。笔者当了 18 年厂长兼书记，笔者下岗时，政府没有一分钱生活补助，自己还得掏钱交养老保险，连党费都是母亲拿父亲的抚恤金代笔者交的。笔者也曾有过苦闷、困惑，甚至愤怒，但笔者后来想通了。尤其是通过对比——跟先烈比，跟革命前辈比，跟那些才华比我们高、贡献比我们大，而结局还没有我们好的人比，跟社会的下层比，跟那些比我们更倒霉的人比，跟那些先我们而走的同辈人、同龄人比，我们幸运多了。我们必须理性对待这些问题。任何社会变革和进步，都是以牺牲某些个体和群体为代价的。这是事实，也是必然。过去如此，现在如此，将来也如此。改革开放是前无古人的伟大事业，缺点、错误、失策、失误甚至失败都是难以避免的，任何人也做不到万无一失。问题总是会有的，任何政府都不可能解决所有问题。即使是瞎子，也应看到、感受到我们今天取得的成绩，远远大于存在的问题！一代人有一代人的使命，一代人有一代人的责任，一代人也有一代人的牺牲。后来，笔者没有了怨恨，没有了愤怒。我们要学会理解，不仅要有血性，更要有理性。

中国人是现实主义者，我们就现实地看中国共产党。它集中了中国最多精英，没有其他任何政治力量能够取代它。没有中国共产党，就没有新中国，就没有这 30 多年的高速发展，就没有中国今天的富强！我们必须清楚地知道，在中国这样一个民族众多、国情复杂的情况下，维护和保证中国共产党的执政地位，是每一个中国人的核心利益所在，根本利益所在，长远利益所在！

笔者不是掩盖问题，更不会盲目地为我党张目，而是请大家给我们党一点时间，相信党有自纠意识和自纠能力。这么大一个国家，这么多人，这么多问题，仗要一个个打，饭要一口口吃。一棵树弯了那么多年（指某些问题，而不是指整个国家），不可能一年把它扶直了，谁也做不到。要看到，消除这些问题，现在除了共产党自己，没有其他人能做到，这是现实。在中国，不会发生革命。我们已经看到情况正在好转，要有信心。

"吃自己国家的饭，砸自己国家的锅"，"端起碗来吃肉，放下筷子骂娘"，这种人连一条狗都不如。

了解自己，必须了解世界，了解世界，更有助于了解自己。从世界的角度看，个人是多么的微小，从生命的角度看，个人是多么的伟大。所以生命的意义就在于从世界来体验个人的生命，从个人的生命来领会世界，这便会增长我们个人生命的意义。

笔者觉得胸怀祖国，放眼世界提得好。一个人的视野很重要。不了解世界，就不可能有正确的世界观。不仅要了解中国的现状、世界的现状，还要知道中国的历史、世界的历史。这对我们正确观察世界、解释世界很有帮助。视野决定一个人的格局、胸怀、气质和修养。我们既需要爱国主义，也需要世界主义，如此国人才能有大国担当。当世界了然于胸，你就会感到从未有过的自由和快乐。

一个人的视野决定了他生活的广度，也将不同程度地提高他的优秀程度。了解世界，有助于认识自己。当我们面对陌生事物和冲击时，自己的弱点、优点都会更加清晰，这无疑给了我们一个认识自己的机会。而在这个认识过程中，我们就在成长。

了解了世界，就能更好地了解中国、了解中共。所谓一出国就爱国。

如何看中国、看中国共产党、看世界，这些问题，又与一个人的政治观有关。因为这些问题都是政治问题。

（九）正确对待参政、议政、从政

亚里士多德说："人是天生的政治动物。"（亚里士多德《政治学》）

政治与人人有关，没有人能脱离政治。期望所做工作远离政治，不问政治，与政治平行或独立于政治之外，不是天真幼稚，就是伪善和撒谎欺骗！在现实社会是不可能的。政治乃现实社会最有决定意义的影响要素和制约要素，它是社会变革的第一因。因而它确定无疑地将深刻影响甚至决定我们的自我观。另外，是否参政、怎样议政、能否从政也是"自我观"肯定要考虑的问题。

能为国家民族做一点事，其实是人的最大愿望，是人生价值观的核心。

"朝为田舍郎，暮登天子堂"，曾是中国一代代青年出人头地的梦想。但是，青年人既要有远大的政治抱负，更要选择正确的政治发展道路。要靠打拼，而不要靠打闹。在中国靠打闹是永远上不去的。中国的政治传统是"宰相必起于州郡，猛将必发于卒伍"。没有长期的政治历练，是登不上中国的政治舞台的。

中国众多具有士大夫传统的知识分子，纵有政治意识、政治理想、政治抱负甚至政治蓝图，但他们其实不懂政治，更没有实际的政治经验和政治历练，所以在现实面前往往碰得头破血流。中国早就有"秀才造反三年不成"之说。有知识，不一定有见识，有政见，不一定有识见；有识见，不一定有谋断。毕竟书生意气与政治器识之间还有着一道不浅的沟壑。

茶余饭后、网上网下议论国事、评论时政本是百姓的一种正常的政治生活，善意的批评、建策、揭露也有利于政治稳定、政权巩固、深化改革和中华振兴。然而，值得注意的是，现在许多人的政治意识提高了，政治素质却下降了；政治野心大了，政治觉悟低了。有些人不安好心，唯恐天下不乱，恶意散布政治谣言，故意扰乱民心，有的抓住一点，不及其余，任意抹黑，肆意诋毁，有意搞乱人们的思想。他们不是议政，而是乱政，让这种人参政，只能害政。他们不是与人为善，而是刻意为敌。这些人心态不好，身上充满了负能量，既没有正确的政治观，也没有正确的自我观。

政者，正也。搞政治的，有志从政的，要走正道，发正声，放正能量。不要搞歪门邪道。人不正便不能从政。毛泽东、周恩来、朱德等老一辈革命家，之所以得到国人和世人的爱戴，不仅是因为他们的雄才大略，还因为他们是世人的道德楷模。从政者，一旦失去道德高地，迟早要全面败退。

政治是有传统、国界和民族性的。不要拿西方的政治理论和模式来衡量中国政治。实践和业绩证明：中国的政治理论、中国的政治制度、中国的政治道路是正确的、合理的、合适的，将为我们带来更加美好的未来！笔者对中国政治总的态度是，除了习总书记说的四个自信外，笔者有自己的三个坚信：坚信马克思主义，坚信共产主义，坚信中国共产党。这是笔者在对现实、历史、国内、国外的综合观察与反复思考后所做出的郑重选择，是笔者的信仰，笔者的信念。愿与朋友共勉。

（十）正确理解自我观

提出自我观不是要弘扬个人主义、自由主义、以自我为中心。恰恰相反。

社会的进步，科技的发展，一方面弘扬人的个性，另一方面也必然要求限制个性，否则必然影响人类的整体利益和长远利益。比如要求遵守纪律、社会分工和工作流程。因为这是一个"复杂的自主人"社会，如果人人只强调自我，而没有约束，则社会无法形成合力和秩序。

一方面，我们要坚持以人人自由而全面发展为目的，另一方面，也要深知社会发展和人类进步有时是以牺牲某些个体或群体为代价的事实。这就是社会强调识大体、顾大局、集体主义价值观的必然性、必要性。

不能正确理解和对待上述问题，都会极大地影响建立正确的自我观，都会极大地影响自我实现。

正确的自我观，不仅要清楚自己有什么，要什么，更要清楚自己能做什么，从而知道自己应为国家做什么，为人类做什么，为组织做什么，为家人做什么，为朋友做什么，为他人做什么。你能做什么，才有资格提要什么，才可能实现要什么。而不是倒过来。

想当老板的，先要学会打工。想当老师的，先要当好学生。要当一个好爸爸，先要当好一个好儿子。想做国家主席的，先要做好一个好公民。

笔者要特别向读者说明的是，笔者说的"自我观"和有些人所说的那种旨在唤起"自我觉醒"、"强调主体价值"、"增强个人权利意识"乃至向西方"个人主义"看齐的"自我观"是完全不同的两个概念，笔者的"自我观"的理论倾向是向内寻找自己的问题和缺点，而后加以改进，是为了与客观世界建立更有效、更有用、更有利的联系，是为了更好地改造主观世界和客观世界，从而更好地实现自我。

当然，我们在注意一种倾向的时候，要防止另一种倾向。个人主义固然不行，英雄主义却是需要的。肯定和宣扬个人在社会历史进程中的作用不仅是应该的，而且是必须的。失此，社会便会缺乏动力。中国文化历来强调集体主义，忽视和淡化个人作用，造成人们心中只有"大我"，没有"小我"，其实是失去"自我"。而失去"自我"，就会丧失独立人格和自由思想，就会扼杀人的创造性和主动性，最终影响民族进步和国家发展。这也应该是"自我观"的题中应有之义。

九、自我管理，自我实现

个人管理是实现良好的组织管理和社会管理的基础。应该是管理学的有机组成部分。"自我观"是为了管自我，最终是为自我，为了更好地实现自我。

自制力培养是自我管理成效的关键。人性的一大弱点，就是人们常常说的自己管不了自己。然而，有本事的人都是能自制的人。名人名士皆有一个共同特点：自律。他们有严格的日程和个人生活规则。须知：只有自律才有自由。

任何管理都是以成果为导向，以计划为核心，以秩序为天则。

（一）健康管理

身体是一，其他都是零。成功人生，从健康管理开始。

（二）生活管理

人的一切努力，都是为了过得好一点，活得长一点。要有自理、自立、自强能力。

（三）计划管理

计划管理是自我管理的核心。

计划管理的方法：根据分类计划，运用五步法（了解情况、设计规划、组织实施、检查修正、总结提高），滚动循环。

总结是计划管理的重要一环。自我总结是自我提高的重要手段。总结是成功之母。成功的人都是善于总结的人。人类就是通过总结成长起来的，组织、政党都是通过总结发展壮大起来的。总结是每天都要做的工作。当然，还有月总结、季总结。最重要、最常做的是年度总结。通过总结，哪些目标实现了，哪些没有实现，得在哪，失在哪，为什么，上升到理性认识，形成经验，明确了进一步前进的方向目标，振奋精神，再进入下一年。自我总结最好采用书面形式。

总结的过程就是整理的过程，整理思想，整理心情，修复心境，整理秩序，整理环境，包括整理自己的物品、房间、书籍等，甚至理理发，洗个澡，换身衣服，都可使自己获得清晰轻松的感觉。善于整理者，可使自己的生活和工作更有条理，富有效率。

自我管理必须学会自我要求，自我期许，发扬什么，发展什么，克服什么，避免什么，依据这种自觉性的提记，从而使人方向明确地自我调整，自我强化，通过这种长时间有意识、有目的的训练，就可以不断地培养自我，完善自我，提升自我。

（四）时间管理

管理好时间就是管理好自己的生命。我们要做时间的主人，因为你的时间花在了哪里，决定了你成为什么样的人。

时间管理的难点是碎片时间，重点是大段时间，起点是早晨时间。

做人从早起，成功从早起。

时间利用既要有效率，更要有价值。

（五）精神管理

自我管理千万不能忘了精神管理。精神管理包括思想、精神、心态、情绪、心理等。核心是保持一个积极、向上、健康、乐观的精神状态和心理心态。

（六）知识管理

学习是终生之事。可在个人综合计划中列出单项，也可专设学习计划。重点是建立自己的知识系统、知识体系，核心是学习方法和思想方法。不仅要向书本学习，更要向实践学习，要了解真实的社会，要融入社会这个大学堂。

（七）人际管理

人际管理的前提是提升自身价值，在此基础上不断扩大、优化你的朋友圈和关系网。

关键是做人。得人者胜！人做好了，上天自有安排。

（八）事务管理

掌握四类问题（重要不紧急的、不重要紧急的、重要紧急的、不重要不紧急的），分清轻重缓急，学会重点管理。

认识自我是为了管理自我，管理自我是为了实现自我；认识自我就是了解自我，实现自我就是使用自我。只有既了解自己，又善于使用自己的人才能成功。实现自我的最高境界是创业、创新。笔者所说创业创新绝不单单指做生意，当企业家。笔者所说的创业是指各行各业，笔者所说的创新，是各个领域的创新。人生的意义在享受和创造生活。只有享受没有创造，人类终将消亡，而没有享受，创造便没有目的。

自我管理包含自我改造。我们向来讲既改造客观世界也改造主观世界。现在有些人天天在网上喊改造别人，就是不提改造自己。这种人就是典型的没有自我观。鲁迅早就说过："中国现在的人心中，不平和愤恨的分子太多了。不平还是改造的引线，但必须先改造了自己，再改造社会，改造世界；万不可单是不平。至于愤恨，却几乎全无用处。"（鲁迅《热风·随感录六十二·恨恨而死》）

自我实现包含自我负责。自己对自己负责，就是不要成为家庭、社会的负担，要以不能自立为耻，以不能自我负责为耻。每一个社会成员都要做到个人负责。任何责任制的实质都是为了落实个人负责。这样整个社会就会产生最大的积极性，就会有源源不断的内生动力。实际上，自我负责就是对别人的贡献，对社会的贡献。你成为最好的自己，就是你的家庭、社会的成就，就是为别人做出了贡献。

自我实现还要不断自我发展。自我发展在本书的意思是：走自己的路，发展自己独特的个性和禀赋。走自己的路不是"闭关自守"，不是与社会隔绝，那是发展不起来的。自我实现是要成为真实的自我，有特色的自我。我们的社会已由资格社会向能力社会转换，要认识到自己的独特性、天赋和优势区，从而形成自己的核心能力，核心竞争力。自我实现包含突破自我、超越自我。人是可以不断改变的，包括你的思想、精神、体质。不要被"网"住，也不要被"圈"住。要不断突破圈、突破围、突破网，在寻找真我的途中不断超越自我。这样我们的人生才有意义。

十、结语

"自我观"讲自我认识，自我修养，成就理想人格，自我观是心性哲学；"自我观"讲自我管理、自我实现，追求理想人生，自我观是人生哲学；"自我观"讲求从自我的实际出发，由内而外寻找通向成功的道路，自我观是成功哲学。

扩而言之，大到国家、政党，小到企业、家庭，都存在"自我观"问题，都需要清楚地、正确地认识自我。个人自主性与个人自我观，企业自主性与企业自我观，国家自主性与国家自我观皆相关。个人管理、组织管理、国家管理都相通。个人秩序、家庭秩序、组织秩序、国家秩序的建立和维护都需要自我观。

人类社会进化的历史就是人的自我奋斗、自我实现、自我解放这一自我本性逐步实现的过程，是人类不断摆脱外部禁锢和自身缺陷，不断反思、自我革新、逐步成熟的过程。自我奋斗、自我解放、自我革新、自我实现，一定要有"自我观"!

我们处在一个"复杂的自主人"时代，自主人需要自我观。没有自我观，就难得自由，难做自由主。现在的大学生具有很强的自我发展、自我完善的内在需求，希望自己各方面素养都能得到得升，笔者真诚地希望他们能够增加"自我观"的意识和素养。唯有一个正确的自我观，才有可能追寻真实的自我和理想的人生。儒家修身、齐家、治国、平天下的"内圣外王"之道，将个体追求自我成长的过程与实现经邦济世家国梦想的过程合二为一地整合起来。自我观是"修齐治平"思想的现代演绎。今天，以"自我观"思想教育青年，有助于引导他们将个人成长和社会进步、国家发展紧密结合起来。

"自我观"不可能一次完成，它需要在实践中不断地追寻、修正、完善。环境在变，情况在变，自我观也要变。其实认识自己是一辈子的事，人要不断地认识自己、发现自己、发掘自己、提高自己。

习近平反复讲要搞清楚"为了谁，依靠谁，我是谁"三个问题。其中"我是谁"就是一个自我观问题。

我是谁？清楚自己是谁，摆正自己的位置，认清自己的角色，选好自己的坐标，认准自己的方向。在家里，你要清楚，你是儿子、女儿，你要尽孝，你要自立，不要连累父母老辈，不要成为家庭的负担。没有孝亲，绝没有博爱，无孝也就无忠；你是父母，你要清楚，你对子女不仅负有抚育的责任，更有教育的责任，你不能跟子女一辈子，为子女当计长远；在单位，你要清楚，你是组织的一员，你必须遵守组织的一切，敬业贡献，克己奉公；在社会，你要清楚，你是社会的一分子，对朋友要忠，做生意要诚；在这个国家，你要清楚，你是这个国家的子民，你要为你的国家尽一份责任，你在外代表国家形象，不要辱没了你的祖国母亲。

自我观先是了解自己、认识自己。"知己知彼，百战不殆。"先是知己。"知人者智，自知者明。"（老子《道德经》）只有"自明"，才能"自强"。自明是一种文化自觉，包括两个方面，一方面要有自知之明，另一方面还要有知他之明，也就是说要看到自己和他人的差距。

我们的文化历来强调"自强不息"，而忽视要有自知之明和知他之明。我们的国家曾经因为太自大、太自以为是、太以自己为中心而落后挨打；我们的国民曾经因为太自私、太自卑、太没有自我而贫弱愚昧（当然还有其他社会经济政治原因）。

我们现在不仅要有自强意识，更要有自明意识。只有有了自明，才能保持定力，而不至于有了一点进步，就自大、自吹自擂，自以为是，自欺欺人。先把自己的事情办好，应该是"自我观"的应有之义。一个人如此，一个民族、一个国家也如此。

歌德说："一个民族除非能对自己作出判断，否则它是无法获得判断力的。可是要获得这样重大的权益就得花很长的时间。"（《歌德的格言和感想集》）

笔者认为，"自我观"教育是全民族问题，应该作为中国国民性改造和文化再造的基础工程，结合中国优秀传统文化，赋予其时代内容，可使世界观、人生观、价值观教育，更加贴近生活和个人实际。当然，没有党风、政风的根本好转，自我观教育难见成效。

马克思、恩格斯、列宁、毛泽东、习近平等革命领袖和伟人的著述中，有许多思想、理论和教导都有助于我们"自我观"的形成，应该好好学习，认真践行。

后　记

　　促成我将旧文结集成书的动因之一是我的父亲、母亲和我的姐姐。

　　父亲是一个新四军老战士，长期在机关做文秘工作，他生前曾希望他的大儿子将来能够从文。在我十几岁的时候，就教我怎样写律诗，可惜我笨，也不想学。跟我讲"对立统一"，"矛和盾、上和下，来和去，南、北，左、右……"我虽然听不懂，但印象很深。他为了让我的一篇论文能够见报，顶着老脸把人家请到家里，谦恭地请求人家提意见并请帮忙发表。父亲在"文化大革命"期间受迫害时写下的一首诗，教育和激励了我一生："生死得失，置之度外，一颗红心，永向于党！"我想，长眠于抗日山上的父亲，如若得知我出了书，一定会露出他那慈祥、欣慰的笑容，不定又要到处显摆呢。

　　我这一生，只要一想起两个人就要流泪，一个是我的母亲，一个是我的姐姐，只要想起，就要流泪，就是要流，控制不住，仿佛我对她们的表达和报答只有眼泪！我出生后，妈妈没有奶水，为了养活我，不论刮风下雨，严寒酷暑，每天，妈妈都要按时按点把我送到一位叫"程奶奶"的家里吃人家的奶。一次天黑，刮风下雨，妈妈一手抱着我，一手打着伞，一下子掉到阴沟里，她死命抱紧我，又艰难地从阴沟里爬出来……父亲死时，母亲才40来岁，我们姊弟五个都没成家。她一把屎一把尿地把我们姊妹五个拉扯大，又一把屎一把尿地带大了我们的下一代。父亲常年身体不好，要吃小灶，她一天要做两套饭菜。仅靠父亲一个人微薄的工资，艰难地维持着一个七口之家，还要供养我们姊弟五个上学，经常晕倒在磨旁。三年困难时期，因为一锅地瓜糊糊熬稀汤了，她懊悔得在炉子前直哭。我有病，她操持完弟弟一家的事，又赶到我家，照顾我，守着我，给我熬药，累了、困了就把两把木椅并在一起，躺在上面休息一会，等我喝完药，又赶回弟弟家忙他们的饭……母亲为了父亲，为了我们和我们的后代付出了一生。2009年母亲猝然离去，我痛哭欲绝，想想她孑然半生，操劳一辈子，很多福都还没有享，很多孝我都还没有尽，我心肝俱裂，那种噬脐之悔、终天之恨，让我真想随母亲于地下。

我最想跟世人说说的是我姐。我姐是天底下最好的姐姐！姐姐从小就疼我，我现在 60 多岁了，还是像小时候一样地疼我，在家里，姐姐对我帮助最大。我小时候经常尿床，每当尿床了，姐姐总是跟我换个头睡，给我焐湿窝；抬水、拾草，她总是把水桶、草筐揽到自己胸前；16 岁时我去长征（"文化大革命"串联），她怕我路上吃苦，一定要跟着我，照顾了我一路；我当厂长时，厂里的车每次路过南京，总要到姐姐那里落脚，为了招待我的员工，姐姐一家不知贴了多少钱，牺牲了多少时间，帮助办了多少事，都是为了她的大兄弟；多年来，我的烟、酒、茶，都是姐姐包的，还经常偷偷地塞给我钱，不要，她跟我急！我有病了，她跑医问药，带着我走这家医院，到那家医院。企业破产清算后，五年内我没有一分钱收入，全家仅凭老婆 400 来元工资维持生活，是姐姐想方设法帮我渡过难关；为了我的高级职称，她勇闯省委宣传部，终于为我讨回了公道！我 1983 年就是国家干部，为了给我争取按干部身份退休，姐姐跑断了腿，说破了嘴。当上边通知她此事不能办时，她躲在屋里大哭一场，觉得对不起她大兄弟，对不起妈妈！我听后泪如雨下……总之，从工作事业，结婚生子，到衣食住行，生老病痛，姐姐对我的关怀真真是无微不至！姐姐待我，恩比天高！从小到大，她给我的太多，为我付出的太多，太多！而我却无以报答。姐姐对我的好，千言万语说不完，我要对姐姐说的话，万语千言也写不尽。姐姐不光对我这样，对我们弟弟妹妹都是这样！所以，妈妈走了以后，我们全家开会一致决定，从此以后，以姐姐为中心！

我的生命有限，我怕我走之前还有没说出去的话，所以，谨以此书，献给我的母亲、我的父亲和我的姐姐！以此作为我对父亲母亲的纪念，也权作我对姐姐的致谢！我相信，这个书会比我的生命长，一旦我到那边陪母亲和父亲，就让它在世上代我陪姐姐吧。

本书的出版，得到北京神雾环境能源科技集团股份有限公司副总经理、研究院执行院长、北京华福工程有限公司总经理汪勤亚先生、中国企业文化研究会信息中心主任张艳涛先生、中国企业联合会郭林主任倾力相助，在此向他们表示深挚的谢意！

肖坦
2015 年 12 月 21 日成稿于南京
2017 年 8 月 18 日增改于赣榆